Georg Karl Cornelius   Gerland

Über das Aussterben der Naturvölker

Georg Karl Cornelius   Gerland

Über das Aussterben der Naturvölker

ISBN/EAN: 9783337198510

Hergestellt in Europa, USA, Kanada, Australien, Japan

Cover: Foto ©Suzi / pixelio.de

Weitere Bücher finden Sie auf **www.hansebooks.com**

Vorwort.

Die Frage nach dem Aussterben der Naturvölker ist bis jetzt nur gelegentlich und nicht mit der Ausführlichkeit behandelt, welche die Wichtigkeit der Sache wohl verlangen kann. Am genauesten ist Waitz auf sie eingegangen in seiner Anthropologie der Naturvölker Bd. 1, 158-186; aber da auch er sie nur anhangsweise bespricht und in dem Zusammenhang seines Werkes nicht mehr als nur die Hauptgesichtspunkte angeben konnte und wollte; da er ferner manches nur andeutet oder ganz übergeht, was von grosser Wichtigkeit ist, so erscheint es durchaus nicht überflüssig, die Gründe für dies »räthselhafte« Hinschwinden selbständig und möglichst genau von neuem zu erörtern. Namentlich die psychologische Seite des Gegenstandes hat man bisher über die Gebühr vernachlässigt; sie wird deshalb in den folgenden Blättern besonders betont werden müssen.

Das Material zur Beantwortung der Frage, die uns beschäftigen soll, findet sich zerstreut in einer grossen Menge von Reisebeschreibungen, ethnographischen und anthropologischen Werken. Da es mir aber darauf ankam, einmal — denn nur strengste Empirie kann uns bei unserer Frage fördern — meine Sätze durch getreue Quellenangabe zu stützen, und andererseits, dass die angeführten Citate nicht allzuschwer zugänglich seien, um nachgeschlagen werden zu können, so habe ich mich, wo es möglich war, auf Werke gestützt, die weiter verbreitet sind, und den Quellennachweis nur da weggelassen, wo das Gesagte in allen Reisewerken sich gleichmässig findet. Dass ich das schon erwähnte ausgezeichnete Werk meines nur allzufrüh verstorbenen Lehrers Waitz, die Anthropologie der Naturvölker, sehr reichlich benutzt habe, wird man nicht tadeln; man findet dort die oft sehr schwer zugänglichen Quellen in kritischer Auswahl beisammen — und wozu werden solche grundlegenden Werke geschrieben, wenn man nicht auf ihnen weiterbaut?

Ich stelle hier der Uebersicht und des bequemeren Citirens wegen die Werke zusammen, welche ich als Belege benutzt habe, ohne die mit anzuführen, welche nicht öfters citirt sind. Einige, welche ich gern gehabt hätte, sind mir unzugänglich geblieben.

- Angas, Savage life in Australia and N. Zealand. London 1847.
- Australia felix. Berlin 1849.
- Azara, Reise nach Südamerika in den Jahren 1781-1801 (Magazin der merkw. neuen Reisen. Bd. 31. Berlin 1810).
- Bartram, Reisen durch Karolina, Georgien und Florida 1773. (eb. 10. Band). Berlin 1793.
- Beechey, Narrative of a voyage to the Pacific (1825-28). London 1831.
- Behm, Geographisches Jahrbuch. 1. Theil 1866. Gotha 1866.
- Bennett, Narr. of a whaling round the globe 1833-36. London 1840.
- v. Bibra, Schilderung der Insel Vandiemensland bearbeitet v. Röding. Hamburg 1823.
- Bougainville, Reise um die Welt 1766-69. Leipzig 1772.
- Bratring, Die Reisen der Spanier nach der Südsee. Berlin 1842.
- Breton Excursions in N.S. Wales, W. Australia and V. Diemensland. London 1833.

4

- Browne, N. Zealand and its aborigines. London 1845.
- Carus, Ueber ungleiche Befähigung der verschiedenen Menschheits-Stämme. Leipzig 1849.
- v. Chamisso, Bemerkungen und Ansichten auf einer Entdeckungsreise (1815-18). Weimar 1821.
- Cheyne, a description of islands in the Western Pacif. Ocean etc. London 1852.
- Cook, 3te Entdeckungsreise in die Südsee und nach dem Nordpol. 2. Bd. Berl. 1789. — id. b, 1ste Entdeckungsreise bei Schiller.
- Darwin, Naturwissenschaftliche Reise, übersetzt von Dieffenbach, Braunschw. 1844.
- Dieffenbach, Travels in N. Zealand. London 1843.
- Dillon, Narrative of a voyage in the South Sea. London 1839.
- Dumont d'Urville, a, Voyage de l'Astrolabe. Paris 1830. id. b, Voy. au Pole Sud. Paris 1841.
- Ellis, Polynesian Researches. London 1831.
- Erskine, Journal of a cruise among the Islands of the Western Pacific. London 1853.
- Finsch, N. Guinea und seine Bewohner. Bremen 1865.
- Freycinet, Voyage autour du monde (1817-20). Paris 1827.
- P. Mathias G***, Lettres sur les îles Marquises. Pasis 1843.
- Gill, Gems from the Coral Islands. London 1855.
- le Gobien, Histoire des Isles Marianes. Paris 1701.
- Grey, Journals of two expedit. in NW and W. Australia (1837-39). London 1841.
- Gulick, Micronesia, Nautical Magazin 1862.
- Hale, Ethnographie and Philol. (Unit. States exploring expedition). Philadelphia 1846.
- Hearne, Reise von der Hudsonsbay bis zum Eismeere (1769-1772). Magaz. v. Reisebeschreibungen. 14. Bd. Berlin 1797.

- v. Hochstetter, Neuseeland. Stuttgart 1863.
- Howitt, Impressions of Australia felix. London 1845.
  id. a, Abenteuer in Australien. Berlin 1856.
- A. v. Humboldt, a) Versuch über den politischen
  Zustand des Königreichs Neuspanien. Tübingen 1809.
- b) Reise in die Aequinoktialgegenden des neuen
  Continentes, deutsch v. Hauff. Stuttgart 1861.
- c) Ansichten der Natur. 3. Aufl. Stuttgart u.
  Augsburg 1859.
- Jarves, History of the Haw. or Sandw. Islands.
  London 1843.
- v. Kittlitz, Denkwürdigkeiten auf einer Reise nach d.
  russ. Amerika, Mikronesien u. Kamtschatka (1826
  etc.). Gotha 1858.
- v. Kotzebue, Entdeckungsreise in die Südsee und nach
  der Behringsstrasse (1815-18). Weimar 1821.
- Krusenstern, Reise um die Welt (1803-6). Berlin 1811.
- v. Langsdorff, Bemerkungen auf seiner Reise um die
  Welt (1803-7). Frankfurt 1812.
- La Pérouse, Entdeckungsreise 1785. Magazin von
  Reisebeschr. Band 16. 17. Berlin 1799 f.
- v. Lessep, Reise durch Kamtschatka und Sibirien,
  Magaz. v. Reisebeschr. 4. Berlin 1791.
- Lichtenstein, Reise in Südafrika (1803-6). Berlin 1812.
- Lutteroth, Geschichte der Insel Tahiti, deutsch v.
  Bruns. Berlin 1843,
- Mariner, Tonga Islands. London 1818.
- Meinicke, a) Das Festland v. Australien. Prenzlau
  1837.
- b) Die Südseevölker u. das Christenthum. Prenzlau
  1844.
- c) Australien in Wappäus Handbuch der Geographie
  und Statistik. 7. Aufl. 2. Bd. 2. Nachtr. Leipzig 1866.
- Melville, Vier Monate auf den Marquesas-Inseln.
  Leipzig 1847. Id. b, the present state of Australia.

London 1851.

- Moerenhont, Voyage aux îles du grand Ocean. Paris 1837.
- Nieuw Guinea, ethnogr. en natuurk. onderzocht in 1858 door een Nederl. Ind. Commiss. Amst. 1862.
- Nixon, The cruise of the Beacon. London 1857.
- Novara, Reise der österr. Fregatte (1857-59). Wien 1861.
- Ohmstedt, Incidents of a whaling voyage. N. York 1841.
- Petermann, Mittheilungen u.s.w. a.d. Gesammtgebiet d. Geographie.
- Pöppig, Artikel Indier bei Ersch u. Gruber. 2. S. B. 17. 1840.
- Remy, Hist. de l'Arch. Hawaiien, texte et traduction. Paris et Leipzig 1862.
- Salvado, Memorie storiche dell' Australia, part. della miss. benedettina. Roma 1851.
- Schomburgk, Reisen in Britisch-Guiana 1840-44. Leipzig 1848.
- Sparmann, Reise nach d. Vorgebirge der guten Hoffn. 1772-76. Berlin 1784.
- Stewart, Journal of a residence in the Sandwich isl. (1823-25). London 1828.
- Taylor, The Ika a Maui or N. Zealand and its inhabitants. London 1855.
- Thomson, The story of N. Zealand. London 1859.
- Thunberg, Reisen in Afrika und Asien 1772-79 im Mag. d. Reis. 7. Bd. Berlin 1792.
- v. Tschudi, Reisen durch Südamerika. Leipzig 1866.
- Turnbull, Reise um die Welt 1800-1804, Magaz. v. Reisebeschr. Bd. 27. Berlin 1806.
- Turner, Nineteen years in Polynesia. London 1861.
- Tyermann and Bennet, Journal of voy. in the S. Sea islands. London 1831.

- Vankouver, Reisen nach d. nördl. Theile der Südsee (1790-95). Magaz. v. Reisebeschr. Bd. 18. 19. Berlin 1799 f.
- Virgin, Erdumsegelung der Fregatte Eugenie (1831-33), übers. v. Etzel. Berlin 1856.
- Waitz, Anthropologie der Naturvölker. Leipzig 1859 f. id. b, Die Indianer Nordamerikas. Leipzig 1865.
- Williams, a Narrat. of Missionary enterprises in the South Sea Islands. London 1837.
- Williams and Calvert, Fiji and the Fijians ed. by Rowe. Lond. 1858.
- Wilson, Missionsreise ins südl. stille Meer 1796-98, Magaz. von Reisebeschr. Bd. 21. Berlin 1800.
- Zeitschrift für allgemeine Erdkunde, neue Folge.

Inhalt.

9

10

§1. Einleitung. Umfang des Aussterbens.

Die Erscheinung, dass eine Reihe von Völkern vor unseren Augen durch langsameres oder rascheres Hinschwinden ihrem Untergang entgegengeht, ist eine überaus wichtige. Dass sie für die Geschichtsforschung grosse Bedeutung hat, leuchtet ohne weiteres ein; dass sie für die Naturgeschichte des Menschen, die Anthropologie entscheidend ist, ebenfalls. Und wenn es sich als wahr bestätigt, dass, wie man behauptet hat, diese Völker aus einer Lebensunfähigkeit, welche ihrer Natur anhaftet, dem Aufhören entgegengehen; so ist, da die nothwendige Folgerung jener Behauptung dahin führt, dass man verschiedene Arten, höhere und niedere im Geschlecht Mensch annimmt, die Beantwortung dieser Frage auch für die Philosophie massgebend. Praktisch hat man sie von jeher in den Staaten betont, wo Weisse mit Farbigen zusammenleben; wie man eben die Theorie der geringeren Lebensfähigkeit nicht weisser Raçen zuerst in diesen Staaten aufgestellt hat.

Und allerdings ist es auffallend, dass nur farbige Raçen dies Hinschwinden zeigen und am meisten es da zeigen, wo sie mit der weissen in Berührung gekommen sind; dass die Weissen, obwohl sie doch ihre Heimat, das gewohnte Klima u.s.w. aufgegeben haben und in unmittelbarer Berührung mit denen leben, welche in ihrem Vaterlande, scheinbar unter den alten Lebensbedingungen, verkommen, gänzlich davon verschont zu sein scheinen.

Während wir nun dies Hinschwinden hauptsächlich bei den kulturlosen Raçen, bei den Naturvölkern, d.h. bei den Völkern finden, welche dem Naturzustande des

Menschengeschlechtes noch verhältnissmässig nahe stehen (Waitz 1, 346), oder bei welchen, um mit Steinthal zu reden, noch keine bedeutende Entwickelung der logischen Fähigkeiten stattgefunden hat: so sehen wir es doch ebenfalls auch da, wo farbige Raçen sich zur Kultur und sogar zu einer gewissen Höhe der Kultur emporgeschwungen haben, in Polynesien, in Mexiko, in Peru, und man hat daher geschlossen, einmal dass diese Kultur doch nur Halbkultur und wenig bedeutend gewesen sei, denn wäre sie wahr und ganz gewesen, so würde sie grössere Kraft verliehen haben: oder aber, dass bestimmte Raçen, auch wenn sie sich wirklich über das Niveau der gewöhnlichen »Wilden« erhoben hätten, dennoch einem frühen Tode entgegengingen, weil sie nun eben von der Natur zum Aussterben bestimmt seien, weil es ihnen eben, in Folge ihrer Raçeneigenthümlichkeit, an Lebensfähigkeit fehle, welche keine Kultur ersetzen könne: vielmehr decke jede Art von Kultur diesen Mangel nur um so mitleidsloser auf. Allerdings gibt es auch farbige Raçen und Naturvölker, bei welchen an ein Aussterben nicht zu denken ist; und andererseits sind auch Theile von Kulturvölkern, indogermanische, semitische Stämme verschwunden und ausgestorben. Allein bei letzteren redet man nicht von einer geringeren Lebensfähigkeit, einmal wegen der Verwandtschaft dieser Stämme mit den anerkannt lebensfähigsten Völkern der Welt; andererseits auch wegen der Art ihres Verschwindens. Denn der Grund, warum sie aufgehört haben zu existiren, liegt klar auf der Hand; theils sind sie durch Krieg vernichtet, wie so viele Völker, welche mit dem alten Rom kämpften, theils sind sie mit anderen Kulturvölkern, die sie rings umgaben, verschmolzen, wie die Gothen, die Vandalen, theils trat beides zugleich ein: die höhere Kulturstufe, welche sie besiegte, nahm die besiegten Reste in sich auf, wie die alten Preussen, die Wenden und so viele slavische Völkerschaften durch und in Deutschland, die

Iberer, die Kelten durch und in das römische Wesen verschwanden. So war auch zweifelsohne das Loos der Völker, welche vor der Einwanderung der Indogermanen Europa inne hatten. Anders aber ist das Hinschwinden der Naturvölker: wo sie mit höherer Kultur zusammenkommen, auch da, wo diese letztere sich friedlich gegen sie verhält, sehen wir sie von Krankheiten ergriffen werden, ihr physisches und psychisches Vermögen versiechen, und ihre Zahl, oft ausserordentlich rasch, sich vermindern. Allerdings sind auch einzelne Naturvölker aufgerieben oder doch stark vermindert durch ganz äusserliche und leicht begreifliche Gründe: so namentlich viele malaiische Stämme, welche durch nachrückende verwandte Völker ins Gebirge zurückgedrängt und dabei gewiss ebenso so stark vermindert worden sind, als durch ihr gleiches Schicksal die Basken in Europa, während sie in ihren Bergen sich in ziemlich gleichbleibender Anzahl halten; so die Bewohner der Warekauri-(Chatam-) Inseln bei Neu-Seeland, die Moreore. welche 1832-35 noch 1500 etwa betrugen, durch die Neu-Seeländer aber, die in jenen Jahren einen Zug nach den Warekauriinseln unternahmen, fast ganz ausgerottet sind, so dass ihre Zahl jetzt nur noch 200 beträgt: und auch diese nehmen, durch Assimilation an die eingewanderten Maoris rasch ab (Travers bei Peterm. 1866, 62). Auch müssen wir hier die schwarze Urbevölkerung Vorderindiens, die dekhanischen und Vindhyavölker erwähnen, weil auch sie nach Lassen (ind. Alterthumskunde 1, 390) allmählich abnehmen. Früher waren sie weiter ausgebreitet und einzelne Reste von ihnen scheinen sich (Lassen a.a.O. 387 ff.) in Himalaya, in Belutschistan, Tübet und sonst erhalten zu haben. Sie wurden durch die nachrückenden arischen Inder und gewiss nicht friedlich in die Gebirge zurückgedrängt (Lassen 366), wo sie nun theils im barbarischen Zustande weiter lebten, theils aber, und so namentlich die südlicheren Dekhanvölker, in die indische Kultur übergingen (Lassen

13

364. 371). Ein ähnliches Schicksal hatten verschiedene amerikanische Stämme, die von anderen mächtigeren Indianervölkern theils aufgerieben, theils sich einverleibt wurden; auch wird von einzelnen Hottentottenvölkern eine ähnliche Vermischung mit Kafferstämmen erwähnt (Waitz 2, 318).

Doch scheinen auch manche Völker vermindert oder gar verschwunden, ohne es in Wirklichkeit zu sein. Ein solcher Schein ist hervorgerufen, wie Waitz 1, 159-160 zeigt, theils durch Umänderung von Namen, wo man nun fälschlich annahm, weil der Name nicht mehr existire, so sei auch das Volk erloschen, oder durch Irrthümer der Reisenden, indem sie manche Namen zu weit ausdehnen, andere aber auf völligem Missverständniss beruhen, oder durch falsche Schätzung der Volkszahl, wie man sie oft sehr übertrieben, namentlich bei älteren Reisenden, z.B. für Polynesien bei Cook, findet u. dergl.

Ehe wir nun aber die Gründe für jenes weniger leicht zu erklärende Hinschwinden der Naturvölker aufsuchen, müssen wir den Umfang desselben betrachten, wobei wir ausser Europa alle Welttheile zu berücksichtigen haben.

In Asien sterben aus oder sind schon ausgestorben die Kamtschadalen und so rasch ging ihre Verminderung vor sich, das Langsdorff (1803-4, Krusensterns Begleiter) Ortschaften, welche die Cooksche Expedition und La Perouse noch wohl bevölkert sahen, völlig menschenleer fand. Wenn La Perouse 1787 auf der Halbinsel im ganzen noch 4000 Bewohner fand (2,166), so sind die russischen Einwanderer in dieser Zahl, bei der trotzdem auf mehrere Quadratmeilen kaum ein Mensch kommt, schon einbegriffen. Denn Cooks Reisebegleiter (1780) fanden, nach den Mittheilungen eines dort ansässigen Offiziers in Kamtschatka nur noch 3000 Einwohner, wobei die Kurilen schon mitgerechnet sind; sie erzählen selbst, wie sich die Eingeborenen immer mehr mit den einwandernden Russen verbinden und ihre Zahl dadurch immer mehr abnimmt (Cook 3. R. 4, 175). La Perouses Reisegefährte Lessep (41) behauptet, dass nur noch ein Viertel der eigentlichen Kamtschadalen übrig sei; und er war noch nicht ein volles Jahrhundert nach der ersten Unternehmung der Russen (1696) gegen Kamtschatka dort. Dasselbe Schicksal haben ausser den Jakuten und Jukagiren in Sibirien Waitz, (1, 164) auch die Aleuten auf den Fuchsinseln und die ihnen verwandten Stämme auf den nächsten Küsten von Amerika, die wir hier gleich erwähnen, weil auch sie wie die Kamtschadalen unter demselben Drucke Russlands stehen. Langsdorff fand auf den Fuchsinseln nur gegen 300 Männer, während er für 1796 1300 und für 1783-87 gar 3000 und mehr angibt. Das Steigen der Zahlen, welches wir im Anfang dieses Jahrhunderts finden, ist keineswegs tröstlich. Denn wenn Chamisso (177, zweite Note) nach aktenmässigen Mittheilungen für 1806 die Aleuten der Fuchsinseln auf 1334 Männer und 570 Frauen, 1817 dagegen auf 462 Männer und 584 Frauen angibt, so versieht er erstlich diese allerdings auffallenden Zahlen selbst mit einem Fragezeichen; und zweitens, wenn sie auch richtig sind, Langsdorff sich geirrt und die Volkszahl sich nicht durch russische Einwanderer vermehrt hat: das Sinken der Bevölkerung von 1806-1817 ist gewiss eben so arg als wie wir es bei Langsdorff geschildert finden. Der offizielle Bericht von 1860 bei Peterm. 1863, 70 gibt 4645 Bewohner der Fuchsinseln an: allein hier sind jedenfalls die Russen, welche jetzt auf den Inseln ansässig sind, mitgezählt, obwohl die Mischlinge, 1896 Seelen, noch besonders angegeben werden und diese Vermehrung, welche sich auf Kamtschatka gleichmässig findet, ist nur eine scheinbare.

Bekannt ist das Aussterben der Ureinwohner Amerikas,

deren Zahl man in Nordamerika für die Zeit der Entdeckung etwa auf 16 Millionen, jetzt kaum noch 2 Millionen schätzt (Waitz b, 16). 1864 betrug die Zahl der Indianer in den Vereinigten Staaten etwa 275,000; 1860 zählte man noch 294,431; 1841 aber, auf kleinerem Gebiete 342,058 Seelen, so dass sich also hier in 23 Jahren ein Verlust von nahezu 70,000 Menschen herausstellt (eb. 18). Noch geringere Zahlen gibt Behm (105 ff.) an, nämlich 268,000 unabhängige Indianer für die Vereinigten Staaten, 155,000 für britisch Nordamerika. Und während d'Orbigny (1838) für den von ihm bereisten grösseren Theil von Südamerika 1,685,127 Indianer zählte (Waitz b, 16). so stellt Behm auch hier geringere Zahlen auf: Brasilien hat nach ihm (a.a.O.) 500,000 unabhängige Indianer, die drei Guyanas 9770, Venezuela 52,400, Neu-Granada 126,000, Ekuador 200,000, Peru 400,000, Bolivia 245,000, Chile 10,000, die Staaten der argentinischen Republik 40,000, Patagonien und Feuerland 30,000, also zusammen 1,613,170 und zwar für ganz Südamerika. So viel aber betrug allein die Bevölkerung von Chile zur Zeit der Entdeckung (Pöppig 385 Anmerkung) nach einer der kleinsten Annahmen. Mittelamerika hatte um 1800 zwei und eine halbe Million unvermischter Ureinwohner und diese Zahl war im Wachsen (Humboldt a 1, 107); aber zur Zeit der Entdeckung betrug die Volkszahl in Tenuchtitlan, der alten Hauptstadt von Mexiko und dem ihm nahe gelegenen Tezkuko allein nach mittleren Angaben fast eine Million und das Land war dicht bedeckt mit grossen und volkreichen Städten. Behm nimmt als jetzige unabhängige Urbevölkerung nur 6000 an (a.a.O.), eine Zahl, welche gegen Humboldts Angaben ausserordentlich gering ist: allein Behm schätzt hier nur die Indianer ab, »welche sich den Behörden vollständig entziehen«, während Humboldt auch die Eingeborenen mitbegreift, welche sich am europäischen Leben so gut wie die spanischen Mexikaner betheiligen. Behm (114) schätzt diese auf

4,800,000. Natürlich geht dies Aussterben auch jetzt noch weiter, wofür v. Tschudi 2, 216 ein Beispiel gibt: die Malalies, ein araukanischer Stamm, 1787 noch über 500 Individuen stark, schmolzen in jener Zeit durch Kriege auf 26 Seelen zusammen. Obwohl sie nun 70 Jahre lang ansässig sind und ungefährdet gelebt haben, ist ihre Zahl doch nicht höher als auf einige über dreissig gestiegen.

In Afrika sind es die Hottentotten zunächst, welche in den Kreis unserer Betrachtung hineingehören. Während sie früher sich weit hin in das Innere von Südafrika ausdehnten und in eine zahlreiche Menge von einzelnen Stämmen zerfielen, finden wir sie jetzt auf sehr viel kleinerem Gebiete und aufgerieben bis auf 3 Stämme, die Korana, Namaqua und Griqua (Waitz 2, 317 ff.), deren Zahl fortwährend im Fallen ist. Auch die Kaffern müssen hier erwähnt werden, denn im brittisch Kafraria hat sich 1857 die Bevölkerung um mehr als die Hälfte vermindert: sie betrug am Anfang des Jahres 104,721 Seelen und am Ende desselben nur noch 52,186 (Peterm. 1859 S. 79 nach dem Population Return v. John Maclean Chief Commissioner): nach Behm jedoch (100) 1861 74,648 Eingeborene.

Es bleibt uns nun noch Australien und Ozeanien zu betrachten übrig, wo an vielen Orten die Bevölkerung rasch hinschwindet, so namentlich in Neuholland. Doch ist es gerade für dies Land schwer, ja ganz unmöglich, Zahlen aufzustellen, weil die Stämme fortwährend hin- und herziehen und daher alle Zahlangaben sehr wenig zuverlässig sind (Grey 2, 246). Die, welche Meinicke a 177 aufstellt, beweisen dies zur Genüge, und selbst die bei Behm (72) sind nicht sicherer. Nur von Südaustralien, Queensland und Viktoria hat er bestimmte Zählungsergebnisse und so ist seine Gesammtziffer 55.000 nur eine sehr ungefähre. Alle Quellen aber berichten einstimmig, dass die Bevölkerung wenigstens der Küsten reissend abnimmt; dass Stämme,

17

welche früher nach Hunderten zählten, jetzt vielfach bis auf ebenso viel Zehner zusammengeschmolzen sind. Die Bevölkerung Tasmaniens betrug 1843 noch 54 Individuen, 1854 noch 16 (Nixon 18) und ist jetzt wohl ganz ausgestorben.

Wenn auch nicht so reissend, so vermindern sich doch auch die Melanesier an verschiedenen Gegenden ihres Gebietes: so nach Reina (Zeitschr. 4., 360), die Völker der kleinen Inseln in der Nähe von Neuguinea: so nach D'Urville 5, 213 die Bewohner von Vanikoro, nach Turner 494 die Eingeborenen der neuen Hebriden, wie z.b. die Bevölkerung von Anneitum 1860, welche Turner auf 3513 Seelen schätzt, 1100 Menschen durch eine Masernepidemie verlor (Muray bei Behm 77) und die von Erromango 1842 durch eine gefährliche Dysenterie um ein Drittel vermindert wurde (Turner a.a.O.); und so finden sich noch verschiedene Angaben zerstreut.

In Mikronesien ist die Bevölkerung der Marianen, welche bei Ankunft der Spanier 1668 mindestens 78,000 Einwohner gehabt haben, für die aber auch 100,000 durchaus nicht zu hoch gegriffen ist (Gulick 170) gänzlich ausgestorben. Schon um 1720 hatten die Inseln (und zwar nur noch die beiden südlichsten) nicht mehr als etwa 2000 Einwohner, und von diesen waren sehr viele von den Philippinen her verpflanzte Tagalen. Ponapi (Puynipet, Ostende der Karolinen) hatte nach Hale (82) 15.000 Bewohner, welche Annahme vielleicht etwas, aber nicht viel zu hoch ist[A]; jetzt hat sie (Gulick 358) noch 5000, Kusaie (Ualan) hatte 1852 12-1300, 1862 nur noch 700 Menschen (Gulick 245).

In Polynesien betrug auf Tahiti die Bevölkerung zu Cooks Zeiten (1770) etwa 15-16,000 Seelen (G. Forster nach einer spanischen Beschreibung von Tahiti a.d. Jahre 1778 ges. Werke 4,211, Bratring 104, welcher derselben Quelle folgt oder wenigstens einer nahe verwandten). Dieselbe Zahl fand Wilson noch im Jahre 1797; Turnbull (259) gibt nur 5000 an im Jahre 1803, Waldegrave bei Meinicke b, 113 6000 für 1830 und Ellis 1, 102 für 1820 etwa 10,000, welche Zahl Virgin auch für 1852 angibt (2, 41). Mögen auch diese Zahlen unbestimmt und schwankend und Turnbulls Angaben negativ übertrieben sein: so viel ist sehr klar, dass seit der Entdeckung durch die Europäer die Entvölkerung dieser Insel, welche indess nach den Aussagen der Eingebornen (Virgin 2, 41) schon früher begonnen hatte, rasch fortgeschritten ist; bis unter die Hälfte der früheren Kopfzahl sinken die Angaben. Auf den übrigen Societätsinseln war das Verhältniss (Meinicke a. a. O.) ein ähnliches. Auch jetzt scheint das Aussterben, obwohl langsamer, fortzugehen: der offizielle französische Bericht für 1862 gibt für Tahiti 9086 Bewohner an (Behm 81).

Auf Laivavai, einer der Australinseln, betrug die Bevölkerung 1822 mindestens 1200, 1830 nur noch etwa 120 und 1834 kaum noch 100 Seelen (Mörenhout 1, 143). Günstiger ist Meinickes Schätzung, welcher auf der ganzen Gruppe Ende 1830 etwa 5000 Seelen, für 1840 nur noch 2000 annimmt (a.a.O. 114). Rapa schätzte Vankouver 1795 auf 1500 Einwohner, Mörenhout (1, 139) 1834 nur noch auf 300 und diese waren in stetem Abnehmen. Auch die Herveygruppe, welcher Ellis 1, 102 10-11,000 Bewohner gibt, ist jetzt viel minder zahlreich bewohnt, namentlich Rarotonga, welches durch eine furchtbare Seuche im höchsten Grade gelitten hat (Williams 281).

Ganz ebenso schlimm ist es in Hawaii, wo nach Ohmstedt 262, die Bevölkerung in den Jahren 1832-36 von 130,000 auf 102,000 Seelen, also in 4 Jahren um 28,000 Seelen gesunken ist! Mag Ohmstedt nun auch Recht haben, dass die Bevölkerungsziffer für 1836 zu gering ist, weil eine Menge Geburten nicht angezeigt worden sind: so ist das

Hinschwinden trotzdem ganz ausserordentlich, zumal die Insel zu Cooks Zeiten, der 400,000 Einwohner angibt, wohl an 300,000 nach Jarves Berechnung (373) hatte. Die Zahlen bei Meinicke (b, 115-16 nach der Sandwich Isl. gazette) sind zwar nicht genau dieselben, das Verhältniss der Abnahme aber bleibt, auch wenn wir ihnen folgen, unverändert. Nach Virgin 1, 267 hatte die Hawaiigruppe 1823 etwa 142,000 Seelen, 1832 noch 130,313, 1836 108,579 und 1850 betrug die Zahl nur noch 84,165! also in 78 Jahren hat sich die Bevölkerung um ein Drittel gemindert und die Zahl der Geburten verhielt sich zu den Todesfällen wie 1:3! Auch jetzt noch schreitet die Verminderung fort: die Zahl der Eingeborenen betrug nach dem Census von 1860 nur 67,084 Seelen (Behm 85).

Auch auf dem Markesasarchipel, dessen Bevölkerung nach Meinicke (b, 115) 22,000 Menschen beträgt, ist ein Hinschwinden bemerkt: so verlor Nukuhiva (Rodriguet in Revue de 2 mondes 1859 2, 638) von 1806-12 zwei Drittel seiner Bevölkerung durch Hungersnoth. Auf Neu-Seeland beträgt die Abnahme der Bevölkerung in den letzten 14 Jahren etwa 19-20 Percent; 1770 betrug sie etwa 100,000 und 1859 noch 56,000 (Hochstetter 474, nach Fenton). Nach offiziellen Berichten im Athenäum (Zeitschr. 9, 325), welche zu Hochstetters Angaben nicht ganz stimmen, war die Zahl der Eingebornen 1858 87,766, und zwar, auffallend genug, 31,667 Männer und 56,099 Frauen. Dagegen treffen die offiziellen Berichte von 1861 (Meinicke c 557) mit Hochstetter überein: denn sie geben 55,336 Eingeborene an. Letzteres ist wohl das richtigere. Nach Fenton (Reise der Novara 3, 178) verhielten sich bis gegen 1830 die Sterbefälle und Geburten zur Gesammtbevölkerung wie 1: 33,04 und 1: 67,12.

Auf Samoa nimmt nach Erskine 104 die Bevölkerung, 37,000 Seelen, gleichfalls ab, und zwar soll die Abnahme nach den Berichten der Missionäre in 10 Jahren auf einer Insel von

4000 bis zu 3700 oder 3600 vorgeschritten sein (eb. 60).

Auch die Pageh auf Engano, ein den Polynesiern ähnlicher malaiischer Stamm auf einer kleinen Insel südlich von Sumatra sterben aus nach Wallands Urtheil, der auf der Insel eine äusserst geringe Kinderzahl vorfand — nur fünf im Ganzen (Zeitschr. 16, 420).

§ 2. Empfänglichkeit der Naturvölker für Miasmen. Krankheiten, welche spontan bei der Zusammenkunft der Natur- und Kulturvölker entstehen.

Indem wir uns nun anschicken, die Gründe für dies Hinschwinden aufzusuchen, wollen wir zuerst vernehmen, wie man sich über die Lebensunfähigkeit dieser Stämme geäussert hat. Pöppig (386) sagt von Amerika: »Es ist eine unbezweifelte Thatsache, dass der kupferfarbene Mensch die Verbreitung europäischer Civilisation nicht in seiner Nähe verträgt, sondern in ihrer Atmosphäre ohne durch Trunk, epidemische Krankheiten oder Kriege ergriffen zu werden, dennoch wie von einem giftigen Hauche berührt ausstirbt. Die zahlreichen Versuche der Regierungen haben Sitte und Bürgerthum unter jener Raçe nie einheimisch machen können, denn ihr fehlt die nöthige Perfektibilität. Dieser Mangel macht die durchdachten und menschenfreundlichen Pläne der Erziehung zu nichte und rechtfertigt den Vergleich jener Menschheit mit jener eine eigenthümliche Physiognomie tragenden, aber niederen Vegetation, die das dem Meere entstiegene Land zuerst in Besitz nimmt, aber in dem Masse wie höher ausgebildete und kräftigere Pflanzen sich entwickeln, sich vermindert und zuletzt auf immer verschwindet. Wie sehr das menschliche Gefühl sich gegen eine solche Annahme sträubt, so glauben wir doch in den Amerikanern *einen von der Natur selbst dem Untergang geweihten* Zweig unseres Geschlechtes zu sehen. In den leer gewordenen Raum tritt eine *geistig vorzüglichere*, beweglichere, aus dem Osten stammende grosse Familie. Wie diese ihrer Bestimmung zur allgemeinsten Verbreitung gehorsam sich ausdehnt und die entlegensten Wildnisse sich unterwirft, so legt die Urbevölkerung sich zum Todesschlafe nieder und verschwindet selbst aus dem Gedächtnisse des neuen Volkes. In weniger als einem Jahrhundert wird vielleicht die Forschung über die ersten Bewohner eines ganzen Welttheils dem Gebiete der Archäologie überwiesen werden müssen, und dann erst wird das Tragische und Räthselhafte ihres Schicksals begriffen (?) und tief empfunden werden.«

So schrieb 1840 ein deutscher Gelehrter, der lange Reisen in Amerika gemacht hatte. Auch Carus Phantastereien von Tag-, Nacht- und Dämmerungsvölkern (17 ff.) gehören hierher; seine westlichen Dämmerungsvölker, »sie, die wirklich dem Untergange zugewendet sind und ihrem Verlöschen mehr und mehr entgegengehen«, sind die Amerikaner; seine Nachtvölker, welche sich »über Afrika ausdehnen und hinab gegen Süden über Australien (!), Van Diemensland und einen Theil von Neuseeland (als Papus!!) erstrecken«, stehen noch tiefer in ihrer geistigen Entwickelung und Fähigkeit. Ganz ähnlicher Ansicht über die Neuholländer, wie Pöppig über die Amerikaner, scheint Meinicke zu sein, nur dass er sich verhüllter ausdrückt; doch nennt er sie einen »dem Untergang *geweihten*« Volksstamm (c 522) und spricht hier n. a 2, 215 von ihrer »gänzlichen Unbildsamkeit«. Viel direkter hat man von der Unbildsamkeit, von dem nothwendigen Untergang, von der geringen Lebensfähigkeit der tieferstehenden und mangelhaft organisirten Raçen in Amerika (Waitz 3, 45) und den Kolonieen in Afrika, Neuholland und Polynesien gesprochen; da man denn sich auch weiter kein Gewissen machte, den Untergang, welchem diese Raçen nun doch einmal geweiht seien, damit auf ihren Trümmern sich das bessere Leben höherstehender Raçen entwickeln könne, mit

23

allen Mitteln beschleunigen zu helfen.

Aber auch vorurtheilsfreie Forscher sehen in diesem Hinschwinden etwas Räthselhaftes, so Waitz 1, 173, wenigstens in Beziehung auf Australien und Polynesien, da hier eine Hauptursache der Entvölkerung, welche in Amerika so wirksam war, der Druck durch die Weissen, in Polynesien ganz wegfalle, in Australien wenigstens nicht weitgreifend gewirkt habe. »Begreiflicher Weise, fährt er jedoch fort, ist das Aussterben eines Volkes, das früher kräftig und gesund gewesen ist, nicht damit erklärt, dass man ihm die Lebenskraft abspricht oder einen ursprünglichen Mangel der Organisation zuschreibt, und es hat an sich schon etwas sehr Unbefriedigendes für eine so seltene und abnorme Erscheinung einen geheimnissvollen Zusammenhang anzunehmen, dem sie ihre Entstehung verdanke; man wird vielmehr hier wie überall nach dem natürlichen Zusammenhange der Sache zu suchen haben, wenn man sich auch schliesslich zu dem Geständnisse genöthigt finden sollte, dass es bis jetzt nicht gelingen will, denselben vollständig aufzuklären.«

Wir wollen sehen, ob wir zu diesem Geständniss genöthigt werden.

Auch Darwin (2, 213) sieht bei diesem Aussterben, für welches er viele natürliche Gründe anführt, auch »noch irgend eine mehr räthselhafte Wirksamkeit« thätig. »Die Menschenraçen, sagt er, scheinen auf dieselbe Art aufeinander zu wirken, wie verschiedene Thierarten, von denen die stärkere die schwächere vertilgt.« Er macht darauf aufmerksam, dass fast bei jeder Berührung der Naturvölker und der Weissen, oft auch von Stämmen ein- und desselben Volkes, welche in verschiedener Gegend wohnen, seuchenartige Krankheiten entstehen, oft bei völliger Gesundheit der Schiffsmannschaft und der von ihr besuchten Völkerschaft, »von denen alsdann vorzugsweise die niedere von beiden Raçen oder die der Eingeborenen, welche in ihrem Lande von Fremden aufgesucht werden, zu leiden hat« (Waitz 1, 162). Und hierzu lassen sich die Beispiele allerdings häufen. So sagt Humboldt (a 4, 392), dass in Panama und Calao der Anfang grosser Epidemien des gelben Fiebers »am häufigsten durch die Ankunft einiger Schiffe aus Chile bezeichnet werde«, obwohl doch Chile selbst eines der gesündesten Länder der Welt sei und das gelbe Fieber gar nicht kenne; aber die schädlichen Folgen der ausserordentlich erhitzten und durch ein Gemisch von faulen Dünsten verdorbenen Luft, an welche die Organe der Eingeborenen gewöhnt seien, wirkten mächtig auf Individuen aus einer kälteren Region. Aehnlich verhält es sich mit dem Ausbrechen des gelben Fiebers in Mittel- und Nordamerika, das eingeschleppt zu haben so häufig die eine der genannten Gegenden Besuchern aus der anderen vorwirft (Humboldt a.a.O. 384). Die »grausame Epidemie« von 1794, wo Verakruz ungewöhnlich heftig vom gelben Fieber heimgesucht war, fing an mit der Ankunft dreier Kriegsschiffe (eb. 423). Ebenso schreiben die Einwohner Egyptens das Ausbrechen der Pest der Ankunft griechischer Schiffe zu und umgekehrt die Bewohner Griechenlands und Konstantinopels egyptischen (eb. 384), wobei keineswegs immer an eine Einschleppung zu denken ist. Auf Rapa (Australinseln) traten tödtliche Krankheiten nach dem Besuch von englischen Schiffen auf, welche die Hälfte der Eingeborenen dahinrafften (Mörenh. 1, 139); auf Tubuai (Australinseln) ward die Bevölkerung durch Krankheiten, welche mit der Mission 1822 auftraten, auf die Zahl von 150 heruntergebracht (eb. 2, 343). Raivavai, welches 1822 noch 1200 Einwohner hatte, besass 1830 etwa noch 120 durch gleiches Schicksal (eb. 1, 143). Williams (283-84) spricht es als seine eigene Erfahrung aus, dass die meisten der Seuchen, die er in der Südsee erlebte, durch Schiffe, deren

Mannschaft ganz gesund sei und nur auf ganz erlaubtem, gewöhnlichem Wege mit den Eingeborenen verkehrte, veranlasst wurden. Das erste Zusammentreffen zwischen Europäern und Eingeborenen, sagt er, ist fast immer mit dem Fieber, mit Dysenterie u. dergl. bezeichnet; so starb auf Rapa die Hälfte der Eingeborenen aus; so entstand die furchtbare Seuche auf Rarotonga (Herveyinseln), die er 282 schildert. Ganz dasselbe sagt Virgin 1, 268; »Auch nur kurze Besuche von Fahrzeugen haben auf den Inselgruppen der Südsee Krankheiten von mehr oder minder verderblicher Natur verursacht, die sich sogar erst längere Zeit nachher gezeigt haben. Es hat sich dies auch sogar zugetragen, ungeachtet die Besatzung der Schiffe vollkommen gesund war und die Krankheiten sind nicht stets solche gewesen, welche möglicherweise durch eigentliche Ansteckung mitgetheilt werden konnten oder welche in Europa zu denen gehören, deren Beschaffenheit in der Regel mehr oder weniger tödtlich ist.« Von Tahiti erzählt Bratring 145, dass 1775 bei der Anwesenheit der Spanier unter Boenechea ein ansteckendes Katarrhalfieber ausbrach. Nach Cooks Besuch litt die Insel unter Dysenterie (Mörenh. 2, 425) und die Tahitier selbst schrieben schon um 1800 alle Krankheiten den Berührungen mit fremden Schiffen zu (Turnbull 266). Beechey 1, 94-95 berichtet Aehnliches von den Inseln Pitkairn. Bei regnichtem Wetter und bei gelegentlichen Besuchen von Schiffen, sagt er, leiden die Eingeborenen (eine Mischbevölkerung von Tahitiern und Engländern) stärker an Blutandrang (plethora) und Schwären als sonst; sie glauben ganz fest, dass diese Krankheiten durch den Verkehr mit ihren Gästen, mögen diese selbst auch ganz gesund sein, herrühren. Das eine Schiff sollte ihnen Kopfschmerzen, ein anderes Scharbock, das dritte Geschwüre u.s.w. gebracht haben, wie sie denn auch von Beecheys Schiff, dessen Mannschaft ganz gesund war, ähnliches erwarteten: ja sie fühlten schon Kopfweh und

Schwindel. Beechey erklärt diese Zufälle durch die Veränderung ihrer Lebensweise während solcher Besuche, da sie gegen ihre sonstige Gewohnheit dann viel Fleisch essen und reichlichere Kleidung tragen. Von Melanesien (Tanna) erzählt Turner 91 nach den Aussagen der Eingeborenen, welche alle Krankheiten, wie Fieber, Dysenterie, Husten u. dergl. »fremde Dinge« nennen, ganz Gleiches. Auch in Celebes (Waitz 1, 163) herrschte diese Meinung und ebenso auch bei den alten Marianern, welche nach jedem fremden (europäischen) Schiff von einer Seuche heimgesucht zu werden behaupteten; so brachte 1688 ein Schiff von Mexiko, welches mit Verbrechern beladen an der Insel scheiterte, Rheuma, Fieber, Blutungen (le Gobien 376), und die Eingeborenen sahen alle Krankheiten als durch die Spanier eingeschleppt an (ebd. 140). Die Einwohner von St. Kilda (westl. v. d. Hebriden bei Schottl.) sind der festen Ansicht, für die sie eine lange Erfahrung haben, dass der Besuch eines Fremden ihnen Schnupfen bringe (Macculloch bei Darwin 2, 214).

Nach dem medizinischen Theil der Novara Reise (1, 225) glauben die Eingeborenen der Nikobaren, dass die Kokosnüsse von den Bäumen fielen, sobald ein Missionär die Insel beträte. So mag denn auch diese weitverbreitete Ansicht der Grund sein, weshalb in Ponapi, sobald ein Schiff in Sicht kommt, das Volk flieht und der Priester aufs Feierlichste die Götter um Hülfe anruft (Gulick 175), wenn wir es hier nicht mit etwas Religiösem zu thun haben. Jedenfalls ist wohl zu beachten, dass die Naturvölker vor der Bekanntschaft mit den Europäern fast nichts von Krankheit wussten; weder die Marianer (le Gobien 140) noch die übrigen Mikronesier (Chamisso) noch die Polynesier, von denen freilich die Neu-Seeländer, obwohl der Gesundheitszustand auch ihrer Insel im Allgemeinen trefflich war, von schweren Seuchen, die sie schon vor Cook heimgesucht hätten, erzählten (Dieffenbach 2, 12-14), noch die Neu-Holländer, Hottentotten und Amerikaner (Waitz 1, 140-41).

Für die Indianerstämme steigert sich die Wirkung solcher Epidemien noch durch Folgendes, was v. Tschudi, einer der ausgezeichnetsten Kenner der amerikanischen Völker, 2, 216 sagt: »Es ist eine höchst eigenthümliche Erscheinung, dass Indianerstämme, die durch Krieg oder Epidemien plötzlich sehr stark reducirt wurden, sich in der Regel nie wieder erholen und nur noch als wenig zahlreiche Familien gewöhnlich Jahrzehnte lang hinsiechen, bis sie endlich ganz aussterben. Bei ihnen tritt nicht mehr die Vermehrungsprogression ein, wie sie vor dem vernichtenden Schlage stattgefunden hatte, und bei anderen unter den nämlichen physischen Bedingungen lebenden Völkern beobachtet wird. Meines Wissens ist dieses Verhältniss noch nirgends erörtert worden. Ich habe es bei einem genauen Studium der Geschichte der nord- und südamerikanischen Indianer als Regel gefunden. Sehr verminderte Fruchtbarkeit des Weibes ist die Hauptursache: auf welchen physiologischen Einwirkungen sie aber beruht, ist wohl schwer zu ermitteln.« Waitz freilich (1, 163) bringt Beispiele vom Gegentheil: die Creeks (nach Simpson), die Winibegs (nach Schoolcraft), die Apachen (Kendall) u.s.w. haben sich nach schweren Epidemien wieder erholt. Wir kommen hierauf zurück.

Man hat nun diese auffallende Erscheinung, dass Krankheiten durch Berührung gesunder, aber aus verschiedener Gegend oder Raçe stammender Menschen entstehen, zu erklären versucht. Darwin, der in Shropshire gehört, dass gesunde Schafe, die aber auf Schiffen eingeführt wurden, in einem Pferch zu anderen gebracht, diese krank machen, Darwin meint, dass das Effluvium von Menschen — und wohl auch, nach dem letzten Beispiel, von Thieren

— die lange Zeit eingeschlossen gewesen seien, giftig auf andere wirke, namentlich dann, wenn sie von verschiedenen Raçen wären (2, 214); eine Ansicht, welche indess weder von medizinischer Seite noch durch die Erfahrung bestätigt wird.

Will man sich aber mit Waitz dabei begnügen zu sagen, dass beim Zusammentreffen verschiedener Raçen, selbst bei völliger Gesundheit beider, sich bisweilen Krankheiten erzeugen, welche dann meist die niedere Raçe ergreifen, so kommt einmal durch das Wort niedere Raçe leicht etwas Missverständliches in den Ausdruck, und andererseits wird nichts durch dies blosse Zusammenfassen der Erscheinung erklärt. Dazu kommt, dass z.B. der Bericht Humboldts über das gelbe Fieber in Panama und Callao sich ja auf gleiche Raçen bezieht und eben so doch auch die Angabe Darwins von den Schafen. Und wenn man ferner die Geschichte der kultivirten Völker betrachtet, so findet man eine ähnliche Erscheinung: eine neu auftretende Krankheitsform wüthet viel allgemeiner und verheerender, als eine fortwährend herrschende; so die Pest, der schwarze Tod, die Pocken, die Cholera u.s.w., die dann oft nach und nach verlöschen. Die Pocken aber hat man dadurch unschädlich gemacht, dass man eine verwandte, aber unschädlichere Krankheitsform einimpft. Es scheint also, als ob der menschliche Körper um so empfänglicher für ein Miasma oder einen Krankheitsstoff ist, je ferner und freier von demselben er früher war. Ist er aber, wie bei der Pockenimpfung geschieht, durch ein Minimum des Giftes affizirt und dadurch anders disponirt worden, so dass er sich nun allmählich an jenen feindlichen Stoff gewöhnt, ihn der eignen Natur und die eigene Natur ihm einigermassen assimilirt hat: so hat er dadurch Fähigkeit zum Widerstand gegen die Krankheit gewonnen, da sie ja nun seiner Natur nicht mehr absolut feindlich ist; daher denn solche Seuchen nach und nach erlöschen, denn die Ueberlebenden werden nach und nach durch das Einathmen der miasmatischen Luft körperlich selbst immer fester. Keineswegs hilft aber eine solche Gewöhnung für alle Zeit, wie ja auch die Pocken nach bestimmten Zeiträumen von neuem eingeimpft werden müssen. Merkwürdig, aber für uns wichtig genug ist, was Humboldt a 1, 92 über diese Krankheit in Mexiko sagt: »die Pocken scheinen ihre Verwüstungen nur alle 17 Jahre anzurichten. In den Aequinoktial-Gegenden« — ob das aber nicht in allen Gegenden oder wenigstens bei allen menschlichen Individuen auf gleiche Weise gilt? — »haben sie, wie das schwarze Erbrechen und mehrere andere Krankheiten, ihre festen Perioden, an denen sie sich regelmässig wieder einfinden: und man möchte glauben, dass sich in diesen Ländern die Anlage der Eingeborenen für gewisse Miasmen nur in sehr weit von einander entfernten Perioden erneuert; indem die Pocken, deren Samen sehr oft von europäischen Schiffen gebracht wird, nur in sehr ansehnlichen Zwischenräumen epidemisch, aber auch dem Erwachsenen nur desto gefährlicher werden.« Alles dies scheint sehr für unsere obige Annahme zu sprechen. Der Europäer, der Civilisirte kommt nun fortwährend mit unendlich mehr Krankheitsstoffen und Miasmen, in den meisten Fällen ohne es selbst zu merken, in Berührung, als der im Naturzustande und der freien Natur lebende Mensch. Und nicht nur durch eigene Gewöhnung von Kindheit an, sondern auch durch Vererbung der Accommodation von Eltern und Grosseltern her hat er eine viel grössere Widerstandsfähigkeit gegen solche schädliche Einflüsse, als sie jemals früher Isolirte und namentlich, wenn sie vielleicht schon erwachsen zuerst mit diesen Einflüssen in Berührung kommen, sich erwerben können. Hiergegen spricht nicht, wenn einzelne Individuen der Naturvölker gesund etwa in Europa längere Zeit gelebt haben. Denn in den meisten Fällen ist da eine Gewöhnung von Jugend auf eingetreten und jedenfalls sind alle solche Fälle wissenschaftlich nur dann zu verwerthen, wenn man die Geschichte des Besuchers, seine Natur, die Natur seines Volkes u.s.w. bis ins Einzelne verfolgen kann. Uebrigens gibt es auch Beispiele genug, dass solche Besuche unglücklich abliefen: Liholiho, der Sohn Tamehameha I. und seine Gemahlin starben bei ihrem Aufenthalt in England, wo alle Sorgfalt ihnen zu Theil wurde, an den Masern bei raschem Verlauf der Krankheit; und der Prinz Libu, welchen Wilson gegen Ende des vorigen Jahrhunderts von den Palau-Inseln mit nach England genommen hatte und dort sehr sorgfältig pflegte, an einer ähnlichen Krankheit, kurz nach seiner Ankunft (Keate die Pelewinseln, Schluss). Jetzt beweisen solche Besuche um so weniger, als jetzt die meisten Völker Bekanntschaft mit der weissen Raçe haben.

Nach alledem würde es kein Wunder, nichts Rätselhaftes sein, wenn die Naturvölker gegen solche Miasmen, die auch von ganz Gesunden ganz unbemerkt eingeschleppt werden können, um so empfänglicher und empfindlicher sind, je weniger sie Schutz durch irgend welche Gewöhnung haben; daher denn solche Krankheiten, welche scheinbar unerklärlich entstehen, mit einer Heftigkeit wüthen, wie, vor Zeiten die Pest. So erzählt Williams (280 ff.), dass bei jener Seuche auf Rarotonga von mehreren tausend Einwohnern kaum ein einziger ganz davon befreit blieb. — Die Krankheiten, welche am meisten so ganz spontan dem Schein nach entstehen, sind Dysenterie, Influenza, Fieber, Blutungen, Geschwüre, Husten und Hautkrankheiten. (Einige Belegstellen: Turner 91; Dieffenbach 2, 12-14; le Gobien 376; Beechey 1, 94-95.)

Dass auch Geschwüre genannt werden, könnte auffallen. Die ausbrechenden Krankheiten richten sich jedenfalls theils nach den Miasmen, durch welche sie hervorgerufen sind, theils und wohl ganz besonders nach der Natur des

Inficirten. Wie ja bei herrschenden Epidemien oder in der Nähe gefüllter Krankenhäuser jede Krankheit, jede oft unbedeutendste Verwundung durch den giftigen Einfluss der Miasmen schlimmer werden, ja bis zum Tode führen kann, auch ohne in die herrschende Krankheitsform überzugehen: ebenso natürlich ist es, dass sich solche eingeführten Miasmen gerade auf den Theil des inficirten Organismus werfen, welcher schon zuvor, in den meisten Fällen gewiss gleichfalls unbewusst, der schwächste oder gerade bei der Einführung des Miasma irgendwie erregt oder afficirt war. Auch erklärt es sich hieraus, wie bei gleichen Miasmen — vorausgesetzt, dass sie gleich sind; denn eine Schiffsmannschaft kann leicht verschiedene zugleich bringen — verschiedene Individuen, wie sich das gar nicht selten zeigt (z.B. bei Turner in Melanesien, bei le Gobien auf den Marianen, bei Beechey auf Pitkairn) verschiedene Krankheiten bekommen können.

So erklärt sich das räthselhafte Faktum (welches als Faktum durch die sichersten und verschiedenartigsten Zeugnisse feststeht), dass eine gesunde Schiffsmannschaft gesunden Menschen Krankheiten bringen kann[B]. Dabei dürfen wir nicht unerwähnt lassen, was Humboldt an sich und seinen Begleitern in Centralamerika beobachtete:»Es kommt häufig vor, sagt er b 6, 142, dass sich bei Reisenden die Folgen der Miasmen erst dann äussern, wenn sie wieder in reinerer Luft sind und sich zu erholen anfangen. Eine gewisse geistige Anspannung kann eine Zeitlang die Wirkung krankmachender Ursachen hinausschieben.« Denn aus diesem Satze erklären sich manche Erscheinungen bei jenen spontanen Krankheiten der Naturvölker — so darf man wohl, ohne Gefahr missverstanden zu werden, die Krankheiten nennen, welche nach der blossen Berührung mit den Kulturvölkern, ohne direkte Einschleppung entstehen — Erscheinungen, welche sonst auffallen

32

müssten. So, dass diese Uebel während der Anwesenheit der Europäer noch nicht verspürt werden, denn jene Schwindel- und Kopfwehanfälle der Pitkairner noch während Beecheys Besuch beruhten sicher, nach ächt polynesischer Art, auf anticipirender und übertreibender Einbildung; dann, dass sie ungleich seltener bei feindlichem Zusammenstoss zweier Raçen sich zeigen, welcher freilich meist auch von kürzerer Dauer ist, als ein freundlicher Besuch. Auch scheint es, als ob das Durchmachen *einer* Epidemie gegen Miasmen verschiedener Art abhärte; wiewohl es gar nicht selten ist, dass ein und derselbe Volksstamm von mancherlei Seuchen nach einander (oder auch von derselben wieder) heimgesucht wird. Doch ist dann fast immer der erste Anfall der verheerendste.

Jedenfalls aber haben wir hier die erste Ursache für das Aussterben der Naturvölker: ihre leichte Empfänglichkeit für Miasmen, welche die Kulturvölker ohne Wissen und Willen und bei eigener Gesundheit, zu ihnen bringen; und die geringe Widerstandsfähigkeit ihres Organismus gegen solche durch jene Miasmen entstehende Krankheiten.

§ 3. Direkt eingeschleppte Krankheiten.

Zu diesen eben besprochenen Krankheiten kommen noch andere hinzu, deren Mittheilung zwar auf demselben Grunde beruht, den wir im vorigen Paragraphen betrachteten, die aber doch, da man sie als direkt eingeschleppte allgemein betrachtet und nachweisen kann, für den Beobachter weit mindere Schwierigkeit bieten. Hierher gehören aber gerade die furchtbarsten Seuchen, welche die Naturvölker betroffen haben; und kann man sich denken, wie verheerend sie auf die empfänglichen Naturen jener Völker wirkten. Nicht bloss Weisse haben sie eingeschleppt: auch einzelne Zweige desselben Stammes haben andere mit solchen Gaben bedacht. So ward ein böser Aussatz von Polynesien aus Rapa nach Pitkairn verschleppt und den Bewohnern dieser Insel gefährlich; und andere gleiche Beispiele finden sich. Schlimmer aber ist, was die Weissen brachten, vor allen Syphilis und Blattern. Erstere Seuche ist zwar überall bekannt genug, wo die Europäer hinkommen, und so also auch von Alters her in Afrika und Amerika, wo sie eingeschleppt wurde (in Californien nach Rollin, La Perouses Schiffsarzt bei La Perouse 2, 289; in Guyana nach Schomburgk 2, 336). Gefährlicher aber ist sie vor allen für die Polynesier geworden, denn hier begünstigte ihre Mittheilung und Verbreitung die ausserordentliche Lüderlichkeit dieser Völker gar sehr; und da die Polynesier durch ihre Lüste vielfach entnervt waren, so wurden hierdurch auch die Formen dieser Krankheiten immer grauenvoller. Und so finden wir sie hier vom äussersten Osten bis zum fernsten Westen. Auf Waihu (Osterins.) ist sie jetzt häufig eingeschleppt von Europäern (Mörenhout 1,

26). Auf Neu-Seeland findet sie sich, namentlich an den Küsten, wo die Eingeborenen mit den Europäern am meisten verkehren, und so schlimm, dass eine Menge Verwachsungen u. dergl. durch sie entstehen (Dieffenbach 2, 17-25). Auf Tonga hatte sie Cooks Mannschaft, wie Cook selbst erzählt dritte Reise 2, 390 eingeschleppt; doch kann sie hier nicht allzu heftig gewirkt haben, denn Mariner (2, 270) gibt an, dass durchaus nichts Syphilitisches sich auf der Gruppe finde und dass ein Fall, welcher auf französischer Ansteckung beruhte, so rasch tödtlich verlief, dass er weiter keine Folgen hatte. Allein ob nicht die Art von Gonorrhöe mit ardor urinae, die er 268 als in Tonga heimisch erwähnt, doch noch vielleicht von Cooks Mannschaft herstammte? Auch auf dem Gilbertarchipel und den Ratakinseln — denselben Inseln, wo Chamisso Anfang dieses Jahrhunderts so paradiesische Tage verlebte — ist die Syphilis und andere Seuchen durch europäische Seeleute eingeschleppt (Meinicke Zeitschr. 398), wie denn überhaupt Mikronesien auch sonst sehr durch solche bösen Einwirkungen gelitten hat (Gulick 245).

Aber am schlimmsten hat diese Seuche auf Tahiti und Hawaii gewüthet. In Tahiti ist sie so allgemein, dass fast jede Familie von ihr berührt ist (Mörenhout 1, 228-29); und schon um 1790 waren zwei Fünftel der Insel venerisch (eb. 2, 425). Da nun diese entsetzliche Krankheit theils gar nicht, theils schlecht geheilt und behandelt wurde, so ward sie ein Hauptmittel für die Dezimirung der Eingeborenen (eb. 2, 405). Vankouver (1790) spricht von den Verheerungen, die sie unter den tahitischen Weibern angerichtet hatte (1, 111): sie musste also schon lange verbreitet sein und ist zweifelsohne gleich von den ersten Besuchern eingeschleppt, gleichviel ob von Wallis (Anfang 1767) oder Von Bougainville (1767, 15. Apr.), genug, Cook fand sie vor. Meinicke zwar (b, 118) versucht zu beweisen, dass dies Uebel in der Südsee schon heimisch war, vor der Berührung mit den Europäern: allein sein Beweis ist ihm nicht gelungen und seiner Hypothese stehen die gewichtigsten Autoritäten entgegen, so Cook selbst für Tahiti (dritte Reise 2, 331) und für Hawaii (King ebendas. 4, 379), Turnbull (291) für Tahiti und so noch andere. Auch thut Meinicke nicht recht, das Zeugniss der Eingeborenen für so ganz nichtig zu halten; um so weniger, als die Tahitier nach Cook sehr bestimmt Bougainvilles Schiff als das bezeichneten, welches die verhängnissvolle Gabe brachte, sich also keineswegs in allgemeinen Behauptungen hielten. Auch was Cook a.a.O. 390-91 über die Schwierigkeit, Ansteckung zu verhüten, die Gesundheit der eigenen Mannschaft zu ermitteln und die Leichtigkeit, mit der sich die Krankheit ausbreitet, und gewiss sehr richtig auseinandersetzt, spricht gegen Meinicke. Allerdings stützt dieser sich für die Sandwichgruppe auf den Umstand, dass, obwohl Cook zuerst nur auf Atuai und Onihiau landete, er gleichwohl schon neun Monate später die Seuche auf Maui verbreitet fand — was auch La Perouse mit mehreren anderen Gründen medizinischer Art, die aber nicht ganz stichhaltig erscheinen (1, 246, 276), als Grund gegen die Einschleppung durch Cook anführt. Er schreibt die erste Verbreitung dieser Seuche den Spaniern zu, welche im 16. Jahrhundert öfters die Hawaiigruppe besucht haben. Wenn man nun auch auf die rasche Verbreitung der Krankheit, wie sie bei der Lüderlichkeit und dem fortwährenden Verkehr der Eingeborenen nur zu möglich war, hinweisen könnte, so ist uns das für unsere Zwecke gleichgültig; genug die Seuche ist jetzt überall verbreitet in Polynesien und Meinicke gibt ja selbst zu, dass die Eingeborenen wenigstens die schwereren Formen des Unheils den Europäern verdanken. Jedenfalls sind die Verheerungen, welche gerade diese Krankheit in Polynesien angerichtet hat, auch wenn es Meinicke nicht ganz zugeben will, entsetzlich genug, wie ältere und neuere

Schriftsteller einstimmig bezeugen. (Vergl. über Hawaii noch Virgin 1, 265; Rollin bei La Perouse 2, 271; über Tahiti Turnbull 291; Cook dritte Reise 2, 331). Doch scheint es, als ob in Tahiti sich jetzt (1852) der Gesundheitszustand wieder gehoben habe (Virgin 2, 41). Auch werden von früher (Cook a.a.O. 2, 331) schon Beispiele erwähnt, wo Infizirte, freilich selten genug, von selbst genassen. Nur in Tonga scheint, bei dem keuscheren Leben der Tonganer das Unheil wenigstens nach Mariners Bericht, nicht um sich gegriffen oder doch leichtere Formen nach und nach angenommen zu haben.

Die Seuche ist auch unter den Eingeborenen von Neu-Holland verbreitet und auch hier will Meinicke (a 2, 179) die Annahme, sie sei ihnen von den Europäern gebracht, als »äusserst unwahrscheinlich« dadurch beweisen, dass bei der Gründung der Colonie von Sydney und auch neuerdings diese Krankheit tief im Inneren des Continentes gefunden sei. Als ob das bei dem Wanderleben dieser Stämme auffallen könnte! als ob sie nicht schon vor der Gründung der Colonie mit Europäern und wahrlich nicht mit den reinsten in mannigfacher Berührung gewesen wären! Den Aleuten, bei denen es Cook schon vorfand (dritte Reise 3, 265), und den Kamtschadalen ist dieses Unheil von den Russen, den Pelzhändlern, mitgetheilt. Da nun aber die Kamtschadalen ebenfalls zu Ausschweifungen, sei es im Trunk, sei es in der Liebe, geneigt waren, so sind auch hier seine Folgen nicht ohne Gewicht für unsere Betrachtung.

Bei weitem schlimmer, aber und allgemeiner haben die Blattern gewüthet, die schlimmste Geissel aller Naturvölker. Am bekanntesten ist dies von Amerika, in dessen nördlicher Hälfte sie zuerst um 1630 auftraten (Waitz b, 15). Neun Zehntel von den Nordindianern rafften sie hin; die Mandans starben 1837 fast ganz aus, die Schwarzfüsse schmolzen durch sie von 30-40,000 auf 1000 zusammen: ähnlich erging es anderen nordamerikanischen Stämmen, den Krähenindianern, Minetarris, Cumanchen, Rikkaris; von den Omahas und den Eingeborenen des Oregongebietes erlagen ihnen zwei Drittel, von den Californiern die Hälfte (Waitz 1, 161). Aehnlich wütheten sie unter den Völkern von Südamerika, den Indianern von Paraguay und Gran Chako, den Puelchen, den Cariben, den Araukanern, in Peru, am Maranon, in Guyana, wo ganze Völkerstämme durch sie aufgerieben sind. Nie aber sind sie, wie Humboldt b 4, 224 bezeugt, am oberen Orinoko aufgetreten, obwohl sie bei den Völkern Brasiliens wieder ihre ganze Furchtbarkeit zeigten, bei den Chaymas, die 1730-36 von ihnen dezimirt wurden (Humboldt eb. 2, 180), bei den Chiquitas (Waitz 3, 533), welche schwer von ihnen zu leiden hatten. Nicht minder heftig aber traten sie bei den kultivirten Stämmen Amerikas auf.

In Mexiko brachen, nach Torribio, die Pocken eingeschleppt durch einen Negersklaven 1520 zuerst aus und rafften gleich damals die Hälfte der Mexikaner hin (Humboldt a 1, 97); nach Herrera traten sie schon 1518 auf (Pöppig 373) und schon 1517 mit denselben Verheerungen, ohne jedoch einen Europäer hinzuraffen, auf den Antillen, zu deren Entvölkerung sie wesentlich beigetragen haben. Ueberall, in ganz Amerika, waren die Verwüstungen so arg, dass die Todten bisweilen unbeerdigt blieben, weil es an Händen hierzu fehlte (Waitz b, 15). Man begreift es, dass, wenn die Pocken ausbrachen, die Indianer im äussersten Entsetzen vielfach ihre Hütten verbrannten, ihre Kinder tödteten und in die Einsamkeit flohen (Humboldt b 4, 224); oder dass z.B. die Chilesen die Hütte mit sammt den in ihr liegenden Kranken verbrannten (Waitz 1, 161). Waitz ist der Ansicht und wir stimmen ihm bei, denn alle Quellen sprechen dafür, dass diese Krankheit zahlreichere Opfer forderte, als Krieg und Branntwein zusammengenommen; dass ihr gewiss die

Hälfte bis zwei Drittel der Urbevölkerung Amerikas erlegen sind.

Allein nicht bloss auf Amerika beschränken sich die Verheerungen der Pocken. 1767 brachen sie, eingeschleppt durch einen russischen Soldaten, in Kamtschatka aus und wütheten wie die Pest: nicht weniger als 20,000 Kamtschadalen, Kuriler und Koriäken sollen ihnen erlegen sein. Ganze Dörfer starben aus und Cooks Reisebegleiter fanden selbst noch eine Menge ganz leer stehender Dörfer vor. Ein anderes, vor der Epidemie mit 360 Menschen bevölkert, hatte nachher noch 36 Seelen (Cook 3. Reise 4. 174-75). Aehnliche, wenn auch minder starke Epidemien traten 1800 und 1801 auf, welche gegen 5000 Kamtschadalen dahinrafften und bei dem schon lange immer mehr um sich greifenden Schwinden der Bevölkerung so verheerend wirkten, dass in den Ostrogen (kleinen Dörfern des Inneren), welche vorher meist 30-40 Einwohner hatten, nachher meistens nur 8-10, in einigen wenigen 15-20 Bewohner übrig blieben (Krusenstern 3, 49. 52. 2. Theil, 2. Abtheil. Cap. 8).

Auf Neuholland brachen die Blattern zuerst 1789 aus und verwüsteten ganz Cumberland; 1830 verheerten sie, bis zur Nordküste hin das Innere von Ostaustralien (Meinicke a 2, 179). Auch diese Seuche entstand nach Meinicke a.a.O. ohne Einschleppung spontan unter den Eingeborenen. Von einer furchtbaren Pockenepidemie auf Ponapi (Puinipet, Banabe, Carolinen) erzählt die Novarareise 2, 395: die Krankheit war durch einen englischen Matrosen eingeschleppt und raffte 3000 Menschen hin; 2000 blieben übrig. Auf der Hawaiigruppe starben 1853 an den Pocken 5-6000 Menschen (Waitz 1, 176).

Auch die Hottentotten, wenigstens in der Nähe der Capstadt, sind wesentlich durch die Pocken vermindert

(Waitz 2, 346).

Ausser dieser Krankheit haben dann die Masern und Rötheln schlimm unter den Naturvölkern gehaust, so in Brasilien, Guyana, im Mosquitolande (Waitz 1, 162), in Neuholland (Darwin 2, 213); und noch gefährlicher verschiedene Fieber, welche z.b. die Oregonindianer schwer heimsuchten, die oberen Tschinuks 1823 von 10,000 auf 500 zusammenschmolzen und zwar so schnell, dass die Zahl der Ueberlebenden nicht hinreichte, die Todten zu begraben (Wilkes und Haie bei Waitz 1, 162).

Doch sind wir durch diese Fieber bei den Seuchen angekommen, denen die Naturvölker vor dem Auftreten der Europäer unterworfen waren. Epidemische Krankheiten sind zwar vorher selten, doch finden sie sich auch. So jene Seuche, welche vor Cook auf der Ostküste von Neu-Seeland wüthete, und zwar so heftig und rasch, dass auch hier nicht alle Todten begraben werden konnten (Dieffenbach 2, 12-14); so die Fieber, welche, wie es scheint, durch das Klima hervorgerufen am Orinoko epidemisch sind (Humboldt b 4, 215), so und vor allen jene berüchtigte mexikanische Krankheit, Matlazahuatl von den Eingeborenen genannt, ein furchtbares, dem gelben Fieber verwandtes Gallenfieber mit Blutbrechen, das schon lange vor Cortes Ankunft in Mexiko, ja wohl schon im 11. Jahrhundert unter den Tolteken, die damals noch in Nordamerika waren, herrschte (Humboldt a 4, 379), wie sich denn überhaupt die Krankheit mit Leichtigkeit in die kalte Zone verpflanzt und ihr »die kupferfarbige Raçe in beiden amerikanischen Hälften seit undenklichen Zeiten unterworfen ist« (eb. 380). Wie furchtbar aber diese Krankheit wüthete, geht aus den Zahlen hervor, welche Torquemada für die beiden Epidemien 1545 und 1576 angibt: 1545 sollen 800,000, 1576 zwei Millionen Indianer gestorben sein (Humboldt a 1, 97). Mag auch Humboldt, obgleich er sich verwahrt, Torquemadas

Glaubwürdigkeit anzuzweifeln, Recht haben — und er hat es gewiss — dass diese Zahlen nur auf ungefährer und ungenauer, vielleicht übertriebener Schätzung beruhen: auch wenn wir die Ziffern halbiren, welch furchtbarer Verlust an Menschenleben bleibt immer noch! Humboldt meint (a.a.O.), dass auch diese Krankheit sich alle hundert Jahre einmal zeige: da er aber 4, 379 die Jahre 1545, 1576, 1736, 1761 und 1762 als Jahre, worin die Krankheit wüthete, aufstellt, so ist, wenn anders die Periodicität dieser Krankheit richtig ist, ihr Erscheinen in den einzelnen Jahren dann auf Stämme und Landschaften eingeschränkt, welche sie früher nicht hatten.

Einen Hauptgrund für die furchtbare Wirksamkeit solcher eingeschleppter Krankheiten, auf den wir später zurückkommen, führt Humboldt an, wenn er a 4, 410-11 sagt: »Die Niedergeschlagenheit des Geistes und die Furcht vermehren natürlich die Prädisposition der Organe, um die Miasmen aufzunehmen; daher es kein Wunder ist, wenn solche Epidemien namentlich dann besonders heftig sind, wenn sie von siegreichen Eroberern eingeschleppt werden.«

§4. Behandlung der Kranken bei den Naturvölkern.

Alle diese Krankheiten nun, welche den Naturvölkern durch die eigene Natur derselben gefährlich genug waren, wurden es noch mehr durch die ganz verkehrte Art, mit der jene Völker Krankheiten behandelten. Die Syphilis ward dadurch so gefährlich in Polynesien, dass man sich theils gar nicht um sie kümmerte, theils aber, wenn man es that, das Uebel nur vermehrte. So glaubte man in dem berauschenden Kavatrank, der aus den Wurzeln des Piper methysticum bereitet wird, ein Mittel gegen sie gefunden zu haben, und es konnte doch nichts Gefährlicheres angewendet werden, als bei dieser Krankheit dieses Mittel, das denn auch nicht verfehlte, die Wirkungen der Seuche erst recht schlimm zu machen (Mörenhout 2, 405). In Amerika wendete man gegen die Blattern vornehmlich Dampfbäder mit unmittelbar folgenden kalten Abwaschungen an und in Neuholland und Polynesien ausserdem noch andere und noch thörichtere Mittel; natürlich wurde schon durch diese Kuren die Krankheit fast immer tödtlich. Dass sich aber diese Völker bei neuen unerhörten Krankheiten nicht zu helfen wussten, wird uns nicht Wunder nehmen, wenn wir sehen, wie sie sich Kranken gegenüber für gewöhnlich zu benehmen pflegen.

Die Neuholländer haben für ihre Kranken nur eine Ceremonie der Priester, welche den bösen Geist, der im Kranken sitzt, oder den Zauber, der ihn krank macht, beschwört, indem er unter allerlei Faxen einen Stein, meist ein glänzendes Stück Quarz, aus dem Kranken zieht und damit ihn vom Zauber, der in jenen Stein eingeschlossen ist, befreit (Grey 2, 337). Da nun jede Krankheit auf Bezauberung beruht und zwar häufig auf Entziehung der Seele, welche im Nierenfett ihren Sitz hat (Howitt 189), so wurde in einigen Gegenden der Kranke mit dem Nierenfett dessen, den man für den versteckten Mörder hielt und dem man es oft noch lebend ausschneidet (Angas 1, 123), bestrichen: oder man versucht die Krankheit aus dem betreffenden Glied auszusaugen, durch Aderlass zu entfernen, den bösen Geist, indem man den Kranken knetet, schlägt, tritt und sonst misshandelt, zu verjagen u. dergl. mehr. Geschickter sind die Neuholländer im Behandeln äusserer Verletzungen; auch haben sie manche rationelle Mittel gegen den Biss giftiger Schlangen (Brehm Thierleben 5, 262).

So ziemlich dasselbe Bild wird nun von der Heilkunst aller Naturvölker zu entwerfen sein. Auf den Fidschiinseln werden schwer Kranke schon als todt betrachtet, aufgeputzt und ausgestellt (Williams und Calvert 183); Rücksicht nimmt man auf sie durchaus nicht, hat vielmehr, da man sie für böswillig hält und glaubt, dass sie die Gesunden nur absichtlich quälten, nicht das mindeste Mitleid mit ihnen (eb. 188). Ebenso sonst in Melanesien. Sehr gewöhnlich werden Kranke ohne weiteres erschlagen, oder ausgesetzt, z.B. auf der Fichteninsel (Cheyne 88). Auf Vate (neue Hebriden) tödtet man phantasirende Kranke sogleich, damit sie nicht Andere anstecken können (Turner 444); man begräbt sie und andere schwerer Erkrankte lebendig (450). Ebenso machen es die Ajetas der Philippinen, eine Negritobevölkerung der Gebirge Luzons mit Schwerkranken (de la Gironière Aventures d'un gentilhomme Breton aux îles Philippines 325). In andern Gegenden Melanesiens (auf den kleinen Inseln bei Neu-Guinea) setzen sich die Kranken ans Meeresufer und essen, was sie können, da nicht mehr essende Kranke sofort getödtet werden. Kranke Glieder schnüren sie ein, um den Dämon, der die Krankheit verursacht, zu fangen (Reina in Zeitschr. 4, 360). Denn auch hier gilt alle Krankheit für Behexung (Turner 18-19), obwohl auch die Melanesier Aderlass und derartige Mittel kennen (eb. 92). Auch in Mikronesien tödtete man entweder die Kranken (indem man sie in einem lecken Schiff ins Meer stiess, Hale 80) oder man wandte, um sie zu curiren, Zauberei an, so auch auf den Marianen (le Gobien 47).

Und nicht anders in Polynesien. Auch hier wurden sie oft ermordet, oder doch ganz gleichgültig behandelt, wo denn jeder Kranke für sich sorgte, so gut es ging, d.h. in den Wald oder die Einsamkeit ging und entweder gesund oder gar nicht wieder zurückkehrte. In Nukuhiva hielt man Schwerkranken Mund und Nase zu, um den Geist festzuhalten (Mathias G***, 115); ebenso in Südamerika bei den Moxos (Waitz 3, 538; b 151). In Tonga bestand die Behandlung der Kranken fast nur darin, dass man sie von einem Tempel zum andern schleppte, um die Priester und Götter für sie anzuflehen; je kränker Jemand ist, je weiter schleppt man ihn — und führt seinen Tod natürlicherweise gerade dadurch herbei (Mariner 1, 110; 362 ff. u. sonst). Oder man opferte wie in Tahiti und sonst in Polynesien, Kinder oder Sklaven, um das Leben eines Vornehmeren zu erhalten. Doch waren die Tonganer als Chirurgen nicht ungeschickt und sie wagten sich an gefährliche Operationen. Auch war Skarifikation und der Gebrauch gewisser Pflanzensäfte in Anwendung (Mariner 2, 267-270). So wie bei ihnen, so gilt auch sonst in Polynesien Krankheit als Bezauberung, oder als Rache und Strafe der Götter: in Neu-Seeland (Dieffenb. 2, 59 ff.); in Tahiti (Bratring 181-82, Mörenh. 1, 543); in Nukuhiva (Math. G. 228); und in Hawaii (Tyermann u. Bennet 1, 129). Daher waren auch hier die häufigsten Mittel Opfer und Gebete. Nur auf Neu-Seeland scheint man etwas zweckmässiger verfahren zu haben. Wenigstens kannten die Eingeborenen die Heilkraft ihrer heissen Quellen und wendeten sie für kranke Kinder an (Dieffenb. 1, 246), man gab den Kranken leichtere Kost, gebrauchte Dämpfe von Pflanzenaufgüssen (Pflanzenaufgüsse kannten auch die Marianer nach le Gobien), Einreibungen mit warmen Pflanzensäften u. dergl. (Dieffenb. 2, 41). Dampfbäder und darauf unmittelbar folgende kalte Abwaschungen waren gleichfalls gebräuchlich (Mörenhout 2, 164) und Kneten der Glieder überall verbreitet: in Nukuhiva, in Tahiti, Hawaii u.s.w. In Tahiti hielt man jede Krankheit für Wirkung göttlichen Zornes und es galt daher für sündlich, Arzeneien zu nehmen (Turnbull 260), gegen die sie auch einen unüberwindlichen Abscheu haben (292). Wird ein Eingeborener dieser Insel krank, so wird er sofort von allen Angehörigen und Landsleuten gemieden: er ist ganz hilflos und auf sich allein angewiesen, ein Verfahren, welches sich bitter genug rächt: denn die bei ihnen gewöhnlichsten Uebel sind solche, die schon bei geringer Pflege leicht heilen, bei Vernachlässigung aber tödtlich werden (Turnbull 260 u. 292). Als Chirurgen waren auch sie wie alle Polynesier geschickt (Mörenhout 1, 161).

In Amerika finden wir so ziemlich dasselbe. Denn auch die Mexikaner, obwohl tüchtige Chirurgen und mit mancherlei medizinischen Mitteln bekannt, setzten ihre festeste Hoffnung auf abergläubische Mittel (Waitz 4, 165, 174). Die Californier versuchten durch Anblasen und Aussaugen des kranken Gliedes oder dadurch, dass sie andere opferten oder verstümmelten, die Krankheit zu heben (Waitz 4, 250). Aussaugen, Anblasen, Reiben galt auch auf Haiti als Hauptmittel, so wie denn, merkwürdig genug, hier die Aerzte dieselbe Ceremonie anwandten, welche die

Neuholländer noch jetzt haben: sie zogen dem Kranken einen Stein und mit ihm den Anlass aller Krankheiten aus dem Mund. Schwerkranke wurden, wie in Mikronesien, ausgesetzt, oder, wie in Nukuhiva erstickt (Waitz 4, 327). Das Hervorziehen des Steines oder Knochens aus dem Körper des Kranken fand sich auf dem brasilianischen Festland unter den Payaguas (Azara 269). Auch in Peru war das Heilverfahren, obwohl man einige Arzneipflanzen kannte, purgirte und zur Ader liess, fast durchaus auf Zauberei begründet (Waitz 4, 463). In Nordamerika nun waren bei fast allen den minder kultivirten Völkern die Aerzte ganz und gar Zauberer, die Krankheit nur Besessenheit, der böse Geist ward daher, zur Kur, ausgesaugt und ausgespieen, oder durch Blasen, Kneten, Schlagen und ähnliche Mittel entfernt (Waitz 3, 213-14). Auch in Südamerika ist Zauberei, Aussaugen Anblasen u.s.w. Hauptmittel und fast überall der Arzt zugleich Zauberer, nur bei den Botokuden nicht, welche nur natürliche Mittel, Reiben, Kneten, Urtikation, auch, aber meist ohne Erfolg, innerliche Arzneien anwenden (Tschudi 2, 286-87) und als Chirurgen nicht ungeschickt sind. Aber Zauberer waren die Aerzte bei den Tupis, den Makusis, deren Heilverfahren, das neben vieler Zauberei auch manche wirklich wirksame Mittel kannte, Schomburgk (2, 333) schildert, ferner bei den Waraus (eb. 1, 170), den Cariben (2, 427), den Araukariern, welche indess neben den Zauberärzten auch noch andere und tüchtigere Aerzte hatten (Waitz 3, 519), den Feuerländern (Bouqainville 130) u.s.w.

Dampfbäder sind sehr allgemein verbreitet und bei fast allen Krankheiten angewendet; so bei den Mexikanern und bei den alten Tolteken (Waitz 4, 270); ebenso in Nordamerika (3, 217) in Südamerika bei den Makusi (Schomburgk 2, 333) und sonst.

Nicht anders war im grossen Ganzen, nach Langsdorff, das Heilverfahren der Aleuten.

Auch die Hottentotten betrachteten alle Krankheiten als Wirkungen von Zauberei und bösen Geistern, und behandeln sie darnach, durch Beschwörung u. dergl., doch wendet der Zauberer oder die Zauberin dabei auch andere, innerliche und äusserliche Heilmittel an. Wunderbarer Weise findet sich denn auch hier, wie auf den Antillen, jener sonderbare neuholländische Gebrauch wieder, einen Stein — hier einen Knochen — unter mancherlei Ceremonien aus dem Leibe (Mund, Ohr, Rücken u.s.w.) des Kranken, der ihm eingehext und der Sitz der Krankheit sei, hervorzuziehen, damit jener genese (Sparmann 197-98). Ihre Giftärzte sollen freilich sehr ausgezeichnete Mittel gegen Schlangenbiss haben, und die Colonisten haben, was sie von Heilpflanzen der südafrikanischen Flora kennen, erst von den Eingeborenen gelernt (Waitz 2, 344). Allein Schwerkranke, Alte und Hülflose setzen die Hottentotten häufig aus (Sparmann 320); Sterbende schüttelt und stösst man, gewiss um den Dämon der Krankheit zu verscheuchen, überhäuft ihn mit Vorwürfen, dass er die Verwandten durch seinen Tod betrübe, bittet ihn zu bleiben u.s.w. (Sparmann 273).

Die Zauberer aber gerathen sehr häufig, wenn ihre Kur nicht anschlägt, in Gefahr, von den erbitterten Angehörigen arg gemisshandelt oder getödtet zu werden. Für Amerika bringt Waitz und die angeführten Autoren eine Menge Beispiele bei: für Afrika genüge eins, welches bei Sparmann 198 erwähnt wird: ein Fürst, der an schlimmen Augen litt und von den Zauberern nicht geheilt werden konnte, liess diese alle umbringen, weil er glaubte, dass einer von ihnen, der ihm feindlich gesinnt sei, seine Heilung verhüte. Denn jeder unglückliche Ausgang einer Krankheit gilt als bewirkt durch stärkeren Zauber, hier und in Amerika und

Polynesien.

§ 5. Geringe Sorgfalt der Naturvölker für ihr leibliches Wohl.

Indess, da ja Krankheiten die Naturvölker in ihrem gewöhnlichen Zustand nur wenig plagen, so möchte alles dies Verkehrte, und wenn es manchem Kranken den Tod brachte, doch nicht allzuviel für ihr Hinschwinden bewirkt haben; viel gefährlicher ist die geringe Sorge, welche fast alle Naturvölker auf ihre leibliche Pflege verwenden und verwenden können. Freilich sind sie abgehärtet gegen Vieles durch eigene Gewöhnung und, wodurch diese erst in so hohem Grade ermöglicht wird, durch Vererbung; und so fühlen sich auch noch die Feuerländer, nach Darwin die elendesten und niedersten Menschen, in ihrem entsetzlichen Klima, ohne rechtes Obdach, auf dem nassen Boden schlafend, nackt, nur kümmerliche Nahrung und diese nur mit Mühe findend, nach ihrer Art wohl und begehren nichts Besseres (Darwin 1, 230). Die Eskimos sind an ihre Schneewüsten, die Neuholländer an ihre unfruchtbaren Steppen, die ihre wandernde Lebensart bedingen, die neuholländischen Weiber an ein Leben voll Last und Mühe, an die schrecklichste Behandlung gewöhnt, so weit menschliche Natur sich gewöhnen kann. Trotz aller Gewöhnung aber hängt es mit der Lebensart der Naturvölker zusammen, dass sie, auch bei der ersten Bekanntschaft mit den Europäern, bisweilen selbst wenn sie schon eine gewisse Halbkultur erlangt hatten, verhältnissmässig so geringe Bevölkerungsziffern aufweisen; sie leben eben so, dass die menschliche Natur nicht anders als kümmerlich gedeiht — wenn auch die einzelnen Individuen oft ganz besonders stark erscheinen. Es ist ja aber gerade ein oft wiederholter Ausspruch, die Naturvölker seien deshalb körperlich so kräftig, weil alle schwächlichen Kinder ohne weiteres erlägen; so z.B. Humboldt b 2, 189.

Nicht bloss schwächliche Kinder erliegen indess; und diese Sterblichkeit der Kinder ist das erste, was wir hier zu betrachten haben. Die Feuerländer, deren Wohnung nicht den geringsten Schutz bietet (Darwin 1, 228), setzen ihre Kinder nackt der Wuth ihres Klimas aus (eb. 229). Fast alle Indianer in Nord- und Südamerika führen jetzt ein elendes Wanderleben; und überall hin werden die Kinder von den Müttern mitgeschleppt, auf den rauhesten und weitesten Märschen und oft noch, während sie durch aufgelegte Bretter und andere gewaltsame Mittel (um ihrem Kopf eine eigenthümliche Gestalt zu geben) in der natürlichen Entwickelung gestört sind. Schon bei der Geburt werden viele Kinder sterben. Denn überall ist es Sitte, dass das Weib kurz vor der Geburt sich in den Wald begiebt, dort allein gebiert, sich selbst die Nabelschnur abschneidet und unterbindet, dann sich und das Kind sogleich in kaltem Wasser badet und nun zurückkehrt, nicht etwa zur Pflege, sondern zur erneuten Arbeit. Dies war der Fall bei den Waraus in Guyana (Schomburgk 1, 166), bei den Cariben und Makusi (eb. 2, 315, 431); und in Nordamerika sehr vielfach (Waitz b, 98). Die Nahrung aber, welche ein Kind nach und neben der Muttermilch bekommt, ist oft schon an und für sich schädlich und ungesund. Grosse Sterblichkeit herrscht noch unter den Kindern des heutigen Mexiko in Folge verkehrter Diät (Waiz 4, 196). Die Nahrung wird ihnen auch noch beschränkt durch die eigenthümliche Sitte, neben den Kindern Thiere, Affen, Beutelratten u.s.w. zu säugen, was die Makusi, die Waraus, die Cariben und verschiedene andere Völker thun (Schomburgk 2, 315. 1, 167). Von der schlechten Wartung der Kinder, wenn sie krank sind, spricht Humboldt b. 4, 224 und der Schmutz, in welchem sie aufwachsen, und von denen Schomburgk aus Guyana Abschreckendes erzählt, kann auch keinen guten Einfluss haben. Und doch lieben die Amerikaner in Nord- und Südamerika ihre Kinder aufs innigste.

In Tahiti nehmen die Frauen unmittelbar nach der Geburt sofort Dampfbäder mit kalten Abwaschungen (Wilson 461), in Neuseeland gleichfalls, wo die Kinder, wie in Tahiti, ganz nackt bleiben und eher schwimmen als laufen können (Dieffenbach 2, 24-25, Ellis 1, 261 und Mörenh. 2, 61); und ebenso auf Nukuhiva (Melville 2, 191). Hautkrankheiten, und zwar sehr bösartige der Kinder (jaws, framboesia) werden öfters erwähnt, z.B. in Tonga, wo die Kinder gut gepflegt und sonst sehr gesund sind (Mariner 2, 179) und in Ponapi (Cheyne 122). Grosse Sterblichkeit herrscht aber unter den Kindern wegen Mangel an Pflege und Wartung in Hawaii (Virgin 1, 268) und ebenso in Tahiti (Bennett 1, 148). Ellis sagt, dass die tahitischen Kinder, obwohl dem Aussehen nach dick und gesund, doch bis zu einem Alter etwa von 12 Monaten sehr zart und hinfällig wären (1, 260). Formation des Schädels durch Platt- und Hochdrücken war in Tahiti sehr häufig 1, 261. Auch auf Mikronesien ist die Wartung der Kinder schlecht. Auf Tobi (Lord North, äusserstes Süd-Westende Mikronesiens) erhalten die Kinder sofort nach der Geburt ganz gleiche Speise wie die Erwachsenen (Pickaring, Memoir of the Language and Inhabitants of Lord Norths Isl. 1845; 228), und ebenso auf Ratak Kokosmilch und Pisang, den ihnen die Mutter vorkaut; schädlicher aber als diese Nahrung ist ihnen die Unregelmässigkeit, mit der sie überhaupt etwas bekommen (Gulick 180-181), daher denn auch hier die Sterblichkeit unter ihnen gross ist. Auch in Polynesien säugen die Weiber gern Thiere auf neben den Kindern, wie z.B. die Hawaierinnen nach Remy XLII Hunde und Schweine.

In Melanosien ist es nicht besser: die Kinder werden nicht

gepflegt und müssen von der Geburt an das Leben der Alten mitmachen. In einigen Gegenden Neu-Guineas (Finsch 103) wird der Gebärenden fortwährend kaltes Wasser über den Kopf gegossen, ist aber das Kind geboren, Mutter und Kind sofort kalt gebadet und dann einer möglichst starken Hitze neben einem lodernden Feuer ausgesetzt, und so abwechselnd weiter. Je heisser und länger Mutter und Kind diese Höllenkur vertragen, für desto gesünder gelten beide. In einer anderen Gegend hatte eine Frau ein unlängst erst geborenes Kind auf den heissen Sand gelegt und arbeitete in der Nähe; als Fremde kamen, grub sie es ohne weiteres bis an den Hals in den Sand und arbeitete fort (eb. 63).

Fast nirgends aber sterben mehr Kinder als in Neuholland: von vieren wird kaum mehr als eins drei Jahre alt (Turnbull 43), was sich aus der Behandlung, die ihnen zu Theil wird, und die nur ausserordentlich starke Kinder überstehen, erklärt. Kaum geboren wird das Kind in ein Opossumfell gewickelt, überall mit hingeschleppt und meist im höchsten Grade nachlässig behandelt, dem Feuer zu nahe gelegt und dergl. (Grey 2, 250-251). Dies Wandern führt auch Darwin (2, 213) als Grund der Sterblichkeit unter den Kindern an, und es ist beachtenswerth, was er zusetzt: »Wie die Schwierigkeit, sagt er, sich Nahrung zu verschaffen, wächst, so wächst ihre wandernde Lebensweise und darum wird die Bevölkerung ohne eigentlichen Hungerstod auf eine so ausnehmend gewaltsame Weise zurückgehalten, im Vergleich mit civilisirten Ländern, wo der Vater seine Arbeit mehren kann, ohne den Sprössling zu vernichten«. Dazu wird ihnen auch noch die Nahrung dadurch verkürzt, dass auch hier die Weiber vielfach junge Thiere, Hunde, säugen (Grey 2, 279) und gewiss oft nur aus Noth: denn ein Hund ist jetzt um so mehr, als die Jagdthiere immer scheuer und seltener werden, ein grosser Schatz für den jagenden Eingeborenen und die Nahrung für die jungen Thiere ist gewiss oft genug selten.

Kurz aber mit allem Nachdruck müssen wir hier erwähnen, dass auch das Tattuiren, was in ganz Polynesien häufig betrieben wird, häufig den Tod nach sich zieht (Ellis 1, 266); und da man nur eben heranwachsende dieser Operation unterwirft, so wird der Jugend auch durch sie ein nicht zu unterschätzender Abbruch gethan.

Wichtiger freilich, weil eine Sache von grösstem Einfluss auf das leibliche Gedeihen der Naturvölker, ist die oft über alle Begriffe schlechte Behandlung der Weiber. So vor allen Dingen in Neuholland. Die armen Weiber müssen, schwanger oder nicht, mit allem Gepäck und oft noch mit 1-2 Kindern beladen, dem Manne, der nur das Jagdgeräth trägt, folgen; sie müssen, kaum angekommen, alle Arbeit für den Haushalt besorgen, die Hütte aufschlagen, Feuer machen, Wurzeln, Muscheln erst suchen, dann kochen, für den Mann, die Kinder alles Nöthige bereiten, und dann, wenn sie bei alle dem oft aufs brutalste behandelt sind, dem Manne Nachts geschlechtlich zu Willen sein. Die beste Nahrung, die sie finden, ist für den Mann und ihre Söhne; sie dürfen erst essen, was diese übrig lassen und wenn sie fertig sind. So ist ihr Loos Tag für Tag: denn von dem, was sie noch ausser diesem gewöhnlichen Elend besonderes Schlimmes trifft (z.B. die Art, wie sie von den Männern zur Ehe geraubt werden), brauchen wir hier nicht zu reden. Ein wichtiger Umstand ist ferner, dass ihre Pubertät schon mit 11 oder 12 Jahren beginnt und sie schon mit diesen Jahren verheirathet werden. Nimmt man zu alle dem nun noch hinzu, dass sie ihre Kinder sehr lange säugen, oft bis 3 Jahre (Grey 2, 248-250) ja länger (4-6 Jahre nach Salvado 311), so wird man sich nicht wundern, dass die Lebensdauer dieser Unglücklichen, die nichts desto weniger oft ganz fröhlich sind und ihren Männern mit Liebe anhangen, nicht allzulang ist und dass es weniger Weiber als Männer gibt, im Verhältniss wie 1:3 nach Grey, nach anderen wie 2:3 — ein Umstand indess, der wahrscheinlich mit bedingt ist durch die Sitte, neugeborene Mädchen umzubringen, von der wir später reden müssen.

Und in Amerika ist es nicht besser. »Entbehrung und Leiden, sagt Humboldt b 2, 192, sind bei den Chaymas, wie bei allen halbbarbarischen Völkern, das Loos des Weibes. Wenn wir die Chaymas Abends aus ihren Gärten heimkommen sahen, trug der Mann nichts als ein Messer, mit dem er sich einen Weg durchs Gesträuch bahnt. Das Weib ging gebückt unter einer gewaltigen Last Bananen und trug ein Kind auf dem Arm und zwei andere sassen nicht selten oben auf dem Bündel«. Auch die Botokudinnen müssen, wie ihre Leidensgenossinnen in Neuholland, alle Arbeit thun, alles Gepäck schleppen und sich dann noch von ihren Männern aufs roheste misshandeln lassen (Tschudi 2, 284). Dasselbe erzählt Schomburgk von den Bewohnern Guyanas (2, 313; 1, 122 ff.) und mit einem schauderhaften Beispiel von roher Misshandlung von den Cariben (2, 428). Noch härter ist das Loos der Weiber in Nordamerika, wo sie auch die Feldarbeit thun müssen (Humboldt b 2, 293) und noch roher misshandelt werden (Waitz b, 98). Mrs. Eastmann, welche längere Zeit selbst mit den Dakotas gelebt hat und daher diese Völker genau kennt, hat wohl Recht, wenn sie (bei Waitz b, 98; 3, 100) sagt:»Die Arbeit des Weibes wird nie fertig. Sie macht das Sommer- und Winterhaus. Für jenes schält sie im Frühling die Rinde von den Bäumen, für dieses näht sie die Rehfelle zusammen. Sie gerbt die Häute, aus denen Röcke, Schuhe und Gamaschen für ihre Familie gemacht werden und muss sie abschaben und zubereiten, während noch andere Sorgen auf ihr lasten. Wenn ihr Kind geboren ist, kann sie sich nicht ruhen und pflegen. Sie muss für ihren Mann das Rudern des Kahnes übernehmen, Schmerz und Schwäche wollen dabei vergessen sein. Immer ist sie gastlich. Geh zu ihr in ihr Zelt, sie gibt dir gern, was du brauchst, wenn es nur in ihrer Macht steht, und thut bereitwillig, was sie kann, um es dir bequem zu machen. In ihrem Blick ist wenig Anziehendes. Die Zeit war es nicht, die ihre Stirn gerunzelt und ihre Wange gefurcht hat. Mangel, Leidenschaft, Sorgen und Thränen haben es gethan. Ihre gebückte Gestalt war einst anmuthig, Mangel und Entbehrung erhalten die Schönheit schlecht«. So kommt es vor, dass Mädchen von ihren Eltern getödtet werden, um sie dem elenden Loos, das ihrer wartet, zu entziehen; und dass Weiber sich selbst umbringen, weil sie die Bürde ihres Lebens und Leidens nicht mehr zu tragen vermögen (Waitz 3, 103). Nur bei einigen wenigen Völkern war das Loos der Weiber etwas besser (Waitz 3, 181). Die Speisen des Mannes durften die Weiber nicht theilen, ja oft nicht einmal mit den Männern zusammen essen (Schomburgk 2, 428), eine Sitte, die auch überall in Ozeanien herrscht und ihren letzten Grund in religiösen Anschauungen hat. Doch waren durch sie den Weibern meist die wirklich guten und nahrhaften Lebensmittel untersagt, was bei ihren schweren Arbeiten von doppeltem Gewichte war. In Poly- und Mikronesien (in Melanesien herrschten Sitten, die den australischen näher kommen und Fidschi steht zwischen beiden) war die Stellung der Weiber nicht schlecht; allerdings waren sie meist von der Gesellschaft und den Genüssen der Männer ausgeschlossen, doch empfanden sie dies sowie die Prostitution, zu der sie verurtheilt waren, nicht, weil es die Sitte nun einmal mit sich brachte und man sie sonst als Freudenspenderinnen ehrte. Wirklich schlecht scheinen sie nur in der Paumotugruppe behandelt zu sein, von wo und zwar von Mangareva Mörenhout 2, 71 schreckliche Beispiele äusserster Bedrückung und grausamster Misshandlung erzählt. Während an den meisten Orten den Weibern so gut wie gar keine oder nur weibliche Arbeit, Zeugbereiten und dergl. obliegt, wie in Tonga, in Tahiti, in Nukuhiva (Melville 2, 147); so müssen sie in andern Inseln fast alle Arbeit thun, wie in Neuseeland (Dieffenb. 2, 12). Frühreife der Weiber ist in Polynesien sehr gewöhnlich. Auf Neuseeland tritt die Pubertät früher als bei uns, doch später als in Südeuropa ein (Dieffenb. 2, 33) nach Browne 38 sind sie schon mit dem 11. Jahre heirathsfähig und früher coitus ist auf der ganzen Insel gewöhnlich (Dieffenb. 2, 12). Aehnlich fand es Cook auf Tahiti (b, 126-127). Dass sich 11jährige Mädchen den Fremden anbieten, ist gar nicht selten; es soll auch noch jüngere geben, die es thun. Die Geschlechtsentwickelung auf den Fidschiinseln fällt später: für die Mädchen ins 14., für Knaben ins 17. oder 18. Jahr (Wilkes bei Waitz 1, 126). Auch in Amerika reifen die Weiber sehr früh (Azara an vielen Stellen). Schomburgk (1, 123) sah unter den Waraus in Guyana eine Frau von kaum 10 Jahren, die dennoch hochschwanger war. Humboldt der b 2, 188 sagt, dass die Chaymasweiber mit 11-12 Jahren sich verheiratheten, erzählt dasselbe von den Eskimos der Nordwestküste von Amerika, den Koriäken und den Kamtschadalen (190), bei denen häufig 10jährige Mädchen Mütter sind. Er meint zwar, dass diese frühzeitigen Heirathen der Bevölkerung nichts schadeten: jedenfalls aber hängt das frühzeitige Verblühen der Weiber (Waitz b, 99; Tschudi 2, 298; Schoinburgk sagt in Beziehung auf Guyana dasselbe) mit dieser Frühreife zusammen. Doch gibt es Stämme in Nordamerika, wo die Geschlechtsreife viel später eintritt (Waitz 1, 125) Thunberg sah bei den Hottentotten hinwiederum Mädchen von 11-12 Jahren, welche schon Kinder hatten (25-26[C]).

Zu dieser frühen Entwickelung kommt nun ein sehr langes Säugen. Wie in Neuholland die Weiber — und in Polynesien ist es ebenso, nach Dieffenbach a.a.O. und anderen — so säugen auch die Amerikanerinnen ihre Kinder öfters bis ins

12. Jahr und dies Säugen wird, wenn die Mutter mittlerweile durch ein 2. Kind beansprucht wird, von der Grossmutter fortgesetzt! Die Indianerinnen behaupten, im Besitz eines Mittels zu sein, welches ihnen länger und unerschöpflicher die Milch erhalte (Schomburgk 2, 239. 315).

Muss eine solche Lebensart, welche auch bei den Hottentotten um nichts besser und nur in Nebendingen anders ist, die Weiber frühzeitig welken lassen und dahinraffen, so ist die Lebensweise der Männer vielfach auch vollkommen aufreibend durch das Uebermass von Anstrengungen, was sie mit sich bringt. Man denke auch nur, was es heissen will, Tag für Tag, bei oft ganz ungenügender oder durch ihre zu reichliche Fülle schädlicher Nahrung, fortwährend umherzuziehen, über endlose Strecken dem Wild nach, in den Anstrengungen der Jagd oder des Krieges und dabei allen Unbilden des Klimas, des Wetters ausgesetzt! Daher finden wir nirgends in Neuholland oder dem Feuerland oder unter den Wanderstämmen Amerikas ein so hohes Alter unter den Einzelnen als es Chamisso auf den Ratakinseln und San Vitores (nach le Gobien 47) auf den Marianen fand, wo 100jährige Greise nicht selten waren, während Grey schon 70 Jahre als hohes Alter unter den Neuholländern betrachtet (2, 247-248), aber gleich hinzusetzt, dass bei der grossen Sterblichkeit der Kinder, die mittlere Lebensdauer bei ihnen viel geringer als in Europa ist. Nach Azara freilich erreichen die brasilianischen Stämme ein sehr hohes Alter: er will unter den Payaguas mehrere Männer gesehen haben, die zum wenigsten 120 Jahre alt waren (270; vgl. 173). Die Polynesier, überhaupt die Bewohner kleiner und meist genügend fruchtbarer Inseln, so bedenklich ein solcher Wohnort nach anderen Seiten sein mag, sind in dieser Beziehung besser gestellt, da schon die Oertlichkeit ihrer Heimath solche übermässige Anstrengung verhütet; die langen und dünnen Gliedmaassen, die vorhängenden Bäuche, die verkommene Gestalt aber der Neuholländer ist zweifelsohne nicht Raçencharakter (an einem anderen Ort gedenke ich den Nachweis zu führen, dass die letzteren gleichfalls ein Zweig des malaiopolynesischen Stammes sind), sondern durch die mühselige Lebensart, das ewige Wandern, die Unregelmässigkeit der Nahrung hervorgebracht. Und natürlich steigert sich alle diese Noth durch die Ausbreitung der Europäer, durch welche die Jagdthiere der Naturvölker sehr rasch zusammenschmelzen; ja sie steigert sich durch sich selbst und ihre eigene lange Dauer, da die Thiere, stets verfolgt, dadurch immer scheuer, die Jagd immer schwieriger wird, wie von Tschudi 2, 279 von Südamerika bezeugt. Auch werde, um nichts zu übergehen, wenigstens beiläufig an das erinnert, was Tschudi eb. 290 sagt, dass mangelnde Jagdbeute die Völker nöthigt, ihre Jagdzüge weiter auszudehnen und das Gebiet anderer Horden zu verletzen; dass diese ihr Gebiet vertheidigen und sich so oft sehr bedeutende Kämpfe um die Existenz entwickeln. Auf beschränktem Terrain war Ausrottung der Jagdthiere bisweilen nothwendige Folge auch der vorsichtigsten Jagd; so in Neuseeland, wo die grossen Jagdvögel, die Moas (Dinornis, Apteryx), nach und nach ausgerottet sind von den Eingeborenen selbst, die ersteren ganz, die letzteren wenigstens zum grössten Theil, und zwar ohne Schuld der Maoris: die Vögel vermehrten sich langsam und wurden bei ihrer Unbehülflichkeit und dem nicht sehr günstigen Terrain leicht die Beute der Jäger. So starben sie aus, ohne dass man jenen ein blindes Wüthen gegen die Jagdthiere vorwerfen dürfte.

Betraf dies nun ihre Lebensart im Allgemeinen, so müssen wir nun noch von einzelnen Punkten speziell reden. Zunächst die Nahrung, in deren Auswahl und Aufbewahrung fast alle Naturvölker wenig Sorgfalt zeigen.

Sie dürfen auch, da die Natur von selbst, auch in den Tropen, nicht zu jeder Zeit und nicht allzubereitwillig das Nöthige bildet, nicht allzu wählerisch sein. So essen denn z.B. die Botokuden eigentlich Alles, ausser geniessbaren Thieren auch Füchse, Aasgeier, Mäuse, Schlangen, Eidechsen, Kröten, Fledermäuse, Insektenlarven, Würmer, ungeputzte Eingeweide (Tschudi 2, 279. 298) und dergl. In Guyana graben die Kinder 18 Zoll lange Skolopender aus der Erde und — fressen sie lebendig (Voigt Zoologie V, 420 nach Humboldt). Das Erdeessen der Otomaken hält Humboldt, der es b 6, 102 ff. mit Herbeiziehung alles Analogen bei anderen Völkern bespricht, zwar nicht für schädlich, nützlich aber ist es auch nicht, sondern nur hungervertreibend. Auch in Australien (Grey 2, 263-264) findet es sich; doch wird hier die Erde mit einer geriebenen Wurzel gemischt.

In Australien ist zwar nach Grey 2, 259-261 der Nahrungsmangel nicht so gross, als man gewöhnlich annimmt und vieles was uns nur aus äusserstem Elend gewählt scheint, ist ihnen eine willkommene Leckerei; indess sagt Grey doch selbst, 261 ff., dass jede Gegend des Continents ihre besondere Nahrung habe, die man aber erst kennen und aufsuchen müsse. Und das scheint keine leichte Sache, wenigstens war er selbst, obwohl von einem nicht unbefähigten Eingeborenen begleitet, auf seinem unfreiwilligen Zug die Westküste des Kontinentes entlang in der äussersten Lebensgefahr durch Hunger. Ein fauler Walfisch ist den Neuholländern, während sie sonst sehr ekel gegen angegangenes Fleisch sind, grösster Genuss und je stinkender die Speise, desto willkommener wird sie, wie auch die Thakallis, ein Stamm der Athapasken in Nordamerika, faules Fleisch vorzüglich gern essen (Waitz b, 90). Und wie nun diese Völker essen! »Die Botokuden geniessen die meisten Nahrungsmittel, besonders das Fleisch in halbgarem Zustande. Es wird über das Feuer gehalten, bis die äussersten Schichten etwas angebrannt sind und dann verzehrt. Die Gefrässigkeit dieser Indianer ist fast sprichwörtlich geworden. — —Wenn ein glücklicher Jagdzug reichliche Beute gewährt, so wird sie gierig verzehrt und da das Fleisch rasch in Fäulniss übergeht, um ja nichts zu verlieren, der Magen so lange vollgestopft, als eine physische Möglichkeit dazu vorhanden ist. Dann folgt eine lange behäbige Verdauungsruhe und dieser oft wochenlang äusserst spärliche Mahlzeiten. Völker und Individuen, die ausschliesslich auf Fleischnahrung angewiesen sind, haben eine rasche Verdauung und es äussert sich bei ihnen Heisshunger viel heftiger als bei jenen, die an eine vegetabilische oder gemischte Nahrung gewöhnt sind. Sie können sich aber auch mit einer sehr geringen Quantität ihrer gewohnten Fleischnahrung lange kräftig erhalten, leiden dabei aber stets an Hunger. Bei jeder sich darbietenden Gelegenheit suchen die Botokuden ihren steten Hunger durch übermenschliches Fressen zu stillen und verschlingen mit der Gier eines Raubthieres die ekelhaftesten Gegenstände ohne Wahl mit gleichem Heisshunger«. Was Tschudi (2, 278-279) uns so von den Botokuden erzählt, das kann mit denselben Worten von allen Naturvölkern Amerikas, von den Feuerländern bis zu den Eskimos, das kann von den Hottentotten, von denen es allwärts bekannt ist (von den Buschmännern bezeugt es z.B. Lichtenstein 2, 355), und trotz ihrer mehr gemischten Nahrung von den Neuholländern, den meisten Melanesiern, und auch, obwohl bei diesen meist die vegetabilische Nahrung vorwiegt, von vielen Polynesiern gesagt werden, von den roheren gewiss, doch zu Zeiten auch von den cultivirteren, wenigstens übersteigt die Masse der bei Festlichkeiten verschlungenen Lebensmittel alle europäischen Begriffe bei weitem. Ja es kam vor, dass man bei grossen Vorräthen, wie einst die hochcivilisirten Römer,

Brechmittel nahm, um mit frischen Kräften weiter essen zu können (Waitz 3, 82, vom südl. Nordamerika). Zwiefach gefährlich ist eine solche Lebensart, einmal, weil sie dem menschlichen Organismus gewiss nicht entsprechend und also schädlich ist; und zweitens weil sie, da man alles was die Gegenwart bietet aufzehrt und in sich stopft, Vorräthe zu sammeln aber etwas ganz Ungewohntes ist, für die Zukunft, für welche Naturvölker nur in den seltensten Fällen und auch dann meist sehr unvollkommen sorgen, die bedenklichsten Folgen hat. Hungersnoth entsteht in Polynesien nicht selten durch gänzliches Aufzehren aller Lebensmittel bei Festlichkeiten, obwohl doch die meisten Völker hier Vorräthe sammeln. Uebrigens thun dies auch manche Indianerstämme (Waitz b, 91). Man sollte denken, gerade die Naturvölker, durch Noth und Erfahrung belehrt, müssten am ersten für die Zukunft Sorge zu tragen gelernt haben, allein Waitz, der daran erinnert, dass »auch unter den civilisirten Völkern die Individuen und die ganzen Classen der Gesellschaft sich um die Zukunft wenig oder gar nicht kümmern, denen zur Arbeit jedes andere Motiv fehlt, ausser der Sorge für ihren eigenen Lebensunterhalt«, hat sehr richtig b, 84 u. 91 die psychologischen Gründe entwickelt, warum die kulturlosen Völker nur der Gegenwart leben. Die Hauptsache ist, dass sie allzusehr unter der Herrschaft der sinnlichen Nerveneindrücke stehen: die Vorstellung, welche sie gerade gegenwärtig haben, verdrängt alle anderen aus ihrem Bewusstsein, und ist, nach Noth und Entbehrung, die Gegenwart wieder gut, so kommt dazu der physische Genuss dieses Wohllebens, dieser Ruhe, der die augenblicklichen Vorstellungen mit um so grösserer Macht zu alleinherrschenden macht (Waitz 1, 351).

Aber nicht bloss sorglos sind sie um die Zukunft: wie oft zerstören sie sich man kann fast sagen die

Lebensbedingungen für dieselbe selbst, so namentlich auf der Jagd. »Der Jäger, sagt Waitz 1, 350, geräth, besonders massenhafter Beute gegenüber, wie der Soldat im heissen Kampfe, in eine grenzenlose Wuth, er mordet mit Lust und verwüstet das Wild meist in völlig nutzloser Weise, verzehrt davon das Beste und oft dieses kaum, wenn es im Ueberfluss sich darbietet. Daher brauchen Jägervölker ein ganz unverhältnissmässig grosses Areal und gerathen trotzdem oft in Noth, weil ihnen Schonung der Jagdthiere ebenso fremd ist, als sparsames Haushalten mit Vorräthen überhaupt. Der hundertste Theil des von den Zulus erlegten Wildes, bemerkt Delagorgue, würde zu seinem und seiner Begleiter Unterhalt mehr als hinreichend gewesen sein.« Die Buschmänner zerstören häufig grössere Jagdbeute aus Missgunst und Bosheit: »was sie selbst im Ueberfluss nicht gebrauchen können, soll wenigstens keinem anderen zu Gute kommen«, sagt Lichtenstein 2, 565 von ihnen. Aehnlich berichtet Hearne 120 von den nördlichsten Stämmen Nordamerikas, die das Wild schliesslich der Zungen, des Markes, des Fettes wegen, aller Gegenvorstellungen zum Trotz, erlegten, die an keinem Nest mit Jungen oder Eiern vorübergehen konnten, ohne es zu zerstören. Waitz 3, 81 sieht darin nur die Sitte eines gänzlich rohen Stammes und sagt, dass, wo diese und ähnliche Sitten jetzt eingerissen seien, es in Folge moralischer Gesunkenheit geschehen sei, da sonst Sparsamkeit der Charakter der meisten Indianer gewesen sei. Mag letzterer Zug ganz richtig sein: die Leidenschaft der Jagd aber, welche kein Thier schont, findet sich in Amerika nicht nur bei verkommenen Völkern. Sie herrscht in Canada (Waitz 3, 85) und gewiss sonst noch aus der abergläubischen Ansicht, dass die fliehenden Thiere die anderen warnen und verscheuchen würden. Von Südamerika berichtet Azara 193 Gleiches. Dasselbe gilt von den Neuholländern.

Und nicht genug, dass sie sich auf diese Weise die Nahrung selbst zerstören: sie verbieten sich auch eine Menge Speisen, oft gerade die besten, durch religiösen Glauben. Zunächst sind die Frauen fast überall in Amerika, Polynesien und Australien, in Neuholland auch die Jünglinge und Knaben (Grey 2, 248), von den besten Nahrungsmitteln, die nur den erwachsenen, oft nur den greisen Männern erlaubt sind, ausgeschlossen. Dann aber gehört das Totem der Indianer hierher, von dem Waitz 3, 119 sagt: »Der politische Verband des Volkes beruhte in alter Zeit sehr allgemein auf einer Eintheilung in Banden oder Geschlechter, deren jedes durch ein Thier oder einen Körpertheil, eines Thieres als Marke bezeichnet war, z.B. Bär, Büffel, Fischotter, Falke und dergl. Nur ein Fisch oder ein Theil eines Fisches konnte diese Marke nicht sein.« Der Name dieser Marke, Totem, kommt von den Algonkin. Wahrscheinlich (ebend.) hatte das Totem ursprünglich eine religiöse Bedeutung: das Thier des Totem war der Schutzgeist der nach ihm benannten Familie, wurde von dieser heilig gehalten und *durfte von ihr nicht gejagt* werden. Und ebenso verhielt es sich gewiss mit »der Medicin«, die jeder Amerikaner hatte, d.h. dem Totem des Einzelnen. Denn zur Zeit der beginnenden Mannbarkeit erscheint jedem einzelnen sein Schutzgeist in Gestalt eines Thieres, das dann gejagt und dessen Balg stets von dem Betreffenden getragen werden muss. Der Verlust der Medicin würde ihm tiefste Verachtung und beständiges Unglück zuziehen (Waitz 3, 118-119). Ursprünglich durfte gewiss kein Indianer das Thier, das ihm »Medicin« Schutzgeist war, verzehren. Die meisten Völker (auch die Aleuten) stammten von solchen Thieren ab (Waitz 3, 119. 191) und auch diese waren ihnen gewiss ursprünglich heilig, wenn sich auch später diese Verehrung in etwas abschwächte. Diese auffallende Sitte, die genauer betrachtet gewiss mancherlei merkwürdige Resultate gäbe[D], findet sich ganz übereinstimmend bei den Neuholländern, worüber man

Grey 2, 225-229 vergleiche. Jede Familie, oder besser, jeder Stamm, denn die Familien sind ausgedehnt wie Stämme, hat ihr »kobong« Pflanze oder Thier, das ihr heilig ist, ihr den Namen gibt u.s.w. Wie in Amerika Leute von gleichen Totem, so durften in Neuholland Leute desselben Kobongs einander nicht heirathen. Kein Neuholländer tödtet sein Kobong, wenn er es schlafend findet, auch nie, ohne ihm vorher Gelegenheit zur Flucht zu geben; war es eine Pflanze, so durfte es der Betreffende nur zu bestimmten Jahreszeiten und unter ganz bestimmten Ceremonien einärnten und benutzen[E]. Hierin sehen wir eine Folge der Noth; denn ursprünglich durfte das Kobong wohl ebenso wenig gegessen werden, wie das amerikanische Totem. Dafür spricht auch die Form, in welcher sich die Sitte in Polynesien erhalten hat. Denn in Polynesien gilt es noch jetzt an verschiedenen Orten als strenges Gesetz, dass Einzelne einzelne Thiere, in welchen ihr Schutzgeist oder der Geist ihrer Ahnen verborgen ist, weder tödten noch essen dürfen. So in Mikronesien z.B. auf Ponapi (O'Connel bei Hale 84), auf Tikopia (Gaimard bei D'Urville V, 305-307), auf den Fidschiinseln (Wilkes 3, 214), wohin die Sitte entweder von Polynesien gekommen ist oder sich als malaiisches Ureigenthum, wie wir sie auch in Neuholland finden, erhalten hat; so in Hawaii (Remy 165), in Tahiti (Mörenhout 1, 451-57). Wir finden auf allen diesen Inseln jetzt Gedanken an Seelenwanderung eingemischt; allein man muss bedenken, dass der Glaube an die behütende Macht der Seelen der Vorfahren, also an den Uebergang der abgeschiedenen Seelen in Schutzgeister der Lebenden in Polynesien später vielfach aufgekommen ist.

Auch anderer Aberglaube als dieser entzog bisweilen den Naturvölkern die Nahrung, wie z.B. Grey 1, 363-364 erzählt, dass, weil einige Eingeborene beim Muschelessen gestorben waren, die Neuholländer, die ihn begleiteten, aus

Furcht vor Zauberei nicht dahin zu bringen waren, selbst durch den äussersten Hunger nicht, dass sie Muscheln assen; und Derartiges liesse sich, wenn es für unsern Zweck nicht zu weit führte, noch mancherlei sammeln.

Dass nun die engen dumpfigen Wohnungen vieler dieser Völker (es bedarf hierzu keiner Belegstellen), worin oft sehr viel Menschen zusammengepfercht wohnen und schlafen und die oft von Schmutz und Ungeziefer starren, ungesund sind, versteht sich von selbst. Andere Stämme (Feuerländer, Australier u.s.w.) haben in ihren Wohnungen fast gar keinen Schutz vor dem Wetter; die Buschmänner (Waitz 2, 344) haben zu ihren stets wechselnden Schlafstätten Erdlöcher, die sie mit Baumzweigen überdecken, Felsspalten und Büsche. Auch auf die meist sehr mangelhafte Bekleidung dieser Völker braucht hier bloss hingewiesen zu werden. Alles dies, die Art wie sie sich nähren zumeist, ist zwar schädlich und bewirkt es, dass nirgend die Naturvölker sehr hohe Kopfzahlen aufzuweisen haben; aber alles dies ist auch wiederum nicht von solchem Einfluss, dass es das Aussterben dieser Völker allein schon erklärte; wir dürfen es nur als sekundäre Ursachen dafür betrachten, als solche aber dürfen wir es auch durchaus nicht übergehen oder unterschätzen. Wäre dies ihr Leben dem menschlichen Organismus zuträglicher, so würden sie auch manches feindliche Schicksal, welchem sie so erliegen oder erlegen sind, überwunden haben.

---

§ 6. Charakter der Naturvölker.

Aber nicht bloss diese Fahrlässigkeit in Bezug auf ihr äusseres Leben schadet den Naturvölkern: ihr ganzer Charakter, wie er sich im Laufe der Jahrtausende entwickelt hat, steht einem kräftigen Gedeihen im Wege und so müssen wir auch diesen, wenigstens nach einigen Seiten hin, betrachten. Zunächst ist unter ihren geistigen Eigenschaften ihre furchtbare Trägheit hervorzuheben, welche z.B. in Mikronesien so weit geht, dass man viel zu indolent ist gegen eine fürchterliche Form des Aussatzes, welche in ihrem Anfang noch heilbar und leicht heilbar in ihrer Entwickelung ebenso qualvoll als absolut tödlich wird, auch nur das Mindeste zu thun: man sieht dem ersten Anfange, der noch nicht belästigt, mit grösster Seelenruhe zu, bis jede Hülfe zu spät ist (Virgin 2, 103). Diese Faulheit, welche Waitz 1, 350; b, 84, 90 und sonst zur Genüge geschildert hat, ist denn auch ein Grund, weshalb Naturvölker so selten Vorräthe sammeln, ja verhindert sie oft nur auszugehen, um Nahrung zu suchen, wie Grey 2, 262-63 von den Neuholländern sagt; namentlich im Sommer bei Hitze und im Winter bei Kälte und Nässe leiden sie Hunger, die Folge ihrer Trägheit. Beispiele von den Hottentotten zu geben wäre überflüssig. Diese Trägheit schadet ihnen aber noch auf ganz andere Weise. Denn wie Fleiss, Interesse und geistige Anspannung auch körperlich anregen und grössere Kraft und dem ganzen Organismus auch leiblich erhöhteres Leben verleihen, so schwächt umgekehrt fortgesetzte Schlaffheit und geistige Trägheit, wie sie die Naturvölker in so hohem Grade ausser wenn sie Noth treibt bekunden, auch die leibliche Kraft und die

Funktionen des Körpers scheinen darunter zu leiden. Wenn nun dieser Zustand durch leibliche und geistige Vererbung (auch der Einfluss geistiger Vererbung ist von grösster Bedeutung und wohl noch nicht überall hinlänglich gewürdigt) sich immer mehr befestigt, so muss er auf das Gedeihen der Naturvölker einen immer gefährlicheren Einfluss haben. Allerdings ist das Ineinandergreifen des leiblichen und geistigen Lebens ein schwieriger und dunkler Punkt, auf den aber gerade deshalb ganz besonders aufmerksam gemacht werden muss.

So entwickelt sich denn aus dieser Trägheit des äusseren auch eine Starrheit und Unbeweglichkeit des geistigen Lebens, die gleichfalls von den schlimmsten Folgen für diese Völker ist, schon dadurch, dass jeder gute Einfluss der Europäer auf sie, jeder Versuch, sie zur Kultur emporzuheben, ausserordentlich erschwert wird. Dadurch abgeschreckt haben auch vorurtheilsfreie Männer, wie Meinicke, behauptet, sie seien zu jeder Kultur unfähig, und doch ist, wie Erfahrungen bei allen Naturvölkern bewiesen haben, nichts falscher, als diese Behauptung. Da nun diese Starrheit mit jeder Generation nach und nach zunimmt, so wirken auch historische Schicksale, Wanderungen und dergl. unendlich viel schwerer auf diese Völker, als sie vor so vielen Jahrtausenden auf die Indogermanen, die Semiten, als sie auch auf die gebildeteren Polynesier und Amerikaner wirkten. Daher versinken sie immer mehr und mehr in Roheit und Stumpfheit, und es ist nicht übertrieben, zu behaupten, dass, auch wenn sie allein auf der Welt wären, ohne jeglichen feindseligen Einfluss von aussen her, sie dennoch, wie jetzt ihre Entwickelung oder wohl besser ihre Verhärtung ist, nach und nach langsam vergehen und erlöschen würden. Denn nichts ist der menschlichen Natur, die so sehr auf Wechselbeziehung zwischen Leib und Seele gegründet ist, schädlicher, als eine solche Unthätigkeit beider.

Ein dritter Zug ihres Charakters, der uns hier näher angeht, ist eine gewisse Melancholie, die sich, wie bekannt, zumeist bei den Amerikanern findet. Doch auch die scheinbar so fröhlichen Polynesier, wenn man gleich ihr Temperament nicht wie das der Amerikaner melancholisch nennen kann, zeigen manches Entsprechende. So resigniren sich die Tahitier über ihr Aussterben durch den oft wiederholten Ausspruch, den wohl Ellis (1, 103-104) zuerst mittheilte: der Hibiskus soll wachsen, die Koralle sich ausbreiten, der Mensch aber dahinsterben; und »es war melancholisch, sagt Darwin (2, 213), die schönen energischen Eingeborenen Neuseelands sagen zu hören, sie wüssten, dass das Land nicht das Eigenthum ihrer Kinder bleiben würde.« Für Kamtschatka ist wichtig, was v. Kittlitz über das Klima dieses Landes sagt, das bald (oder Einzelne) zur tiefsten Melancholie stimme, bald (oder Andere) zur höchsten excentrischsten Freude aufrege. Die Schilderungen der Aleuten bei Kotzebue, Chamisso, Langsdorff u.a. enthalten ganz ähnliche Züge von Niedergeschlagenheit, die allerdings hier mit grossem Phlegma gepaart scheint.

Es ist klar, dass diese Melancholie mit jener schon besprochenen Trägheit zusammenhängt; denn diese raubt dem Geist der Naturvölker, der nach aller Naturvölker Art ganz und gar vom jedesmaligen sinnlichen Eindruck und meist nur von solchen abhängig ist, die besonnene und feste Willens- und Widerstandskraft immer mehr. So wie nun aber jeder Willensakt eine rein physische Nerventhätigkeit voraussetzt, so wird auch fortgesetztes Nichtwollen zum bleibenden Nervenhabitus, zum nicht Wollenkönnen und dadurch vom übelsten Einfluss auf die Seele, der, wenn dieser letzteren Leiden entgegentreten, um so grösser und vernichtender wird.

Das zeigt sich nun schon bei den Naturvölkern im Leben der Individuen. Wir sahen, dass Krankheiten überall als Bezauberung oder Einwirkung von Dämonen gelten; viele aber, die von Krankheiten befallen sind, sterben aus keinem andern Grund, als aus Melancholie über die vermeintliche Bezauberung. Beispiele für Neuseeland gibt Dieffenbach 2, 16, Browne 75; für Tahiti Ellis 1, 364, 367-68; für Neuholland, wo eine namenlose Angst vor Bezauberung herrscht, Grey 1, 363-64. 2, 336-40; für Nordamerika, wo der Tod aus abergläubischer Furcht gar nicht selten ist, Waitz 3, 213: und nach allem Gesagten werden wir in den Ländern, wo Krankheit durch Zauberei entsteht oder als Folge von Sünden gilt, wie z.B. in Kamtschatka, wo Krankheit und Tod erfolgen, wenn man Kohle mit dem Messer spiesst oder Schnee mit dem Messer von den Schuhen schabt (Waitz 1, 324), in allen diesen Ländern, also bei allen Naturvölkern werden wir auch ein solches Hinsterben Einzelner aus Angst und Aberglauben finden.

§ 7. Ausschweifungen der Naturvölker.

Die gänzliche Abhängigkeit der Naturvölker von sinnlichen Eindrücken hat auch noch eine andere sehr gefährliche Folge für sie, durch welche einzelne Stämme ernstlich bedroht worden sind: wir meinen die Ausschweifungen, denen viele von ihnen verfallen sind, im Trunk und vor allen in geschlechtlicher Beziehung.

Zwar von den gebildeten Völkern Amerikas, den Mexikanern und ihren Verwandten sowie den Peruanern, kann man nicht behaupten, dass sie nach dieser Seite hin Vorwürfe verdienten; freilich kamen bei ihnen Ausschweifungen und grobe, ja unnatürliche Laster vor, freilich gab es bei ihnen öffentliche Dirnen, aber alles das war keineswegs ausgebreitet und durchaus verachtet, so dass wir sie in dieser Beziehung viel höher stellen müssen, als die heutigen Kulturstaaten Europas. Die Schilderung freilich, welche wir bei Pöppig 375 finden, oder was uns der berüchtigte Ortiz, ein Mönch zur Zeit der Entdeckung, erzählt, enthält des Scheusslichsten auch nach dieser Seite viel; Ortiz Darstellung sollte aber nur die Behandlung, welche das Land durch die Conquistadoren erfuhr, rechtfertigen und so häufte sie alle Laster auf die Indianer. Pöppigs Nachrichten beruhen auf ähnlichen Quellen, die gleichfalls ganz unzuverlässig und meist unwahr sind. Wenn z.B. Gomara (bei Pöppig) berichtet, dass Balboa 50 Päderasten in Quarequa in Darien und ebenso (Waitz 4, 350) den Herrn dieses Landes um desselben Lasters willen von Hunden zerreissen und dann verbrennen liess, so ist es ganz klar, dass hier die Anklage nur erfunden wurde, um die scheussliche Grausamkeit Balboas zu bemänteln, der selbst sagt, das Laster sei nur von den Vornehmen verübt, vom Volke verabscheut. Denn dass spanische Soldaten, unter welchen es gleichfalls vorkam (Waitz 3, 383), jemals dafür und gar so fürchterlich gestraft wären, davon wird nichts erwähnt. Waitz im 4. Bande der Anthropologie hat nun ganz klar und deutlich bewiesen, dass solche Ausschweifungen nur einzeln und selten bei diesen Völkern sich fanden, wofür die strengen Strafen, welche bei ihnen allen auf solchen Lastern oder auf sonstiger Unzucht standen, sprechen; vergl. Waitz 4, 85. 88. 131. 307. 350. 367 u. sonst. Ebenso wenig waren solche Laster, wie Pöppig a.a.O. will, »Volkslaster« in Peru; freilich haben die Conquistadoren auch hier das ärgste zu erzählen gewusst und mussten, nach ihren Berichten, die grausamsten Strafen gegen die Lüstlinge anwenden; wenn man aber liest (Waitz 4, 478), wie der gefangene Inka Manko Capak, Atahualpas Bruder, die Spanier flehentlich bat, dass man ihn doch wenigstens nicht zum Feuertod verurtheilen oder den Hunden vorwerfen, sondern nur aufhängen möge, so wirft das auf jene Strafen ein ganz eigenthümliches Licht. Auch beweisen die Zeugnisse bei Waitz 4, 417, dass auch in Peru solche Laster, Ehebruch oder gar Päderastie, durchaus nicht verbreitet waren, sondern nur vereinzelt vorkamen, wofür wiederum die strengen Strafen, welche die einheimischen Landesgesetze gegen derartiges verhängten, sprechen.

In Nordamerika war, wie bei den eben besprochenen Völkern, Polygamie erlaubt, keineswegs aber sehr ausgedehnt (Waitz 3, 109). Weibertausch kommt vor, als Freundschaftszeichen unter Familien (Hearne 128), ebenso auch Prostitution aus Gastfreundschaft. Keuschheit der Mädchen war überhaupt etwas, auf das man bei vielen Völkern und namentlich bei den roheren, keinen Werth setzte (Waitz 3, 111). Schlimmere Dinge und namentlich Blutschande erwähnt als gewöhnlich bei den Athapasken

Hearne 128, der auch sonst den Anwohnerinnen der Hudsonsbai arge Ausschweifungen Schuld gibt (126-27). Unnatürliche Laster werden vielfach bei den Völkern Nordamerikas erwähnt und Männer in Weiberkleidern finden sich freilich an vielen Orten, so bei den Illinois, in Florida, bei den Mandans, den Osagen, den Kansas u.s.w. (Waitz 3, 113); auch bei den Bewohnern Nutkas wird Aehnliches erwähnt (eb. 133), obgleich sie sowohl wie die Koluschen im ganzen keusch leben, anders wie die Chinook (am Columbia), bei denen Prostitution und sinnliche Ausschweifungen verbreitet waren (eb. 337). Strenger sind die Völker vom Oregongebiete. Uebrigens ist das nicht immer ein Zeichen von unnatürlichen Lastern, wenn Männer Weiberkleider tragen; denn einmal scheint manche abergläubische Vorstellung (eb. 113) damit verbunden zu sein, in anderen Fällen war es wenigstens eine symbolische, wie z.B. die Delawares von den Irokesen »zu Weibern gemacht«, d.h., gezwungen wurden, als sie gänzlich besiegt waren, den Weiberrock anzuziehen (Waitz 3, 23. b, 158) und auch bei den Chibchas in Neu-Granada Feiglinge mit einem Weiberrock bekleidet wurden (4, 361). Bei den Illinois standen die so gekleideten Männer in besonderem Ansehen (3, 113) und ganz ähnlich war es bei den nördlichen Patagoniern (3, 506), wo die Zauberpriester, deren einen jede Familie hatte, Weiberkleider trugen. Auch was Combes (Hist. de las islas de Mindanao Madrid 1667 p. 55) erzählt, dass es bei den Subanos auf Mindanao Männer gäbe, welche unverheirathet blieben, Weiberkleider trügen, aber geehrt wären und keusch lebten, zugleich aber auch physisch ein weibliches Aussehen hätten, werde hier als merkwürdige Parallele erwähnt.

Den Cariben in Südamerika wird von den älteren spanischen Schriftstellern gleichfalls der Vorwurf unnatürlicher Lasterhaftigkeit gemacht, doch hat Waitz 3,

383 Recht, wenn er auch diesen Vorwurf für unrichtig hält, »denn auf ihn pflegte hauptsächlich der Anspruch gegründet zu werden, die Eingeborenen zu rechtmässigen Sklaven zu machen«. Andere Schriftsteller läugnen auch, dass hier solche Laster vorgekommen seien; doch fanden sich Männer in Weiberkleidern auch hier (Oviedo bei Waitz 3, 383). Auch die Tupis in Brasilien lebten streng (3, 423); ebenso die Araukaner (3, 516). Hiermit stimmen auch alle Nachrichten bei Azara; nur dass er den Weibern der Mbayas, bei denen Polygamie erlaubt ist, mancherlei Ausschweifungen vorwirft (249-50).

Es ist nicht nöthig, dies bei den Amerikanern weiter zu verfolgen; für uns genügt das Ergebniss, dass zwar mancherlei Ausschweifungen namentlich in Nordamerika unter ihnen sich vorfanden, dass diese aber keineswegs allgemein und bedeutend genug waren, um aus ihnen die Verminderung der Kopfzahl dieser Völker zu erklären. Dass aber, seit der Bekanntschaft mit den Europäern diese Ausschweifungen sehr zugenommen haben, ist eine traurige Wahrheit.

Dem Trunk war man in Mittel- und Nordamerika nicht ergeben und ist es verhältnissmässig auch jetzt noch nicht. Allerdings kannte man in Mexiko mehrere geistige Getränke (Waitz 4, 98), von denen das eine, Pulque, Agavesaft, den man durch Ausschneiden des Herzens der Pflanze, wenn sie den mächtigen Schaft treiben will, gewinnt und gähren lässt, auch von Europäern (Humboldt a 3, 99) mit wahrer Leidenschaft getrunken wird; allein die Mexikaner waren mässig, wie schon aus ihren Gesetzen hervorgeht. Der Trunk wurde darin so streng geahndet, dass irgend welche Verbreitung desselben ganz unmöglich war (Waitz 4, 83-84). Auch in Californien war er selten (eb. 240. 242). Die Eingeborenen von Nikaragua, von welchen auch verschiedene geschlechtliche Ausschweifungen berichtet werden, sollen nach Oviedo auch dem Trunke ergeben gewesen sein; allein allzu sicher sind diese Nachrichten nicht (Waitz 4, 279). Auch die Peruaner, obwohl sie verschiedene geistige Getränke hatten, waren dem Trunke nicht ergeben (4, 429), so wie sie auch dem Genuss der Coka, die im ganzen Land gebaut wurde, nicht übermässig fröhnten; dem Volk war sie ganz verboten (422). Obwohl nun die Eroberung des Landes die Sitten vielfach verschlechterte, so sind doch auch jetzt noch weder die Peruaner (500) noch die Mexikaner (196) und die ihnen verwandten Völker dem Trunk ergeben (227) — wenn es auch Feste gab, z.B. in Yukatan, bei welchem sich die Weiber berauscht haben sollen (4, 307), oder bei denen, wie in Nikaragua, allgemeine Zügellosigkeit herrschte (279). Denn bei allen solchen Festen waren gewiss, wie bei ähnlichen semitischen und indogermanischen, religiöse Motive wirksam.

Anders war es in Südamerika, wo Schomburgk 2, 420 die Cariben als Trunkenbolde schildert; und schon von Alters her hatten sie ausser andern ein berauschendes Getränk aus Cassadabrod, welches zerbrochen, mit heissem Wasser zu einem Teig zerrührt, dann von alten Weibern durchgekaut und in einen Trog gespieen wurde, wo es nun gähren musste (Schomburgk 1, 173); ganz ähnlich bereiteten die Tupis einen berauschenden Trank aus Mais oder Hirse, wobei das Getreide gekocht und von alten Weibern durchgekaut wurde. Sie nannten es Caouin oder Kaveng und sowohl durch die Bereitungsart als durch den Namen wird man an den gleich zu erwähnenden polynesischen Kavatrank erinnert (Waitz 3, 423-24). Gegohrene Getränke hatten die Araukaner (3, 509), die Chiquitos, die dem Trunke sehr ergeben waren (eb. 530) und sind (533), die Moxos (537), welche ihn gleichfalls sehr lieben und andere Völker schon vor der Entdeckung. Dass nun durch den

Einfluss der Europäer diese Neigung nicht vermindert, sondern nur gestiegen ist, begreift sich; und so wird es uns von den Cariben (Schomburgk 1, 173) von den Warans (eb. 1, 123), den Charuas (Azara 184), den Mbayas (eb. 242) u.s.w. berichtet.

In Nordamerika, bei den Indianern der Vereinigten Staaten, waren vor den Europäern keine geistigen Getränke in Gebrauch, ja Wasser war fast das einzige Getränk, was sie genossen, wie Waitz 3, 82 ins Einzelne ausführt; ebenso war es bei den Koluschen und den Chinooks (3, 84. 337). Wenn nun der Trunk, der Branntwein in Nordamerika doch so traurige Folgen gehabt und ganze Stämme dahin gerafft hat, so dass man oft genug die Behauptung findet, die Indianer seien von Natur dem Trunke ergeben gewesen; so fordert dies zur genaueren Untersuchung der Sachlage auf, die sich nach Waitz 3, 83-84 und 270, der die Quellenbeweise beibringt, so stellt, dass die Indianer sich aufs stärkste gegen den Verkauf von Branntwein gewehrt und viele Verträge geschlossen haben, in welchen die Einfuhr derselben ausdrücklich verboten war, dass aber der Branntwein dennoch, sogar mit Gewalt, von den europäischen Nationen den Eingeborenen aufgezwungen ist, theils um das Produkt abzusetzen, theils um sie im Trunke zu betrügen, theils auch geradezu, um sie durch den Trunk zu vernichten. Das ist denn nur allzugut gelungen; denn wenn auch, trotz der vorherrschenden Sinnlichkeit, die Amerikaner einen höchst beachtungswerthen Widerstand diesem Genussmittel entgegensetzten, so konnte dieser eben bei ihrer Natur kein absoluter sein; öfters zwang sie der Nahrungsmangel zum Trunk und ein sehr häufiger Grund, sich dem Trunke zu ergeben (der auch in Mittelamerika vielfach vorkam) war der, dass man aus der grenzenlosen Fülle des Elends ringsher sich wenigstens einmal wieder durch den Rausch in einen glücklichen Zustand versetzen oder dass man sich in der Verzweiflung betäuben wollte. Uebrigens haben Völker und Individuen sich dem Laster des Trunkes auch wieder zu entreissen vermocht (Waitz b, 43). Eigentlich also gehörte diese Betrachtung erst dahin, wo wir vom Einfluss der Weissen auf die Naturvölker sprechen werden, indess mag ein solches Vorausnehmen, des Zusammenhangs wegen und um den einen Gegenstand zu erschöpfen, gleich hier seine Entschuldigung finden. Tabak hat ebensowenig als Coka geschadet.

Wenn nun auch die Hottentotten und die Buschmänner gar keinen Werth auf die Keuschheit der Mädchen und Weiber legen, so waren sie doch weder in geschlechtlicher Beziehung noch im Trunk sehr ausschweifend, während wir bei den Aleuten und Kamtschadalen die Verhältnisse wesentlich anders finden. Dem Trunk waren namentlich die Kamtschadalen ganz außerordentlich ergeben (Krusenstern 3, 53) und wie diese Leidenschaft von den europäischen Pelzhändlern zu ihrem Verderben benutzt ist, werden wir später sehen. Aber auch die Aleuten liebten dies Laster (Waitz 3, 314), wie sie auch sonst sehr ausschweifend lebten. Die Weiber hatten (nach Wenjaminow in Ermans Archiv bei Waitz 1, 356 Note) zwei Männer, einen aus höherem Stande und einen Nebenmann aus niederem; dem Gast stellte der Wirth, um ihn gastfreundlich zu ehren, das eigene Weib zur Verfügung. Auch der Päderastie waren sie ergeben (Waitz 3, 314) und die stumpfsinnige Melancholie, in der sie z.B. Chamisso vorfand, scheint nicht wenig durch derartige Ausschweifungen veranlasst zu sein. Den Kamtschadalen schadete gar sehr der grosse Weibermangel, der nach Krusenstern 3, 44, bei ihnen herrschte und nicht nur die Moralität gänzlich, sondern auch die Fruchtbarkeit der Ehen zerstörte. xyxyxyß Die Neuholländer, obwohl sie von den Unverheiratheten beider Geschlechter keine Keuschheit verlangen, obwohl sie an einigen Orten die Weiber ihren

Gastfreunden anbieten und sie mit guten Freunden tauschen (Angas 1, 93), sind doch so eifersüchtig, dass verheirathete Frauen sehr zurückhaltend sein müssen (Grey 1, 256). Polygamie ist bei ihnen häufig, aber man kann sie eigentlich nicht ausschweifend nennen. Auch geistige Getränke hatten sie nicht. Von den Melanesiern wird nichts auffallend Schlimmes berichtet, wohl aber von manchen Orten das Gegentheil; so herrschen, nach Malte Brun in Bullet. de la soc. geogr. 1854, I, 238, auf Neucaledonien, wenn auch die Weiber ganz sklavisch gehalten werden, geschlechtliche Ausschweifungen nicht. Polygamie ist allerdings auf den Inseln Sitte (Turner 86. 371. 424), allein wirklich ausgedehnt nur bei Häuptlingen und in selteneren Fällen. Ehebruch kommt, aus Furcht vor Strafe, kaum vor (Turner 86 in Bez. auf Tanna), allein Keuschheit der Unverheiratheten ist hier so wenig verlangt als sonst irgendwo bei den Naturvölkern. Während nun Erskine 256 von den Fidschis sagt, dass sie sehr enthaltsam lebten und Ekel vor Ausschweifungen empfänden, so behaupten William und Calvert 1, 134, dass sie sehr zügellos und grobe Ausschweifungen bei ihnen verbreitet seien. Möglich, dass Erskine ein zu günstiges Urtheil fällte; jedenfalls aber stehen die Fidschiinsulaner sehr viel höher als die Polynesier in dieser Beziehung und mögen wohl erst durch den fortwährenden Verkehr mit den Fremden zu dieser Zügellosigkeit gesteigert sein.

Am schlimmsten müssen wir über die eigentlichen Polynesier urtheilen, unter denen Trunk und Wollust schon vor den Europäern aufs ärgste gehaust haben. Aus der Wurzel vom Piper methysticum, dem Kavapfeffer, bereitete man, indem sie (an den meisten Orten von alten Weibern) gekaut und dann ausgespieen wurde, durch Aufguss von Wasser ein eigenthümliches Getränk, dem alle Polynesier sehr zugethan waren. Es berauscht nicht eigentlich, da es die Besinnung nicht raubt, aber, indem Gang und Zunge schwer werden, versetzt es den Geist in einen ähnlichen Zustand, wie das Opium; auch wollüstige Träume u. dergl. sollen seinem Genuss folgen, der oft wiederholt allgemeine Schwäche, Zittern, geistige Stumpfheit, Abmagerung und schliesslich scheussliche Hautkrankheiten hervorbringt, Geschwüre, welche aufbrechen und arge Narben zurücklassen. Aber gerade diese Narben galten als Ehrenzeichen (Hale 43). Namentlich auf Tahiti und auf Hawaii war der Kavatrank beliebt; grosse Kavafeste auf Tonga beschreibt Mariner, auf Fidschi d'Urville b 4, 207 und Hale 63. Dagegen trank man ihn auf Neuseeland, obwohl man ihn kannte, nicht. Auch in Mikronesien, wo indess die Wurzel zerrieben, nicht gekaut wurde, war der Kavatrank sehr beliebt und sehr verbreitet (Hale 83: Gulick 417). Was jedoch die schädlichen Einwirkungen dieses in der That höchst gefährlichen Trankes sehr milderte, war der Umstand, dass er ein heiliges Getränk war. Freilich durfte er daher bei keiner irgend wie bedeutenderen Gelegenheit fehlen; aber nur die Fürsten waren es, die ihn trinken durften, nie das Volk, und auch die Fürsten nur bei und unter bestimmten Feierlichkeiten (Hale 43, für Mikronesien Novara 1, 371). So hat denn auch der Schade, den dieser Genuss hervorrief, fast nur die Fürsten und den Adel getroffen. Gegen den Branntwein (Rum u.s.w.) hatten alle Polynesier einen grossen Widerwillen (Novara 2, 337 für Mikronesien), und wenn er trotzdem in Tahiti und Hawaii so verderbliche Wirkungen hervorgerufen hat, so muss man bedenken, wie er zu Tahiti von den Franzosen, zu Hawaii von diesen sowie den amerikanischen und europäischen Kaufleuten unter heftigem Widerstreben der Missionäre und gegen den Willen der Eingeborenen (vergl. z.B. Lutteroth Geschichte der Insel Tahiti 172 u. sonst) gewaltsam eingeführt ist. Und schlimm genug waren die Folgen dieser Einführung. »Als die Tahitier von fremden Seeleuten und

Sandwichinsulanern geistige Getränke von einheimischen Wurzeln zu destilliren gelernt und Rum in reichlicher Menge von ihnen empfangen hatten, da verbreitete sich Trunksucht sehr allgemein, und alle die Demoralisation, die Verbrechen, das Elend, welches ihr folgt, kam über das Volk. Unthätigkeit wuchs, Streit in den Familien nahm überhand, die Verbrechen der Areois (über welche wir sogleich reden) nahmen zu«, sagt Ellis 1, 108 und so wie hier und noch ärger war es zu Hawaii und an den Küsten von Neuseeland. Allein die Eingeborenen (vergl. Ellis u.a.O.) haben sich an vielen Orten, Dank dem reinen Eifer der Missionäre, wieder von diesem so gefährlichen Laster befreit; in Neuseeland sowohl wie in Hawaii schadet der Rum nur an den Küstenplätzen den Eingeborenen und das überall wachsende Christenthum hat siegreich auch in Tahiti und sonst diese Gefahr im Allgemeinen abgewendet.

Bei weitem verhängnissvoller aber wirkten die geschlechtlichen Ausschweifungen, die wohl bei keinem Volk der Welt so schamlos verbreitet waren, wie in Polynesien. Jede Reisebeschreibung (auch andere Bücher als die schamlose Reise der Pandora von Hamilton) rechtfertigt an hundert Stellen den Namen la nouvelle Cythere, welchen Bougainville der Insel Tahiti gab. Nicht nur, dass auf Tahiti, Hawaii, Neuseeland, auch auf Tonga (obwohl man hier strenger lebt) und auf Samoa (nach Wilkes) wenigstens Fremden gegenüber die Mädchen ganz frei waren; so ist auch nirgends die Prostitution der Weiber durch Väter, Brüder, Gatten frecher betrieben wie hier. Polygamie herrschte überall. Gastfreunden bot man die Weiber an, vornehme Frauen lebten ganz zügellos. Für Hawaii bezeugt dies, um nur einige Beweisstellen anzuführen, Jarves 80, für Tahiti Cook und alle andern Reisenden, für Waihu Mörenhout 1, 26, für die Markesas Porter (Journal of a cruise in the Pacif. Ocean 1812-14) 2, 60, Krusenstern 1, 221;

nach Mathias G*** 152 herrscht indess Prostitution nur in den Häfen. Neuseeland stand etwas höher; doch waren auch hier die Mädchen vollständig ungebunden (Dieffenb. 2, 40). Die Weiber selbst lockten die ankommende Mannschaft von Wallis Schiff durch die unanständigsten Geberden ans Land und die Männer, welche das Geschäft abschlossen, forderten schon damals für schöne Frauen, Töchter, Schwestern u.s.w. höhere Preise als für minder schöne (Wallis 214 ff. 256). Ja vor aller Augen, und nicht etwa aus Roheit, wie die Bewohner der Palauinseln nach Kadus Zeugniss bei Chamisso 137[F], sondern umstanden von vornehmen Weibern, unter denen die Königin selbst, vollzogen sie die Begattung, zum Ergötzen der Umstehenden, welche dem Paare, namentlich dem betheiligten Mädchen, Lehren gaben, um die Lust zu erhöhen — doch das war nicht nöthig, denn, obwohl das Mädchen erst 11 Jahre zählte, so wusste sie doch mit allem schon guten Bescheid (Cook b, 126-27, vergl. 86. 106). Da ist es nicht zu verwundern, dass schmutzige Gegenstände sehr häufig, vor aller Ohren, Inhalt der Unterhaltung waren und nur belacht wurden. Ueberall herrschte Polygamie; auf Tahiti, Nukuhiva und Hawaii (Turnbull 65, Stewart 129, Porter 2, 30) kamen Heirathen unter Geschwistern vor, jedoch nur in der regierenden Familie, die auf andere Art keine ebenbürtige Ehe schliessen konnte, da alle anderen Adelsgeschlechter an Rang unter ihr standen (Ellis 4, 435). Auf den Markesasinseln war es nach Melville 2, 122-23 Sitte, dass die Weiber, ähnlich wie die Aleutinnen, zwei Männer hatten, einen wirklichen Gatten und einen Nebenmann, der ganz die Rechte wie jener besass, auch im Frieden mit ihm lebte; welche Sitte nach Melville darin ihren Grund hatte, dass es weit mehr Männer als Frauen gab. Mathias G*** sagt 111 dasselbe, was auch sonst noch vielfach bestätigt wird. Auch unnatürliche Lüste, denen in Tahiti ein eigener Gott vorstand (Mörenh. 2, 168), waren sehr ausgedehnt. Männer in Weiberkleidern finden wir, wie in Amerika, auch zu Tahiti, aber hier nur im Dienste der widernatürlichen Wollust (Turnbull 306); und da nun die Männer des gemeinen Volks, damit die Fürsten desto mehr Weiber hätten, oder weil sie den Kaufpreis für die Frauen nicht zahlen konnten, fast immer unverheirathet bleiben mussten, so war Onanie unter ihnen in solchem Grade getrieben, dass sie dadurch meist unfähig wurden, einem Weibe noch beizuwohnen (Wilson 311). »Ihre Verbrechen in dieser Art sind zu entsetzlich, als dass sie alle erzählt werden könnten,« sagt Wilson (1799) a.a.O. Noch Ellis (1, 98) fand dasselbe vor, er sagt, die Schilderung, welche Paulus von den Heiden im ersten Kapitel des Römerbriefes mache, passe durchaus auf die Tahitier. Auch in Hawaii waren unnatürliche Laster ganz gewöhnlich, von denen Päderastie nur oder wenigstens vorzugweise unter den Fürsten vorkam (Remy XLIII).

Mikronesien steht viel höher in dieser Beziehung, mit Ausnahme der alten Marianer, unter denen, freilich nach den alten spanischen Berichten (Salaçar bei Oviedo XX, 16), eine arge Zügellosigkeit herrschte, und le Gobien berichtet manches entsprechende. Aber sonst fanden die ersten europäischen Besucher in Mikronesien keine Ausschweifungen, weder im Trunk noch in der Liebe vor, wenn auch die Mädchen leicht zu gewinnen waren: und schamhaft waren sie alle (Chamisso 91. 119). Uebrigens herrschte, nach Chamisso 118-19, Polygamie auch auf Ratak und besonders nahe Freunde besassen auch die Weiber gemeinschaftlich. — Auch im eigentlichen Polynesien gab es reinere Bezirke, so Tonga, wo die Jünglinge von Staatswegen zur Keuschheit ermahnt wurden: nie sollten sie Gewalt anwenden, nie sich gegen Ehefrauen vergehen (Mariner 1, 138); allein auch hier waren die Unverheiratheten ganz frei und ebenso die verheiratheten

Männer (2, 174), auch hier waren Unanständigkeiten der häufige und gern belachte Inhalt des Gespräches, die man nur vor verheiratheten Frauen vermied (2, 177). In Samoa herrschte noch grössere Sittenstrenge.

Viel besprochen ist die Gesellschaft der Areois auf Tahiti, über welche Mörenhout 1, 485-503 und Ellis 1, 230 ff. handeln, und die auch wir kurz besprechen müssen, wenn wir an diesem Ort auch nur auf die furchtbare Unsittlichkeit hinweisen, welche in dieser ursprünglich religiösen Gesellschaft herrschte. Männer und Weiber lebten in ihr aufs höchste ausschweifend und unter dem bestimmten Gesetz, alle ihre Kinder zu tödten, beisammen und hochgeehrt vom ganzen Volk, dem sie wie Götter erschienen, durchzogen sie die Inseln, um Feste, Schauspiele, Tänze vor der Menge aufzuführen. Wir finden diese Gesellschaft nicht bloss auf Gesellschaftsinseln, sondern (Meinieke b 78) auch auf Rarotonga, auch im Markesasarchipel (Mörenh. 1, 502). Und da nun le Gobien 59-62 von den Uritaos der Marianen ganz das Nämliche erzählt, die in aller Zügellosigkeit mit den Mädchen des Landes zusammenlebten, selbst in Blutschande, ohne dass es ihnen Tadel zuzog, da sie von höherer Weihe waren (Freycinet 2, 368) — so werden wir auch diese, wie schon ihr Name derselbe ist, mit jenen Areois trotz Meinickes Widerspruch (b, 79) zusammenstellen müssen.

Es kann uns nicht wundern, wenn solche lasterhafte Sitten, in solcher Ausdehnung herrschend, die Gesundheit der polynesischen Bevölkerung untergruben und sie haben es gethan. Schon eine bis zwei Generationen vor Wallis hatte die Volksverminderung, nach den Aussagen der Eingeborenen selbst, auf Tahiti angefangen (Ellis 1, 105) und dass hieran diese Ausschweifungen, wenn auch nicht allein, so doch zum grössten Theil schuld waren, kann man gewiss behaupten. Ihren entnervenden Einfluss schildern wenigstens die zuverlässigsten Augenzeugen in den düstersten Farben, wie Ellis 1, 98 und Turnbull (1804) 307. Und ferner ist es sehr begreiflich, dass solche entnervte Wüstlinge sehr viel und leichter Krankheiten ausgesetzt waren, als gesunde Menschen, dass Krankheiten viel heftiger bei ihnen wüthen mussten und dass sich namentlich die Syphilis unter ihnen rasch verbreiten und gefährlich erweisen musste.

§ 8. Unfruchtbarkeit. Künstlicher Abortus. Kindermord.

Aber eine andere noch schlimmere Folge dieser Ausschweifungen ist die Unfruchtbarkeit der Weiber, welche in Polynesien hauptsächlich auf diesem einen Grund beruht. Die Unfruchtbarkeit der Ehen auf den Markesas, welche schon Krusenstern 1, 255-56 und dann Melville 2, 125 betont, erwähnt auch Mathias G*** 108 mit starkem Nachdruck. Unfruchtbarkeit ist in Hawaii sehr verbreitet (Virgin 1, 268); in Tahiti wird es erst in neuerer Zeit besser und Dieffenbach 2, 15-16 gibt als eine der Ursachen für das Hinschwinden der Maoris die geringe Fruchtbarkeit ihrer Weiber an.

Da nun aber ganz analoge Erscheinungen sich in Melanesien (wo z.B. auf Erromango schon eine hohe Kinderzahl ist, Turner 494), in Neuholland (Grey 2, 248 ff.) und namentlich in Amerika vorfinden, so hat man, vor allem mit Rücksicht auf die Eingeborenen des letzten Landes gesagt, die geringe Fruchtbarkeit sei ein charakteristisches Merkmal für niedere Raçen, das in ihrer Natur selbst begründet liege. Allerdings haben die Weiber der Botokuden (Tschudi 2, 284), der Makusi (Schomburgk 2, 312) der meisten brasilianischen Völker (Azara an vielen Stellen) und ebenso auch der meisten Nordamerikaner (wofür Waitz 1, 169 die Beispiele zusammenstellt) sehr wenige, oft auch gar keine Kinder; allein wie man hierin ein Raçenmerkmal finden soll, ist für Unbefangene unmöglich abzusehen. Denn erstlich zeigen sich eine lange Reihe äusserer Gründe, wodurch die Unfruchtbarkeit bewirkt wird; ausser den schon besprochenen Gründen wie Ausschweifungen, Krankheit u. dergl., die auch in Amerika und vor allen auf Kamtschatka und den Aleuten wirkten, muss hier auf das gleichfalls schon erwähnte lange Säugen hingewiesen werden, welches der Fruchtbarkeit Abbruch thut, ferner und ganz besonders auf die meist überaus elende Stellung der Weiber, auf die Noth, die ewigen Mühsale, unter denen sie ihr Leben hinbringen müssen. Dann heirathen viele Völker nur im eigenen Stamm und man kann wohl sagen, da bei vielen kleineren Völkern Stamm und Familie so ziemlich zusammenfällt, in derselben Familie; dass aber auch hierdurch eine Verminderung der Fruchtbarkeit eintritt, ist bekannt genug. So z.B. die Botokuden; daher Tschudi (2, 284) in diesem Umstand einen Hauptgrund für die Unfruchtbarkeit ihrer Ehen sieht. Auch bei den Bewohnern von Darien zeigten sich die schädlichen Folgen solcher Heirathen (Waitz 4, 351).

Der allzufrühe Coitus, den Dieffenbach 2, 15 für die Unfruchtbarkeit der Neuseeländerinnen als einen Hauptgrund anführt, ist wichtig für viele Völker, da er bei vielen, wie wir sehen, vorkommt. Obwohl nun Humboldt (b, 2, 190), nach dem Zeugniss der amerikanischen Ordensgeistlichen am Orinoko, darin keine Gefahr für die Zahl der Bevölkerung sehen will, so spricht doch die Natur der Sache und mannigfache Erfahrung gegen ihn. Doppelt gefährlich wird aber zu früher geschlechtlicher Umgang bei Völkern, bei denen es an Weibern fehlt. So heirathen die Mädchen der Tarumas in Guyana, weil es unter diesem Volk nur wenig Weiber gibt, schon vor der Pubertät (nach Schomburgk bei Waitz 1, 170). Mehr Männer als Weiber gab es noch in verschiedenen Orten in Amerika (z.B. Californien Waitz 1, 170 Anmerk., bei den Guanas Azara 232), in Polynesien (Tahiti, Markesas u. sonst) und in Kamtschatka, wo der Mangel an Weibern, wie wir sahen, vorzugsweise gross war. Durch diesen wurde denn wieder eine andere sehr wenig heilsame Einrichtung gefördert, dass in Neuholland junge Mädchen zunächst an alte Männer und erst nach deren Tode, wenn sie nun mittlerweile älter waren, an jüngere Leute verheirathet wurden (Nind im Journ. R. Geogr. Soc. 1, 38), eine Sitte, welche bei den Irokesen ebenfalls im Schwunge war: »Der junge Mann von 25 Jahren erhielt bei ihnen oft eine ältere Frau zugetheilt als er selbst war, der alte Wittwer dagegen wählte sich ein junges Mädchen« (Waitz 3, 103).

Dass wir unter diesen Gründen die Polygamie und Polyandrie mit ihren gewiss schlimmen Folgen für die Bevölkerungszahl nicht besonders erwähnen, hat seinen Grund darin, dass wir diese beiden Einrichtungen, auch wenn sie noch so gesetzmässig sind, unter die Ausschweifungen rechnen und also, was von jenen gesagt ist, auch für diese gilt. Ebenso, was man für manche amerikanische Völker als Grund für die Unfruchtbarkeit angeführt hat, die geringe Neigung der Männer für das weibliche Geschlecht und ihre minder entwickelten Genitalien (Pöppig, Azara, Waitz 1, 171 u.s.w.) lassen wir auf sich beruhen, da dieser Umstand keineswegs allgemein und keineswegs in den daraus abgeleiteten Folgen sicher ist.

Weit wichtiger sind noch einige psychische Gründe, die wir recht hervorheben möchten. Wie Gram und Kummer, Druck und Despotismus das äussere Leben zurückhalten und verkümmern lassen, so wirken sie natürlich auch auf die Fruchtbarkeit der Weiber ein, denn der Einfluss des geistigen Lebens auf jede Seite des leiblichen, so sehr man ihn auch anerkennt, kann kaum mächtig genug gedacht werden. Wo daher ein schwerer Druck auf der Bevölkerung liegt wie durch die Adelsherrschaft in Polynesien und hier namentlich auf den Fidschi- und Hawaiiinseln, da wird es auch leichter unfruchtbare Ehen geben. Und noch mehr, wenn der Druck der Herrscher zugleich das tiefste moralische Weh über die Unterworfenen bringt, wie das durch die furchtbaren Einwirkungen der Europäer fast überall geschehen ist. Auch ist zu bemerken, dass von diesen Gründen stets mehrere vereint, nie einer allein wirken; dass wir die verminderte Fruchtbarkeit also äusserlich veranlasst sehen, wodurch die Ansicht, sie sei Raçencharakter, schon erschüttert wird. Und wäre sie es wirklich, so müsste sie doch überall sich bei den betreffenden Raçen zeigen. Aber das ist gar nicht der Fall. In Neuholland z.B., wo allerdings Heirathen in demselben Stamme so gut wie gar nicht vorkommen, werden fruchtbare Ehen gar nicht selten erwähnt. Grey (a.a.O.) sah 41 Weiber, welche zusammen 188 Kinder hatten; und gar manches Volk in Amerika gibt es, welches eine sehr reichliche Kinderzahl besitzt, so die Stämme der Nordwestküste, die Nordindianer, welche Hearne besuchte, die Chippewais, die Sioux, die Mandans, und manche Südamerikaner, welche Waitz 1, 171-72 zusammenstellt. Und während einzelne Theile melanesischer Bevölkerung meist nur kinderarme Familien aufweisen, ist das Gegentheil bei anderen, z.B. den Fidschis der Fall; dieselben Gegensätze zeigt Mikronesien und Polynesien, in welchem letzteren Gebiet z.B. Tonga ganz anders als Tahiti und die Markesasinseln nur fruchtbare Ehen kennt. Und wer hat je etwas der Art von dem Brudervolk der Polynesier, von den Malaien gehört? Gedeihen sie nicht reichlich in ihrer Inselwelt und müsste nicht, wäre die Unfruchtbarkeit Raçencharakter, sie sich auch bei ihnen vorfinden?

Umgekehrt aber findet sie sich bei Kulturvölkern, bei denen die oben besprochenen Gründe wirksam sind, wofür Waitz 1, 173 einige Beispiele aufstellt. Wo diese Gründe aber wegfallen, da sind die Weiber auch sonst minder fruchtbarer Stämme mit Kindern gesegnet. Neuseeländerinnen mit

Europäern (Dieffenbach 2, 152) und Botokudinnen mit Weissen oder Negern vermählt (Tschudi 2, 284) pflegen sehr fruchtbar zu sein, weil dann die Frau meist ein ruhigeres, besseres Leben hat, wie Tschudi dies sehr richtig a.a.O. erklärt, nicht aber etwa in Folge der Vermischung und des Einflusses einer höheren Raçe, da ja in der Ehe mit Negern dasselbe Verhältniss eintritt.

Wir würden schon hieraus die Unfruchtbarkeit der Weiber vollkommen erklärlich finden, ohne Hinzunahme einer so wenig begründeten Theorie, wie die von der minderen Zeugungsfähigkeit der hinschwindenden Raçen. Aber einen der wichtigsten Gründe, welcher nicht nur diese Unfruchtbarkeit, sondern überhaupt die Verringerung der Naturvölker nicht zum mindesten Theil erklärt, haben wir noch zu besprechen: es ist das weitverbreitete Tödten der Kinder vor oder gleich nach der Geburt.

Bei den Hottentotten (Sparmann 320) herrschte die Sitte, Säuglinge, deren Mutter starb, mit dieser zugleich zu begraben oder auszusetzen; ebenso tödteten sie von Zwillingen das eine Kind. Künstliche Fehlgeburten kamen häufig bei ihnen vor. Noch häufiger war dies alles bei den Buschmännern, welche bei ehelichen Streitigkeiten, bei Nahrungsmangel, der sie oft genug betraf, und bei eiliger Verfolgung die Kinder tödteten, aus Rache und Zorn gegen den Ehegatten, oder weil sie dieselben nicht ernähren, nicht mitnehmen konnten; das heisst in den meisten Fällen, weil sie jede ungewöhnliche Anstrengung, welche ihnen die hülflosen Kinder auferlegt hätten, scheuten. Zwillinge und missgestaltete Kinder wurden stets umgebracht (Waitz 2, 340 und daselbst die Quellen).

Ebenso war es in Amerika, namentlich in der südlichen Hälfte des Kontinentes, während die Indianer Nordamerikas, wie sie überhaupt höher stehen, auch ihre

Kinder besser halten, ja sie oft mit der innigsten Liebe pflegen. So verwenden z.B. die Potowatomi auch auf arbeitsunfähige und blödsinnige Kinder zärtliche Sorgfalt (Waitz 3, 115-16); und die Huronen zogen auch solche Säuglinge auf, deren Mutter gestorben war (Waitz b, 100). Künstlicher Abortus dagegen war weit verbreitet unter den Thakallis, dem westlichsten Stamm der Athapasken, welcher auch sonst sehr tief stand und von Keuschheit oder ehelicher Treue keinen Begriff hatte (Waitz b, 90). Dass die Knisteno namentlich ihre weiblichen Kinder tödteten, um sie vor dem elenden Loos des Lebens, das sie erwartete, zu behüten (Waitz 3, 103), ist schon erwähnt. Und nun gar in Südamerika. Die Guanas (Azara 232) bringen die meisten Mädchen sofort bei der Geburt um, indem sie die Neugeborenen lebendig begraben; überhaupt aber ziehen sie nur etwa die Hälfte ihrer Kinder auf. Da es bei den Tupis Sitte war (Waitz 3, 423), die Neugeborenen dadurch anzuerkennen, dass man sie vom Boden aufhob, so können wir hieraus schliessen, dass bei ihnen, wenigstens in früherer Zeit, viele Kinder, die man eben nicht aufhob, getödtet sind. Von den Guaikurus (östlich vom oberen Paraguay) berichtet Azara 273, dass die ganze Nation hauptsächlich durch Abtreiben der Kinder, von denen sie nur das letzte und also, da diese Rechnung sehr unsicher ist, oft keins schonten, ganz verschwunden sei; und wenn wir auch mit Waitz (3, 430) diese Nachrichten, sowohl in Beziehung auf ihr Aussterben — denn Castelnau z.B. fand 6 Stämme von ihnen, darunter zwei ackerbauend, am Paraguay vor — als auch in Betreff dieser furchtbaren Ausdehnung des Kindermords für übertrieben halten, so muss doch künstlicher Abortus bei ihnen vorzugsweise verbreitet gewesen sein, wie ihn auch noch neuere Reisende, Martius, Castelnau bei Waitz 3, 472 als gewöhnlich unter ihnen angeben. Auch von den Mbayes, welche indess von den Guaikurus nicht zu trennen sind, gibt Azara 250 genau dasselbe an: sie tödten alle Kinder bis auf eins, bisweilen auch alle insgesammt. Als Gründe für diese Sitte geben die Indianerinnen an, regelmässige Geburten machten sie vor der Zeit alt und hässlich, auch sei es ihnen, bei ihren ewigen Wanderzügen, wo sie selbst oft nichts zu essen hätten, sehr schwer mehr als ein Kind mitzunehmen und zu erhalten. Fühlte sich also eine Frau schwanger, so legte sie sich auf die Erde und andere Weiber gaben ihr so lange die heftigsten Schläge auf den Unterleib, bis Blut und bald darauf die Frucht abging, eine Operation, an der natürlich viele Weiber sogleich oder kurz darauf starben, andere wenigstens ihr ganzes Leben siechten (Azara a.a.O.). Auch bei den Abiponen herrschte dieser Gebrauch; mehr als zwei Kinder zogen sie nicht auf (Waitz 3, 476). Die Tobas (zwischen Abiponen und Guaikurus, östlich vom Paraguay) tödten viele ihrer Kinder (Waitz 3, 475), die Lules (östlich von den Tobas) alle unehelichen, von Zwillingskindern, welche für ein Zeichen von Untreue gelten, immer eins, und wenn die Matter stirbt, so begraben sie den Säugling mit ihr (Waitz 3, 480). Die Yurakares, westlich vom Titikaka-See, mordeten ihre Kinder, wenn sie keine Lust hatten, sie weiter zu verpflegen (Waitz b, 100). Die Moxos tödteten von Zwillingen immer das eine Kind und begruben kleine Kinder mit ihrer Mutter, wenn diese starb (Waitz 3, 537). Gegen Zwillingskinder wandten sie diese Massregel an, weil man in einer solchen Doppelgeburt etwas Thierähnliches sah (Waitz b, 100). Die Chiquitos (zwischen dem oberen Paraguay und dem Titikaka) hatten so wenig Anhänglichkeit an ihre Kinder, dass sie dieselben leicht fortgaben oder verkauften (Waitz 3, 530) und von den Minuanes (am unteren Parana) erzählt Azara 191 ganz ähnliches; waren die Kinder entwöhnt, so kümmerten sich die Eltern gar nicht mehr um sie, vielmehr wurden sie von verheiratheten Verwandten aufgezogen. Bei den caribischen Völkern herrschten dieselben Sitten, wie dies Humboldt b 4, 225-28 genauer schildert. Von Zwillingen tödten sie immer ein Kind, um nicht wie Ratten, Beuteltiere und das niederste Gethier, das viele Jungen zugleich wirft, zu sein, oder weil man auch hier in einer solchen Doppelgeburt ein Zeichen von Untreue sieht. Auch missgestaltete, ja selbst schwächliche Kinder werden getödtet, um sich der Last, die man später mit ihnen haben würde, zu entziehen. Die Frauen dieser Völker haben verschiedene Pflanzenaufgüsse, welche sie zum Abtreiben anwenden und zwar in verschiedenen Gegenden zu verschiedener Zeit, je nachdem sie es für die Gesundheit und die Schönheit früh oder spät Kinder zu bekommen für zuträglich halten. Auch bei den Makusis sieht Schomburgk (2, 312), so sehr er auch sich gegen diese Annahme sträubt, sich genöthigt, an künstliche Fehlgeburten zu glauben. Wenn er aber meint (313), dass Zwillinge bei ihnen nicht getödtet würden, und dass überhaupt solche Geburten höchst selten bei ihnen seien, weil er nur zweimal unter den Eingeborenen von Guyana, einmal unter den Makusis, einmal unter den Waikas Zwillinge sah und nie von ihnen reden hörte, so ist das sicherlich unrichtig, denn er selbst erzählt, dass die Frauen jener Völker auf seine Bemerkung, die Europäerinnen bekämen bisweilen zwei, ja drei Kinder, den Mund spöttisch verziehend geantwortet hätten: wir sind keine Hündinnen, die einen Haufen Junge werfen.[G] Also auch hier dieselbe Auffassung wie überall in Südamerika und sicher auch derselbe Gebrauch. Schon die Seltenheit von Zwillingen spricht dafür; und wenn die Indianer nie von Zwillingen sprechen, so erklärt sich das aus dem herrschenden Gebrauch, von der Ermordung der Kinder überhaupt nicht zu reden; man thut, als seien sie eines natürlichen Todes gestorben: »Das arme Kind konnte nicht mit uns Schritt halten; man hat nichts mehr von ihm gesehen« (Humboldt 64, 226).

Auch bei den Kulturvölkern Amerikas herrschte derselbe

Brauch. Die Mexikaner, in dem Glauben, dass Zwillinge den Tod des Vaters oder der Mutter vorbedeuteten, tödteten oft das eine der beiden Kinder (Waitz 4, 164). Die Chibchas, in Neu-Granada, thaten dasselbe, weil sie in Zwillingsgeburten die Folge grober Ausschweifungen sahen (eb. 4, 367). Auch in Peru galten Zwillinge als üble Vorbedeutung für die Eltern, der man in vielen Theilen des Landes durch Fasten (eb. 417), in anderen durch Tödtung eines der Kinder vorzubeugen suchte (eb. 461). Die darischen Weiber sollen ihre Kinder getödtet haben, um ihre Schönheit zu bewahren (350). Die zu den Chibchas gehörenden Panches tödteten alle ihre Kinder, so lange ihnen nur Mädchen geboren wurden (eb. 376); und hier mag denn den Schluss die Bemerkung bilden, dass die vielfach vorkommende Tödtung der Mädchen ursprünglich wohl nicht den Grund hatte, den Töchtern ein schlimmes Lebensloos zu ersparen, welche Auffassung gleichwohl späterhin gegolten haben mag: der Hauptgrund war gewiss ein abergläubisch-religiöser oder wenigstens der, dass man Knaben der Kriegstüchtigkeit halber und weil man sie für vortrefflicher hielt, lieber sah als Mädchen.

Dieselben Sitten galten in Neuholland. Stirbt die Mutter eines Säuglings, so wird derselbe mit ihr begraben und von Zwillingen stets das eine Kind getödtet (Freycinet 2, 747), in Ost- und Westaustralien; missgestaltete Kinder oder solche, die bei der Geburt Schmerzen machen — diese alle gewiss, weil man sie von bösen Geistern besessen glaubt — tödtet man gleichfalls, so wie alle Kinder von europäischen Vätern, welche die Mutter verliessen (Grey 2, 251. Bennet 1, 122). Von Mischlingskindern tödtet man nach Breton (231) indess nur die Knaben, nicht die Mädchen, während sonst die Mädchen so vorzugsweise getödtet werden, dass nach Grey (2, 251) das Verhältniss der Weiber und Männer wie 1: 3 ist. Jede Mutter tödtet ihr drittes, bisweilen schon ihr zweites

Mädchen, wenn es nicht eine fremde Frau als ihr Kind annimmt (Salvado 111). Fehlgeburten werden oft herbeigeführt und Neugeborene oft getödtet, um der Last und der Schwierigkeit, Kinder aufzuziehen, zu entgehen (Meinicke a 2, 208). Ja es soll sogar vorkommen, dass Eltern ihre neugeborenen Kinder selbst auffressen (Stanbridge, transaction of the ethnol. Society X. S. 1, 289; Australia felix 129; Angas 1, 73). Auf Vandiemensland dagegen herrschte der Kindermord nicht (Bibra 16).

Wohl aber in Melanesien, und so auf Vate (Gill 67), wo man neugeborene Kinder lebendig begrub und nur zwei bis drei aufzog (Turner 394), und ebenso war es auf Erromango (Turner 491) und in grösster Ausdehnung auf den Inseln in der nächsten Nähe von Neuguinea (Reina in Zeitschr. 4, 359). Auf den Fidschiinseln war der Kindermord gleichfalls nicht selten, wie Williams und Calvert (1, 180) berichten und das Gemälde, das sie entwerfen, ist düster genug: künstliche Fehlgeburten, Tödtung der Kinder, namentlich der Mädchen, gleich nach der Geburt, ist sehr häufig, aus Laune, aus Faulheit, aus Eifersucht und Rache; wie in Polynesien gab es auch hier in jedem Dorf Leute, welche Fehlgeburten herbeizuführen verstehen. Hale (66) schreibt den Fidschis dieselbe Sitte zu, welche wir bei den Tupis fanden und welche ja auch unter den Indogermanen eine so weit verbreitete war, dass alle Kinder, welche der Vater oder Priester nicht unmittelbar nach der Geburt vom Boden aufnimmt, als »ausgestossene« getödtet werden.

Aber schlimmer noch und wahrhaft in entsetzlicher Ausdehnung tritt der Kindermord auf im übrigen Ozeanien. Wir beginnen mit Mikronesien. Während allerdings die Carolinen frei von diesem Verbrechen waren (Chamisso 137), durfte auf den Ratakinseln keine Mutter mehr als drei Kinder grossziehen: alle übrigen wurden umgebracht (Chamisso 119); und ebenso ist, um übergrosse Bevölkerung zu vermeiden, künstlicher Abortus bei den Gilbertinsulanern nach Gulick (410), allerdings gegen Hales Ansicht, häufig. Von der Kingswillgruppe, aber mit Ausnahme von Makin, sagt auch Hale dasselbe (96). Nach alledem, was wir von den marianischen Uritaos wissen, scheinen auch sie, obwohl bestimmte Daten darüber fehlen, die Kinder, welche ihnen bei ihren Ausschweifungen und namentlich die, welche von niederen Weibern geboren worden, getödtet zu haben.

Im eigentlichen Polynesien nun bleiben auf Tikopia nur die ältesten beiden Söhne am Leben, um die Insel nicht zu übervölkern, so wie alle Mädchen, daher die Insel weit mehr Weiber als Männer hat (Dillon 2, 134). Auf Tonga kam der Kindermord, dessen Motiv dann meist Trägheit oder Bequemlichkeit ist, nur vereinzelt vor (Mariner 2, 18-19), auf Samoa aber gar nicht (Wilkes 2, 80, Williams 560) und ebenso wenig, um das hier gleich anzuschliessen, auf den Herveyinseln (Williams 560).

Allein auf Tahiti war das Verbrechen so im Schwunge, dass Ellis (1, 249) annimmt, es habe sich in der Ausdehnung, wie er es vorfand, erst in etwa den letzten 50 Jahren vor der Entdeckung, ausbreiten können, weil sonst eine so zahlreiche Bevölkerung, wie sie Wallis und Cook vorfanden, sich unmöglich habe erhalten können. Cook fand den Kindermord schon allgemein verbreitet vor und suchte vergeblich den König Otu zu seiner Abschaffung zu veranlassen. Auch die Missionäre des Duff (1796) fanden die Tödtung der Kinder als etwas ganz Selbstverständliches, über das mit der grössten Gleichgültigkeit geredet wurde (Wilson 272. 310); und mit demselben Entsetzen über diese Gleichgültigkeit wie Wilson sagt auch Ellis, dass etwa zwei Drittel der Kinder getödtet seien. Die ersten drei Kinder wurden es meist, Zwillinge gleichfalls, mehr wie zwei oder drei Kinder zog Niemand auf. Allein eben dadurch konnten sich die Geburten rascher folgen und so fand Ellis Frauen, welche vier, sechs, acht, ja 10 und noch mehr Kinder getödtet hatten (1, 250. 251); ja er versichert, und da kein Stand von dem Gebrauche ausgeschlossen war, ganz glaublich, kein Weib gefunden zu haben, das nicht seine Hände mit dem Blut der eigenen Kinder befleckt hätte. Unter den Areois nun war es so strenges Gesetz, alle Kinder, welche den Mitgliedern der Gesellschaft geboren wurden, zu tödten, dass wer sich diesem Gesetz nicht fügte, sofort ausgestossen wurde. Die einzigen Ausnahmen, welche gestattet waren, bestanden darin, dass die ersten Fürsten ihren ersten Sohn behielten und dass die vornehmsten Areois (die Gesellschaft hatte 12 Grade, Mörenhout 1, 489) nur ihr ältestes Kind so wie alle Mädchen tödteten. Das letztere geschah auch hier wohl aus religiösen Gründen oder weil man die Mädchen für geringer als die Knaben hielt; Mörenhout, dem diese Nachrichten entlehnt sind — er handelt von den Areois 1, 485-98 — ist der Meinung, alle diese Morde seien vollbracht, um die Volksmenge der Insel nicht übergross werden zu lassen, welcher Ansicht man kaum beipflichten wird; wie denn auch das tahitische Volk selbst der Ansicht war, die Weiber brächten zur Conservirung ihrer Schönheit die Kinder um. Dass alle Kinder einer Mischehe — wenigstens, nach Williams 565, eines gemeinen Mannes und einer adligen Frau — umgebracht wurden, versteht sich nach den Begriffen, welche man über die verschiedenen Stände hatte und nach denen der Adel ganz göttlich, das Volk aber nicht einmal im Besitz einer Seele war, von selbst. Für Tonga wählte man solche Kinder vorzüglich gern, nach Mariner, zu Opfern aus. Und so war es auf allen Gesellschaftsinseln. Williams erzählt von Raiatea, wo er (1829) seine Station hatte, folgendes Beispiel. Er sass mit Bennett in einem Zimmer, in dessen Hintergrund mehrere eingeborene Weiber arbeiteten und als Bennett sich bei ihm nach der Ausdehnung des

Kindermords erkundigte, so fragte er, um sich selbst zu überzeugen, ob das Verbrechen so allgemein sei als er glaube, die zufällig anwesenden Weiber, die er nicht weiter kannte, wie viel Kinder jede getödtet habe: neun die eine, sieben die andere, die dritte fünf, also alle drei zusammen 21! Eine andere Frau bekannte sterbend, dass sie 16, ein vornehmer Häuptling, dass er 19 umgebracht hätte und manche Familien hatten alle getödtet (Williams 562-565). Als Gründe geben ihm die Eingeborenen an, zunächst Furcht vor den ewigen Kriegen und ihren blutigen Zerstörungen; man wollte von den Kindern nicht gehindert sein, auch wohl böse Schicksale ihnen ersparen und was wohl der Hauptgrund war, dem Feind keine Gelegenheit zu irgend welchem Triumph (etwa durch Gefangennehmung oder Ermordung der Kinder) geben. Zweitens war aber die Verschiedenheit des Ranges ein wichtiger Grund. War ein Mann von niederem Rang als seine Frau, so konnte er durch Tödtung von zwei, vier oder sechs Kindern, je nachdem er tiefer stand, zum Rang der Frau sich erheben und die Kinder, welche ihm, nachdem er diese Stufe erreicht, geboren wurden, blieben am Leben. Die Frau aber, welche von minder hohem Range als ihr Mann war, konnte, da alle Vererbung nur in weiblicher Linie erfolgte, sich durch kein Mittel, auch dieses nicht erheben. Blieben aber in gemischten Ehen die Kinder ohne Weiteres am Leben, so sank die Familie auf den Rang herab, welchen der minder vornehme der Eltern inne hatte (Ellis 1, 256). Als dritten Grund führt Williams die Eitelkeit der Weiber auf: sie wollten ihre Schönheit nicht durch Säugen und Kinderpflegen gefährden. Der Hauptgrund scheint aber, wenn nicht in frühester, vorhistorischer Zeit religiöse Motive mitwirkten, Faulheit gewesen zu sein: auf der Insel, welche eine vielfach grössere Bevölkerung leicht ernähren konnte, hiess ein Vater von vier Kindern schon ein »arg überbürdeter« Mann (Ellis a.a.O.).

Man tödtete die Kinder, indem man ihnen einen nassen Lappen auf den Mund legte, oder ihnen die Kehle mit dem Daumen zupresste, oder sie, noch im Mutterleibe, aber während der Geburt, mit einem spitzen Bambus durchbohrte; oder man begrub sie lebendig und zwar gerne so, dass die Erde nicht unmittelbar auf sie kam, sondern sich über ihnen her wölbte (Williams und Ellis a.a.O.). Eine vierte noch viel scheusslichere Art beschreibt Williams 567-568: zuerst wurden den eben Geborenen die äussersten Glieder an Finger und Zehen, dann, wenn sie davon nicht starben, die Hand- und Fussknöchel gebrochen. Ueberstand das Kind auch das, so kamen die Kniee und Ellenbogen an die Reihe, und wenn es dann immer noch lebte, so wurde es schliesslich erwürgt. Indess ist die That scheusslicher als die Gesinnung, welche sie hervorbrachte: denn ohne Zweifel wandte man diese grässlichen Todesarten aus keinem anderen Grunde an als aus Ehrfurcht vor der Seele des Kindes, die auf möglichst gelinde Weise, von aussen her, zur Entfernung mehr aufgefordert als genöthigt werden sollte, und erst wenn sie diese Aufforderung gar nicht verstand, trat Zwang ein. Denn die Seelen der getödteten Kinder, die man sich unter der Gestalt von Heuschrecken nach Mörenhout dachte, galten für heilig und wurden hoch geehrt. Auch hier gab es fast in jedem Dorfe Leute, welche aus dem Kindermord Gewerbe machten (Williams 568) und doch, war einem Kinde auch nur eine Viertelstunde das Leben erhalten worden, so durfte es nicht mehr getödtet werden, und hatte dann sehr liebevolle, ja wohl zärtliche Eltern.

Wo möglich noch roher waren die Bewohner der Sandwichsinseln. Hier herrschte der Kindermord namentlich in den unteren Klassen, von denen die Eltern selten, mochten die Ehen auch noch so fruchtbar sein, mehr als zwei oder drei, vielmehr oft nur ein Kind aufzogen.

Auch hier sind (Ellis 4, 326-330) 2/3 der Kinder getödtet und zwar meist durch Erwürgen oder lebendig Einscharren, wobei man sie ohne Weiteres mit Erde bedeckte und diese mit den Füssen feststampfte. Hier begrub man die kleinen Leichen oft im eigenen Hause, ja im eigenen Schlafgemach der Eltern, während man zu Tahiti ihnen doch wenigstens einen Platz neben dem Hause gab. Oft waren es, hier wie zu Tahiti, die Eltern selbst, welche die grauenvolle That vollbrachten. In Hawaii war der Grund zu diesem Mord meist Trägheit nach Ellis 4, 329 und Eitelkeit der Weiber, nach Jarves 85. Während aber zu Tahiti die Kinder, welche die erste halbe Stunde überlebt hatten, gerettet waren und zärtlich aufgezogen wurden; so tödtete man zu Hawaii, mit viel grösserem Stumpfsinn, die Kinder auch noch nach einem Jahre, ja noch später. War ein Kind krank und machte Unruhe, so begrub man es lebendig, schrie es der Mutter zu unerträglich, so stopfte sie ihm ein Stück Zeug in den Mund und grub die unglückliche Creatur in die Erde, wenige Schritte von ihrem Bette, zu welchem sie nach vollbrachter That, als ob nichts geschehen wäre, ruhig zurückkehrte (Ellis 4, 330). Und selbst dies wird noch durch folgenden Fall, den Ellis gleichfalls (326) erzählt, überboten. Ein Mann und eine Frau, welche ein Kind, einen hübschen Jungen, nach Jarves (73) von sieben Jahren, hatten, geriethen über denselben in Streit und da die Frau nicht nachgab, ergriff der Vater das Kind bei Kopf und Fuss, brach ihm über seinem Knie den Rücken entzwei und warf die zuckende Leiche der Mutter zu Füssen! Tamehameha, bei dem die Unthat angezeigt wurde, erklärte, er könne nicht strafend eingreifen, da der Mann sein eigen Kind umgebracht habe. — Auch in Neuseeland findet sich der Kindermord gar nicht selten (Angas 1, 313); er ist aber, wie in Tahiti, nicht mehr statthaft, wenn das Kind auch nur eine halbe Stunde gelebt habe. Will man es tödten, so wird es meist lebendig begraben oder bei der Geburt erwürgt. Rache ist häufig das

Motiv hierzu, wegen harter Behandlung der Frau während ihrer Schwangerschaft, oder weil der Vater sie verliess oder aus irgend welchem anderen Grunde (Dieffenbach 2, 25 ff.). Trägheit aber steht auch hier in erster Linie. Namentlich Mädchen brachte man um (Taylor 165). Auch Abortus ist häufig: und so ist es nicht zu verwundern, dass (Browne 40) die Ehen durchschnittlich kaum mehr als zwei Kinder haben. Allerdings herrschen diese furchtbaren Gebräuche am meisten an der Küste; im Innern sind die Familien zahlreicher, ja Dieffenbach (2, 33) sah bis zu 10 Kindern in einer. Gegen die geschonten Kinder sind die Maoris liebevolle (Dieffenbach 2, 25 ff.), wenn auch nicht gerade zärtliche Eltern (Browne 39).

Es könnte scheinen, als hätten wir uns schon allzu lange bei diesem abschreckenden Gegenstande aufgehalten und seien zu sehr ins Einzelne gegangen, allein dies genauere Eingehen war nöthig für folgenden Nachweis. Da alle Polynesier liebevolle Eltern sind und wir dennoch dieselben Eltern im ganzen östlichen Polynesien so vollkommen abgehärtet gegen den Kindermord sehen, dass sie ruhig von allen den Scheusslichkeiten sprechen, ja auch schon herangewachsene Kinder kaltblütig morden: so kann diese Sitte nicht erst 50 Jahre vor der Entdeckung, also um 1700 oder 1710 weiter um sich gegriffen haben, wie Ellis will. Jedenfalls muss sie älter sein, auch in dieser Ausdehnung. Denn um ein Volk so ganz zu beherrschen, dazu braucht eine solche Sitte, auch wenn sie eingeschränkt schon früher im Gebrauche war, mehr als 50 Jahre. Auch ist uns berichtet, dass die marianischen Weiber ihre Kinder vor und bei der Geburt massenweise tödteten, als die Spanier die Inseln eroberten, damit die Neugeborenen nicht in Knechtschaft geriethen. Auch das setzt schon ein Bekanntsein mit Aehnlichem voraus, und dazu kommt, dass sich beim malaiischen Stamm überhaupt die Sitte des

Kindermordes oder des künstlichen Abortus sehr häufig findet. So treiben die Battas häufig die Frucht vorzeitig ab, Waitz 5, 190; die östlichen Malgaschen tödten Zwillinge, sowie sie solche Kinder, die an einem bösen Tage geboren wurden, ertränkten, aussetzten oder lebendig begruben (Waitz 2, 441). Die Bisayas ziehen, um nicht zu verarmen, nur wenige Kinder auf, und tödten uneheliche Kinder meist, weil das Mädchen, ihr Vater und ihr Geliebter für ausserehliche Schwangerschaft Strafe zahlen müssen (Loarca in Ternaux Archives 1, 23). Aehnlich die Pintados auf den Philippinen, welche ihre Kinder vom 3ten an tödten, indem sie dieselben unter Festen und Lustbarkeiten lebendig begraben, so wie auch, um sie nicht ernähren zu müssen, alle unehelichen Geburten (nach einem Bericht von 1577 in N. Journ. As. VIII, 39, 1831). Auf den Niasinseln setzt man die Kinder aus (Domis bei Oosterling tydschrift toegew. van de verbreiding d. Kennis v. Oost. Indie II, 2, 125). Abtreiben der Kinder bei den Dajaks aus Sittenlosigkeit erwähnt Schwaner Borneo 1, 203.

Wie hat man sich nun die Entstehung dieser schrecklichen Sitte zu denken? Ist es bloss Trägheit und Versunkenheit, worin sie wurzelt? In Afrika und Nordamerika ist freilich meist das äussere Elend ihr Anlass, wie auch die Markesaner ihre Kinder aus Hungersnoth tödteten und assen (Ellis 4, 328); allein das reicht weder für Polynesien noch für Südamerika aus. Meinicke meint nun (b, 59 bis 60), dass in Polynesien der Kindermord eingeführt sei, um die Reinheit des Blutes der Aristokratie zu erhalten. Er stützt diese Ansicht, für welche historische Gründe sich nicht aufstellen lassen, dadurch, dass, trotzdem der Kindermord bei allen Klassen der Bevölkerung vorkommt, er doch zu Tahiti zumeist von den Areois ausgeht, dass alle Kinder aus gemischten Ehen, die bei der förmlichen Berechtigung der Vornehmen zu jeglichem Lebensgenuss gar nicht zu vermeiden waren, getödtet wurden. »So mögen«, fährt er S. 60 fort, »solche Kinder seit Jahrtausenden getödtet sein, ohne dass dies bei den körperlichen Vorzügen, die dergleichen Verbindungen mit Menschen niederen Standes nicht häufig gemacht haben werden und bei ihrer geringen Zahl grossen Einfluss gehabt haben wird. Aber mit der Zeit fing man an, Kinder auch zu tödten, um durch die Sorge, die sie erforderten, nicht an Ausschweifungen und Vergnügungen gehindert zu werden (wie es bei den Areois der Fall war), und endlich verbreitete sich die grauenvolle Sitte bloss durch den Einfluss der Mode, die auf den Südseeinseln so gut wie in anderen Erdtheilen die niederen Stände antreibt, Verkehrtheiten und selbst Laster der Vornehmen nachzuahmen, auch unter das Volk, wo sie in der Bequemlichkeit, Liederlichkeit, Armuth und den Beschwerden, die Kinder zu erziehen, mannigfache Unterstützung fand. Man sieht, dass der Kindermord so mit der Zeit stets zunehmen musste und wird hierin eine Hauptursache der erstaunlich raschen Abnahme der Bevölkerung zu suchen haben, wenn auch die Angaben der Missionäre über die Zahl der hingeopferten Kinder übertrieben sein sollten«. Dies letztere ist nun zwar bei den mit bestimmten Zahlen angegebenen einzelnen Fällen und der genauen Uebereinstimmung der Angaben, welche die Missionäre machen, nicht wahrscheinlich[H] wie denn Ellis ausdrücklich sagt, dass er Williams Angabe, 2/3 der Kinder seien getödtet, an Ort und Stelle geprüft und nicht übertrieben gefunden habe. Recht aber hat Meinicke darin, dass auch er diese Sitte für eine sehr alte ansieht.

Allein sonst ist seine Ansicht schwerlich richtig. Mag auch späterhin, und er hat es gewiss sehr reichlich gethan, der Unterschied zwischen Volk und Adel dem Kindermord weitere Ausdehnung verliehen haben; veranlasst hat er ihn gewiss nicht, wofür zunächst spricht, dass wir in

Südamerika den Kindermord fast in ähnlicher Ausdehnung wie in Polynesien, jenen Standesunterschied aber nicht vorfanden. Aber auch für Polynesien allein wird es bedenklich, den letzteren als alleinige Ursache des ersteren anzusehen, wenn man Folgendes erwägt. Williams sagt, wie wir schon vorhin sahen, dass ein niederer Mann durch Kindermord sich dem Stand seiner vornehmeren Frau angleichen kann; was Meinicke, wohl nur durch einen Irrthum seinerseits, für einen Irrthum hielt. Denn aller Rang vererbte durch die Mutter; der Adel war ferner eine mit Seele begabte, göttliche Klasse, im Gegensatz zu dem unbeseelten, irdischen Volk. Kinderseelen nun, welche nach Mörenhout für besonders heilig gehalten und zu denen als Vermittlern zwischen Göttern und Menschen besonders gebetet wurde, konnten, wenn für den unbeseelten Mann geopfert, ihm, sei es durch direkten Uebergang in ihn, oder sei es durch Vermittlung bei den Göttern, zu einer Seele verhelfen, wodurch er zu höherem Rang emporstiege. Die Areois sind eine religiöse Gesellschaft; religiöse Scheu zeigte sich in der Art, wie man (wenigstens in Tahiti) die Kinder umbrachte; man hat sie also in vielen Fällen vielleicht nur getödtet, um Schutzgeister zu haben oder sie als Opfer fürs eigene Leben — solche Opfer werden wir gleich noch mehr sehen — den Göttern darzubringen. Dieselbe Bedeutung hat wohl der Kindermord in Mikro-und Melanesien gehabt, wie einzelne Spuren noch andeuten, wenn sich auch Zwingendes nicht dafür anführen lässt als eben ihre Verwandtschaft mit den Polynesiern. Wenn aber Meinicke sagt, die Sitte müsse überall geherrscht haben und sei, wo wir sie nicht erwähnt finden, wie in Tonga, nur übersehen, so kann man das nicht zugeben; der so feinen und scharfen Beobachtung Mariners hätte sich ein so auffallender Gebrauch nicht entziehen können und er führt 2, 18-19 einen Fall der Art ausdrücklich als etwas Ausserordentliches an. Aber möglich ist es, ja wahrscheinlich, dass die Sitte auch in Tonga ursprünglich geherrscht hat, nur während sie sich im übrigen Polynesien ausbreitete, so erlag sie schon sehr früh und lange vor der Entdeckung dem besseren Sinn der Tonganer, wie sie auch andere ähnliche Sitten aufgaben, z. B. die Ermordung der Weiber beim Tode der Männer, von der Mariner als von einer früher gebräuchlichen hörte (1, 342), die aber zu seiner Zeit schon ausser Gebrauch gekommen war.

Da wir nun Gründe haben, bei den Polynesiern diesen Gebrauch für einen ursprünglich religiösen zu halten, der freilich in späterer Zeit aus ganz anderen Motiven, aus Faulheit, Eitelkeit, Lieblosigkeit, Standeshochmuth u.s.w. sich unendlich verbreitete und das ganze Leben der Nation in der neuen Gestalt anfrass; so möchte auch die ziemlich weite Verbreitung der Sitte, wie wir sie im eigentlichen Malaisien von Luzon bis nach Madagaskar hin nachwiesen, auf demselben Princip beruhen. Wie es sich in Südamerika hiermit verhält, lassen wir, da es uns an älteren Daten fehlt, unerörtert; doch hat hier vielleicht eine ähnliche Grundanschauung geherrscht, als wir sie für Polynesien annahmen. Denn in Mexiko wenigstens glaubte man, kleine Kinder, welche stürben, seien den Göttern besonders lieb; sie kämen zu einem Baum, von welchem beständig Milch herabträufele, und seien Vermittler zwischen Göttern und Menschen (Waitz 4, 166). Kinderopfer, um die Götter gnädig zu stimmen, kamen viel bei ihnen vor (4, 159) und das Bild des Gottes, das sie bei der Ceremonie, die unserem Abendmahl ähnlich ist, unter sich vertheilen und als »das Fleisch Gottes« verzehren, war mit Kinderblut angefertigt, wie auch bei den Totonaken die Kuchen bereitet waren, welche sie »das Brot unseres Lebens« nannten (Waitz 4, 161). Jetzt scheint diese Sitte dort keine anderen Motive zu haben, als Eitelkeit, Faulheit und Elend und Noth[1]. Das Tödten von Zwillingen oder des einen von beiden Kindern beruht auf anderen Grundlagen: es geht aus von dem Schreck über das portentum einer mehrfachen Geburt, in welcher man etwas Unnatürliches und daher Unheimliches oder aber eine Thierähnlichkeit sah.

§ 9. Krieg und Kannibalismus.

Haben wir oben gesehen, wie wenig das Menschenleben bei den Naturvölkern geachtet wurde, so werden wir von seinem geringen Werth bei ihnen im Folgenden noch massenhaftere Beispiele finden, da wir uns zunächst mit der Frage beschäftigen müssen, welchen Einfluss auf Zahl und Existenz dieser Völker haben Krieg, Kannibalismus und Menschenopfer gehabt?

Freilich scheint die Art der Kriegführung bei den unkultivirten Stämmen mindere Opfer als bei den kultivirten gefordert zu haben. Denn so kriegerisch auch die Nordamerikaner waren, so sehr ihr ganzes Leben beinah auf dem Krieg beruhte, so galt ihnen doch eine Art der Kriegführung, wie die europäische, wo man in offener Feldschlacht stets das eigene Leben in Gefahr setzt, für Thorheit, ihr Krieg bestand nur in Ablauern des Feindes, in Ueberfall und Hinterhalt; daher er denn, dem entsprechend, minder durch Tapferkeit als durch Schnelligkeit, Schlauheit und Verwegenheit geführt wurde. Aber dafür endete auch der Krieg bei ihnen nie: denn Grenzverletzungen oder Blutrache, sowie Rache für Zauberei (durch die man jeden Todesfall, namentlich aber den Tod von Häuptlingen verursacht glaubte) oder alter, einmal eingewurzelter und durch stets neue schlimme Thaten niemals verlöschender Stammhass erregten ihn immer aufs Neue. Und gerade diese versteckte, fast feige scheinende Art, wie sie den Krieg führten, brachte oft ein furchtbares Blutvergiessen hervor, da bei den Ueberfällen der meist unvorbereitete und wehrlose Feind ganz und gar mit Weib und Kind niedergemetzelt wurde, schon der Skalpe wegen, deren

Erbeutung ja den Siegern die grösste Herzenssache und Ehre war. In Virginien zwar und bei den Huronen wurden Weiber und Kinder meist zu Gefangenen gemacht; war der Kampf aber lang und erbittert gewesen, so mordeten auch hier die Sieger so lange als sie die Arme heben konnten (Waitz 3, 150-154). Und gefangene Feinde, die Männer wurden ja von diesen Völkern wie bekannt so gut wie immer getödtet. Dass aber solche Kriege der Existenz ganzer Völker verhängnissvoll geworden sind und also, als für ihr Aussterben grundlegend, recht eigentlich zu unserer Betrachtung gehören, dafür hat Waitz, was Amerika betrifft, 1, 165, Zeugnisse gesammelt. »Die Kupferminenindianer sagt er an dieser Stelle, wurden durch die Hundsrippenindianer (Hearne) fast vertilgt, die Moquis durch die Navajos im hohen Grade geschwächt (Schoolcraft), die Osagen durch ihre erstaunlich vielen Feinde innerhalb 10 Jahren auf die Hälfte ihrer früheren Anzahl reducirt. Der kleine Rest des besiegten Volkes wird dann nicht selten von dem siegenden in sich aufgenommen und sein Name verschwindet von da an aus der Geschichte. Auf diese Weise sollen z.B. die Creecks allmählich die Reste von 15 anderen Stämmen verschlungen haben.« Auch die Irokesen (Waitz 3, 155) haben ausserordentlich durch derartige Kriege gelitten. Jenseits des Felsengebirges sind die Kriege viel milder und thun im Ganzen wenig Schaden (3, 338) und ebenso ist es auch bei den Oregonvölkern, wenn diese gleich viel kräftiger zu sein schienen als die Nulkas und Chinooks.

Der Kannibalismus, welcher vom Kriege nicht zu trennen ist, hat auf die Völker Nordamerikas keinen sehr bedeutenden und für ihre Zahl durchaus ungefährlichen Einfluss gehabt. Er findet sich bei manchen Völkern, z.B. den nördlichen Athapasken, den Hasenindianern, Nipissangs, den Crees, Ojibways, doch ist bei allen diesen das Entsetzen vor der That ein ganz ausserordentliches.

Ebenfalls findet er sich, und durch gleiche Veranlassung, bei den Indianern in Canada, die ihn aber minder verabscheuen (Waitz 3, 89). Allein bei den Algonkins und den Irokesen, den Sioux war der Kannibalismus früher (jetzt hat er aufgehört) weit verbreitet und besonders merkwürdig ist es, dass es bei den Miami und Potowatomi eine besondere, aus bestimmten Familien sich ergänzende Gesellschaft gab, welche Menschenfleisch ass und sich im Besitz von übernatürlichen, auf andere übertragbaren Zauberkräften wähnte (Waitz 3, 159 nach Keating): man wird an die Gesellschaften der Areois auf Tahiti und die entsprechenden auf den anderen polynesischen Inseln erinnert.[1] Aber bei allen diesen amerikanischen Völkern sowie auch bei den Oregonindianern (Waitz 3, 345) ward der Kannibalismus nur an gefangenen oder gefallenen Feinden ausgeübt, deren Herz man ass, theils aus Rache, theils um sich die Tapferkeit und Kraft dessen, dem das Herz gehörte, anzueignen (Waitz 3, 159).

In Südamerika hat der Krieg nicht minder, die Anthropophagie noch weit mehr gewirkt, als in Nordamerika: lebte doch hier das Volk, welches dem Kannibalismus seinen Namen gegeben hat, die Kaniben, Kariben oder Karaiben. Ursprünglich auf den kleinen Antillen und dem ihnen gegenüberliegenden Festland heimisch machten sie von dort aus, nach Columbus Erzählung, verheerende Kriegszüge in weite Ferne, um Weiber zu erbeuten, während sie die Männer erschlugen und sie, wie auch ihre eigenen mit den gefangenen Weibern erzeugten Kinder frassen (Waitz 3, 374-375). Auch ihre Weiber waren ausserordentlich kriegerisch und kämpften so selbstständig, dass die Sage von den Amazonen, die im nördlichen Südamerika häufig vorkommt, durch sie veranlasst zu sein scheint. Schomburgk 2, 429 erzählt, dass die Kariben sich namentlich gegen die Makusis wandten, um

Sklaven zu erbeuten, zu welcher Menschenjagd sie von den Holländern aus Eigennutz angetrieben wurden, denn diese kauften die Sklaven von ihnen. Er schildert diesen scheusslichen Handel näher und sagt, dass er bis gegen die vierziger Jahre dieses Jahrhunderts, also bis auf unsere Zeit hin bestanden habe! Die Art nun, wie noch jetzt die Kariben von allen anderen indianischen Stämmen als Herrn und Gebieter gefürchtet werden, so dass sie ohne Weiteres sich in jeder beliebigen Hütte was ihnen gefällt nehmen können (ebendas. 427); so wie die blinde Angst, welche man noch jetzt in jenen Gegenden vor ihnen hat, lässt erkennen, was sie einst gewesen sein mögen. Und wie durch sie die Aturen (Humboldt c, 1, 284) in die Katarakten des Orinoko, wo

> ihres Stammes letzte Spuren
> birgt des Uferschilfes Grün,

hineingedrängt verkamen: so waren die blutigen Kriege, welche von ihnen ausgingen, eine Hauptursache für die Verminderung der Stämme in Guyana. Indess verzehren sie jetzt (Schomburgk 2, 430) Menschenfleisch nicht mehr; und jetzt sind auch sie sehr zusammengeschmolzen (eb. 417), wozu ihre eigenen Kriege nicht wenig beigetragen haben mögen. Da nun auch die Tupi tapfere, ja wilde Krieger waren (Azara 218) und sie sowohl wie auch die Guarani (welche Azara 213 ff. freilich als sehr scheu schildert) Menschenfleisch verzehrten; da nun auch fast alle südamerikanischen Stämme, die Araukaner (Waitz 3, 529 ff.), Chiquitos (eb. 530), die Pampas, Patagonier u.s.w. (Azara an vielen Stellen) sich durch wilde Tapferkeit auszeichneten und demzufolge zwischen ihnen fast stetiger Krieg herrschte; da sie fast alle Kannibalen waren, wie die Mbayas (Waitz 3, 473), ganz besonders die Guaykurus (471), die Tobas (475), die Abiponer (476), die Feuerländer (508) und ebenso die Patagonier, welche alle feindlichen Männer niederhieben, Weiber und Kinder aber zu Gefangenen machten: so werden wir begreiflich finden, dass die Zahl dieser Völker, die in so heftigem und unablässigem Kampf mit einander sind, auch dadurch abgenommen hat und noch jetzt abnimmt. Tschudi 2, 259 sagt geradezu, dass die Angriffe der Botokuden auf die von den Portugiesen um Rio Janeiro unterworfenen halb civilisirten Indianer die Ursache seien, dass jene Gegenden auch heute noch so spärlich bevölkert seien. Auch mag daran erinnert werden, dass jene Völker in dem Urarigift, mit dem sie ihre Lanzen vergifteten, eine ganz besonders gefährliche Waffe haben, da dies Gift auch bei der leisesten Verwundung unfehlbar tödtet.

Tüchtige Krieger waren nun, nach der trefflichen Schilderung bei Waitz, auch die Kulturvölker des alten Amerikas. Doch da ihre Kriege keine Vernichtung des Feindes bezweckten, sondern diesem, auch wenn er besiegt wurde, seine Nationalität und Hab und Gut liessen, bis auf den Tribut, den sie zahlen mussten (Waitz 4, 77. 406), so konnten diese wohl den Namen von Völkern aufhören machen, indem sie das besiegte dem eigenen Volke einverleibten, und namentlich in Peru geschah das öfters (407), aber ein Volk vernichten oder auch nur so weit verringern, dass seine Lebenskraft dadurch gebrochen wäre, konnten sie nicht und haben sie nicht gethan, denn Columbus, Cortez und Pizarro fanden dichtbevölkerte, blühende Staaten vor. Zwar herrschte auch Anthropophagie in Mexiko: die geopferten Sklaven oder Kriegsgefangenen wurden verzehrt, und die Ottomies sollen sogar Menschenfleisch auf dem Markte verkauft haben, eine Sitte, die man so wenig anstössig fand, dass man offen davon sprach und den Spaniern erzählte, ihr Fleisch schmecke bitter (Waitz 4, 158); doch liegt es auf der Hand, dass auch diese Sitte dem Bestehen dieser Völker oder seiner Nachbarn nicht die mindeste Gefahr brachte, da sie sehr wenig ausgedehnt war. Sie scheint ein Recht zu sein aus alter und ältester Zeit, wo sie dann freilich weitere Verbreitung gehabt haben wird. Auch in Neugranada war Kannibalismus, in manchen Gegenden des Landes in sehr roher Form, verbreitet (Waitz 4, 374, 376). Was von den Cariben erzählt wird, dass sie ihre eigenen mit gefangenen Weibern erzeugten Kinder gefressen hätten, wird auch von ihnen berichtet (4, 374). Auch in Yukatan (310) fand sich Anthropophagie.

Anders aber finden wir es in der Südsee. Zwar in Australien sind, ausser im Norden, die Kämpfe an sich wenig blutig: Hale 115 beschreibt dieselben, wie sie meist aus Privatschlägereien entstehen, wie sich dann beide Parteien, jede bis 200 stark, heftig und lange erst schelten, und dann Mann für Mann vortritt und den Speer schleudert, bis einer verwundet wird: dann hört der Kampf auf. Doch fehlt es ihnen keineswegs an Muth, Kraft und Standhaftigkeit, wie sie auch Schmerzen mit grosser Geduld ertragen (Turnbull 34-35). Allein da die Kriege, bei der Verfehdung fast aller Stämme unter einander, doch sehr zahlreich sind (Wilson 143 v.d. Rafflesbai), da man manche Stämme von ihnen, namentlich die Nordaustralier, deren Krieger und Zauberer durch den ganzen Continent aufs Aeusserste gefürchtet sind, als Gegner auch Europäern gegenüber keineswegs verachten darf (Grey 1, 152), da ferner auch diese Kriege zum grössten Theil in Ueberfall und in Ermorden Wehrloser oder Schlafender bestehen und, weil jede solche That wieder Rache verlangt, geradezu unendlich sind (Meinicke a 2, 198) — so sind sie für die Zahl und das Gedeihen der Einwohner so verhängnissvoll, dass wir sie als eine der wichtigeren Ursachen für das Aussterben der Australier hier bezeichnen müssen. Auch die Eingeborenen von Vandiemensland lebten unter einander in beständigem Streit, der von Stamm gegen Stamm ausgefochten wurde (Nixon 26).

Auch Kannibalismus herrscht in Neuholland, doch keineswegs sehr ausgedehnt. So brauchen nach Angas 1, 68 die Eingeborenen von Lake Albert die Schädel ihrer Feinde als Trinkgeschirre, ganz wie die Inkas von Peru (Waitz 4, 413) und die Abiponer, und nach dem bekannten Zeugniss des Paulus Diaconus, die Langobarden.[K] Ferner sollen Kannibalen im Innern des Landes leben (Angas 2, 231); ganz sicher verzehren im Norden Freunde ein Stück vom verstorbenen Freund und an Moretonbai assen (Angas 1, 73) Eltern aus Liebe von dem Fleische ihrer todten Kinder, eine Sitte, welche nach Anderen auf geliebte Verwandte überhaupt ausgedehnt ist (Howitt a, 289. Austral, Felix 134). Sie findet sich auch zu Hawaii: dort ass das Volk aus Liebe Fleisch von der Leiche seiner verstorbenen Fürsten (Remy XLVIII. 125.[L]) Auch Aberglaube diente dazu den Kannibalismus zu verbreiten. Wie bei den Potowatomi und den Miami in Nordamerika, wie in so manchem indisch-arabischen Mährchen der Genuss des Menschenfleisches höhere übermenschliche Kraft gibt — ein Zug, der auch, wie wohl verdunkelt, in deutschen Sagen vorkommt (Bechstein, Sagen des Rhöngeb. u. d. Grabfeldes 60 ff.)[M] — ebenso müssen in Australien (nach Eyre) die Zauberer Menschenfleisch essen, um ihre Wunderkraft zu behalten. Am Lake Alexandrine ist es nicht ungewöhnlich, einem lebenden Menschen das Nierenfett auszuscheiden, das als Zauber gegen böse Geister von ganz besonderer Kraft sein soll (Angas 1, 123). Auch Bennet (1, 295) fand Menschenfett als Zaubermittel oder Medikament aufgehoben. Meinicke a 2, 184 hat also wohl die Neuholländer zu frei von Kannibalismus dargestellt.

Gehen wir nun zu den melanesischen Inseln, so finden wir auf Vanikoro unter den einzelnen Stämmen fortwährenden Kampf (D'Urville 5, 165) und wenn sie auch keine Kannibalen zu sein behaupten, so dienen die Schädel der

Feinde doch als Trophäen (eb. 217), welche öffentlich aufbewahrt werden. Auch auf Tanna herrscht beständiger Krieg der einzelnen Stämme unter einander (Turner 82, Gill 227), da jede Privatbeleidigung einen öffentlichen Krieg nach sich zieht (85), und ausgebildetster Kannibalismus: die erschlagenen Feinde werden mit Yams gekocht, Farbige den Weissen vorgezogen, einzelne Portionen des Fleisches an Freunde geschickt als Ehrengeschenke u.s.w. (82). Auch auf Fate und Aneitum, obwohl beide minder kriegerisch sind, findet sich der Kannibalismus (Turner 393. 371. Gill 66). Erromango und Mare (Nengone), auf welcher letzteren Insel zwei feindliche Staaten neben einander bestanden, waren fortwährend von leidenschaftlichem Krieg heimgesucht und die Anthropophagie hatte hier einen solchen Grad erreicht, dass selbst die nächsten Verwandten, wenn man mit ihnen in Streit gerieth, erschlagen und gefressen wurden (Gill 10-11; 122. Turner 400. 411). Es ist eine leere Behauptung oder auch Einbildung der katholischen Mission, dass sie auf Neukaledonien den Kannibalismus hätte aufhören machen (Montreval in nouv. annal. de la foi 1854, 94); Turner (um anderer zu geschweigen) fand ihn daselbst sehr ausgebildet und so unbefangen, dass er überall eingestanden und besprochen wurde (426), wie er uns auch von den beständigen Kriegen der Insel (428) berichtet. Die Bewohner von Isabel schildert schon Mendana 1595 (Dalrymple 91) als Menschenfresser und eifrige Krieger, wie sich auch die Bewohner von Guadalcanar zeigen. Eifrige Krieger und Menschenfresser sind auch die Eingeborenen der Lusiade (Salerio bei Petermann 1862, 342-344) und von der Nordwestküste von Neuguinea sagt einer der besten Kenner dieser Gegenden, Marsden (in Transact. of the Reg. Asiat. Soc. 3,125), dass daselbst ein äusserst roher Kannibalismus herrsche: man frisst Feinde so gut wie Freunde, natürlich Gestorbene so gut wie Erschlagene, und ist dieser Nachricht gegenüber nicht abzusehen, wie Finsch (49) seine

Behauptung, noch sei von keinem glaubwürdigen Manne bestimmte Nachricht über das Vorkommen des Kannibalismus auf Neuguinea gegeben, aufrecht halten will. Einzelne der neuguineischen Stämme sind Köpfeschneller, d.h. sie schlagen todt, wen sie finden, um Köpfe zu erbeuten, deren recht viele zu besitzen eine grosse Ehre ist; und so entstehen bloss zu diesem Zwecke im Distrikt Namototte (Speelmannsbai) die hartnäckigsten und mörderischsten Kriege (N. Guin. 109 ff. und daher wohl Finsch 82).

Aber schlimmer als überall ist die Geringschätzung des Menschenlebens auf den Fidschiinseln, deren Einwohner im Ruf einer besonderen Tapferkeit auch auf Tonga stehen, und die von solchen Tonganern, welche Kriegsabenteuer erleben und zu Hause selbst als Krieger berühmt sein wollten, vielfach besucht wurden (Mariner). Krieg ist nun auch, nach Wilkes 3, 63, ihre so beständige Beschäftigung, dass irgend welcher Kampf auf der Gruppe immer herrscht; und da die Insulaner ebenso blutdürstig als verrätherisch sind (Hale 50), so sind diese Kriege sehr zerstörend. Doch führen sie den Krieg, der indessen stets offen angesagt wird, nur durch Verrath und heimlichen Ueberfall; weshalb sie Williams und Calvert (1, 43) und ebenso Erskine (249) geradezu feig nennen. Wegen des beständigen Verrathes herrscht ein grenzenloses Misstrauen auf der Gruppe, Niemand geht, aus Furcht überfallen zu werden, ohne Waffen (Will. u. Calv. a.a.O.), Niemand traut einem andern, selbst nicht den nächsten Verwandten (Hale 51). Und das nicht ohne Grund: denn da zu ihren nur einigermassen solennen Bewirthungen Menschenfleisch nothwendig gehört, so werden oft die harmlosesten Wanderer (je harmloser, desto eher), Weiber bei der Feldarbeit u.s.w. überfallen und getödtet, wozu Erskine 182 empörende Beispiele erzählt. Wenn auch die Schlachten, sobald nur einige gefallen sind, aufhören (Jackson bei Erskine 425), so sind die Kriege doch ausserordentlich blutig durch die sinnlose Wuth, mit der Alles, was ihnen in die Hände kommt, gemordet wird. Bei Ueberfällen, die sehr häufig sind, machen sie es nicht anders, so dass oft ganze Distrikte (Erskine und Jackson a.a.O. Seemann Zeitschr. 9, 476) vernichtet werden. Wer einen Menschen erschlagen hat, bekommt einen Ehrennamen und wird durch besondere Ceremonien geweiht (Will. u. Calvert 55), gerade wie in einigen Gegenden Neuguineas nur der Kakadufedern tragen darf, der einen Feind getödtet hat, und bei den alten Deutschen nur ein solcher aus dem kostbarsten und heldenhaftesten Trinkgefäss, dem Schädel des erschlagenen Feindes, trinken durfte.

Der Kannibalismus ferner steht hier in solcher Blüthe, wie wohl nirgends sonst auf der Welt. Erskine, der um 1840 die Gruppe besuchte, gibt (257-60) Beispiele. Den Menschen nennen die Eingeborenen nur das »lange« Schwein, zum Unterschied vom »wahren« Schwein (ebend.); bei jedem Fest muss Menschenfleisch gegessen werden, zu welchem Behufe die das Fest gebenden Stämme gar nicht selten ihre eigenen Kinder schlachten; alle Feinde, alle Schiffbrüchigen werden gefressen (Erskine. 262. 229). Oder man erschlägt, um das nöthige Fleisch zu bekommen, den ersten besten aus dem Volke, den man unbewaffnet trifft (so wurden einmal 16 Weiber gefangen und gegessen, wie Erskine 182 erzählt). Dass man allen Freunden von dieser geschätztesten Speise schickt, ist so feste Sitte, dass gar nicht selten, weil es bei irgend einer Gelegenheit unterlassen, Krieg entsteht. Dem Gebratenen gibt man oft eine Keule in die Hand, malt ihm das Gesicht roth und setzt ihm eine Perrücke auf (Erskine 262); ja in einigen Gegenden der Gruppe führen die Weiber um diese Todten und ihnen zum Hohne die allerschandbarsten Tänze auf (Jacks, bei Erskine 440). Auch hat man verschiedene Arten, Menschenfleisch zu kochen, welche nach den Landestheilen verschieden sind (261. 439). Als der Sohn eines Häuptlings starb; jammerte ihm sein Vater nach: er war so kühn! er tödtete, wenn sie ihn erzürnten, seine eigenen Weiber und ass sie (Ersk. 244). Auch Mariner (1, 329) nennt den Kannibalismus auf den Fidschiinseln sehr verbreitet und sagt, dass er von dort erst zu den Tonganern, die ihn nur in prahlerischer Nachahmung der Fidschis ausüben, gekommen sei; an einem Fest hätten die Fidschimänner 200 Feinde gegessen (1, 345; 2, 71). Wer eines natürlichen Todes stirbt, wird nicht gegessen (Williams und Calvert 1, 266), doch hat man auch Gräber erbrochen, um die Leichen zu verzehren! (eb. 212), ja man schneidet, um auch das Scheusslichste nicht zu verschweigen, auch von Lebenden, aber nur von gefangenen Feinden, Fleisch ab und verzehrt es vor ihren Augen (Will. u. Calv. 1, 212). Der Grund des Kannibalismus, ursprünglich Hass und Rachedurst oder Prahlerei, indem man sich dadurch furchtbar machen wollte, oder die Absicht, sich die Eigenschaften des Gefressenen anzueignen, ist jetzt fast überall auf der Gruppe nur Wohlgeschmack am Menschenfleisch, das sie jetzt jedem anderen Fleische vorziehen. Roh verzehren sie es nie: die Gabel, mit der es gegessen wird, ist für alle anderen Speisen verboten (Tabu) (eb. 212). Mit Trommelschlag in ganz bestimmtem Rythmus

$$\left(\; \flat \; \flat \; \flat \; \flat \; \flat \; \flat \; \right)$$

der sonst nie angewendet wird, laden sie zu den Kannibalenfesten ein (Erskine 291), von denen Weiber fast immer, Sklaven und gewisse Priester immer ausgeschlossen sind (Erskine 260; Williams und Calvert 1, 211). Und trotz alledem hatte der Kannibalismus eine religiöse Weihe bei ihnen: die getödteten Feinde werden zuerst den Göttern dargeboten (Erskine 261), die selbst Kannibalen sind (247) und jedes Kannibalenfest hat bestimmte, sonst nicht getanzte heilige Tänze (209. 440).

Wir haben uns bei diesem ekelhaften Detail so lange verweilt, einmal, weil es anthropologisch von hohem Interesse ist — dann aber und hauptsächlich, um zu beweisen, dass der Kannibalismus, der so ausgeprägt, so eingewurzelt bei den Fidschis ist, nicht erst, wie jetzt die Häuptlinge gern erzählen, in der letzten Zeit aufgekommen sei, Hand in Hand mit dem blutiger werdenden Kriege (Erskine, 272). Er besteht gewiss viele Jahrhunderte lang, gewiss viel länger, als die Fidschis ihre jetzige Wohnung inne haben: allein er hat sich immer weiter ausgedehnt und mag seine rohesten Formen, z.B. das Menschenfressen aus Leckerei erst im letzten Jahrhundert seines Bestehens, so lange aber auch mindestens, angenommen haben. Trotzdem aber, und auf dies Faktum werden wir zurückkommen, trotzdem ist ein Aussterben der Bevölkerung nicht zu merken (Erskine 274). Die Zahl derselben beträgt nach den Missionären (ebendas.) 200-300,000 und mag dies auch etwas zu hoch gegriffen sein, sie ist jedenfalls beträchtlich genug, so dass auch Behm 200,000 als Totalsumme annimmt. Und ferner, was von besonderer Wichtigkeit für die geschichtliche Betrachtung der Naturvölker ist, sie selbst haben das Bedenkliche des Kannibalismus eingesehen; daher jene halb entschuldigende Rede der eingeborenen Fürsten;

daher die verhältnissmässige Leichtigkeit des Kampfes, welchen die Missionäre gegen die Anthropophagie führen, welchen man doch gerade, wegen des Alters der Sitte, für unendlich schwierig halten sollte (Erskine 280). Ja sie werden sogar von einer heidnischen Partei darin unterstützt, welche sehr gegen den Kannibalismus, sowie gegen das unsinnige Morden der Weiber und Sklaven ist, welches wir gleich betrachten werden, und für Abschaffung aller dieser Sitten eifrig kämpft. Die Fürsten sind es, welche aus feudalen Gelüsten dies Alles aufrecht erhalten wissen wollen (Seemann Zeitschr. 10, 289). Man sieht, das Christenthum ist hier gerade im rechten Zeitpunkt gekommen: man sieht aber auch ferner, solche Umänderungen, wie wir sie vorhin für Tonga voraussetzten, haben sich wirklich bei diesen Völkern vollziehen können: wir sehen sie hier bei einem viel roheren Volk vor unseren Augen geschehen.

Auch in Polynesien herrschten die blutigsten Kriege, wobei aber zu bemerken, dass, obwohl man den Eingeborenen persönliche Tapferkeit durchaus nicht absprechen kann, welche sie, auch die sonst so weichlichen Tahitier, selbst den Europäern gegenüber, wohl gezeigt haben, dass trotzdem auch hier der Krieg hauptsächlich durch Ueberfall geführt wird. Aber auch die Polynesier morden den besiegten Stamm kaltblütig mit Weib und Kind und so sind ihre Kriege ausserordentlich blutig und verheerend. Solche Kämpfe herrschten nun zu Neuseeland und trugen wie zur Zersplitterung der Maoristaaten zum Hinschwinden der Bevölkerung nicht wenig bei (Dieffenbach 2, 132), die theils im Krieg selbst getödtet, theils zu Sklaven gemacht, theils durch die Noth nach dem Kriege vernichtet wurde (2, 16). In Tonga wurden Kriegsgefangene (Mariner 1, 115) stets ermordet, und ebenso alle Einwohner eroberter Städte (1, 101). Von den grausamen Kriegen unter Finau (der z.B.

einmal 18 nur verdächtige Vornehme ertränken liess, Mariner 1, 271), welche bei Ankunft der Europäer schon in voller Blüthe und nur Wiederholung oder Fortsetzung früherer ähnlicher war, hat uns Mariner ein getreues, aber schreckensvolles Bild geliefert, wie er auch erzählt, dass die tonganischen Sitten immer mehr durch die Bekanntschaft mit den Fidschis verwilderten. Auf Samoa herrschte ein noch grausamerer Kriegsgebrauch als zu Tonga (Mariner 1, 163) und häufig genug waren diese blutigen Kriege daselbst, welche Turner 304 und vorher schildert. Und betrachten wir den Markesasarchipel, so ist ganz Nukuhiva in einzelne vom hohen Gipfel der Insel herablaufende Thäler getheilt, deren jedes von einem besonderen Stamm bewohnt wird. Alle diese Stämme sind in erbitterter Feindschaft und in ewigem Krieg (Melville, Krusenstern, Mathias G***). Viel ärger aber als überall haben die Kriege auf Tahiti gewüthet, von denen die Insel so fortwährend heimgesucht war, dass Lutteroth (22) ganz mit Recht den Frieden einen der Insel unbekannten Zustand nennt. Und wie wurden diese ewigen Kriege geführt! Alle Fliehenden, die man einholte, alle Weiber und Kinder der Besiegten, welche dem Sieger in die Hände fielen, wurden niedergemetzelt (Mörenhout 2, 38-39, Lutteroth 21, Ellis 1, 310 ff.). Nun waren in früherer Zeit fast alle Schlachten Seeschlachten und gerade deshalb besonders blutig, denn die Besiegten, welche sich durch Schwimmen ans Land zu retten suchen mussten, wurden begreiflicher Weise leicht von den Kähnen der Sieger eingeholt. Weniger verderblich waren die Landschlachten, weil in ihnen, nach malaiisch-polynesischer Sitte, der Sieg, nach dem nur einige wenige gefallen waren, für entschieden angesehen wurde (Mörenhout 2, 40, Ellis 1, 312). Waren dann bei der Verfolgung die Menschen vernichtet, so gings nun an die Zerstörung des Landes: die Tarofelder und sonstigen Pflanzungen wurden verwüstet, den Kokosbäumen das Herz ausgeschlagen, wonach sie absterben, die Brotbäume umgehauen, die Häuser verbrannt (Ellis 1, 293, Lutteroth 21-22) — kurz die Besiegten wurden womöglich ausgerottet, ihr Land auf Jahre zu einer unfruchtbaren Oede gemacht. Solche Kriege wütheten auf der ganzen Gesellschaftsgruppe; der Missionär Nott erlebte auf Tahiti in einem Zeitraum von 15 Jahren 10 solcher Kriege (Lutteroth 17). Auch die Kriege auf der Hawaiigruppe waren verwüstend genug. Hier wie zu Tahiti gab es blutige Seeschlachten (Ellis 4, 155) und in den Landkriegen, in denen nach Jarves (59) Hinterhalte, heimliche Ueberfälle u. dergl. selten vorkamen, vielmehr meist in offenen Feldschlachten (die auch zu Tahiti keineswegs selten waren, Ellis 1, 284) gekämpft wurde, war es namentlich wieder die Verfolgung, nicht die Schlachten selbst (Jarves 60), welche der Bevölkerung und ganzen Distrikten Tod und Zerstörung brachte. Die Gefährlichkeit dieser Kriege geht aus der Geschichte Hawaiis unter Tamehameha und aus den Bewegungen, welche dieser grosse Fürst auf der Gruppe hervorbrachte, zur Genüge hervor. Auch die Paumotuinsulaner sind wilde, weit und breit gefürchtete Krieger, die unter sich die heftigsten Kriege führen. Die Bewohner von Anaa (Chainisland) verwüsteten alle umliegenden Inseln, hieben die Fruchtbäume nieder und was von den Bewohnern nicht getödtet wurde, ward als Sklave mit fortgeschleppt (Mörenhout 1, 199 vergl. 169). Nicht weniger als 38 Inseln haben sie auf diese Art verödet (Hale 35).

Auch in Mikronesien wurden und werden heftige Kriege geführt, so auf den Palaus (Keate), auf einzelnen Karolinen und zwar auf den hohen Inseln Eap, Truck (Hogoleu), Ponapi, nicht aber auf Kusaie (Ualan Chamisso 135, Kittlitz 1, 356): so und besonders leidenschaftlich auf der Eatakkette (Kotzebue, Chamisso) und auf den Gilbertinseln (Gulick 410). Während man in diesem Gebiet nur an einigen Orten die Bäume schonte (Hale 84) hieb man, sie nach der gemeinsamen Sitte der Ozeanier, auf Ratak und sonst nieder (Kotzebue 287), und man kann sich denken, wie furchtbar solche Barbareien auf den kleinen schon ohnehin nur überaus kärgliche Nahrung bietenden Inseln wirken mussten: viele, die der Krieg verschont hatte, namentlich Weiber und Kinder, erlagen dem Hunger, dem Elend, das ihm folgte. Daher ist die Behauptung, dass die einheimischen Kriege der ozeanischen Bevölkerung ganz unberechenbaren Schaden zugefügt und wesentlich zu ihrer stetigen Verminderung beigetragen haben, nur allzusehr gerechtfertigt.

Die Sitte des Schädelerbeutens, welche wir auf Neuguinea sahen und die das ganze Malaisien beherrscht, finden wir insofern überall in Polynesien, als man gierig die Schädel und in Tahiti auch die Unterkiefer der Feinde erstrebt, um sie als Trophäe aufzuheben (Nukuhiva Melville 2, 129, Tahiti Bougainville 181, Ellis 1, 309, Perl- oder Palliserinseln ebend. 1, 358, Aitutaiki 1, 309, Rarotonga 1, 359, Neuseeland Dieffenbach 2, 134, Samoa Turner 301. 304). Hiermit hängt die weite Verbreitung der Menschenfresserei enge zusammen, wie sie nach Hale 38 in Neuseeland, wo nach Thomson 1, 148 das letzte Beispiel dieser Sitte noch 1843 vorkam, Hervey, Mangareva (Gambier), Paumotu und dem Marquesasarchipel ganz allgemein und ohne Scham betrieben wurde. Auch zu Kriegen wird sie oft Anlass, indem man, um ihn zu fressen, einen oder mehrere Menschen eines fremden Stammes erschlug, welche That natürlich Rache erheischte. Auf Samoa, Tonga, Tahiti und Hawaii kommt der Kannibalismus jetzt nur noch einzeln vor, auf Samoa bei ganz besonders erbittertem Hass (Turner 194), auf Tonga aus Prahlerei und in Nachahmung der Fidschisitten, (Mariner 1, 116-17), so wie bei Hungersnoth, wo man irgend Jemanden, meist einen Verwandten erschlägt und isst (eb. 2, 19; 1, 117); in Tahiti gleichfalls, aus Prahlerei, um sich furchtbar zu machen (Ellis 1, 310). Aber früher war er auf diesen Inseln allgemeine Sitte (Hale 37), wie eine Menge seltsamer und anders ganz unerklärbarer Gebräuche beweisen: so auf Tahiti der oft beschriebene Gebrauch bei Menschenopfern, dem König das linke Auge (den Sitz der Seele) des Opfers darzubieten, der dann den Mund öffnete, als ob er es verschlänge und durch diese Ceremonie Verstand und Klugheit bekommen sollte. Ursprünglich hat er es gewiss gegessen, und erst später, als die Sitten sich milderten, begnügte man sich, wie in analogen Fällen bei allen Völkern der Welt, mit einer symbolischen Handlung. Im Samoaarchipel beugt sich, wer dem Sieger als besiegt sich unterwirft, vor demselben nieder, indem er ihm Feuerholz und die Blätter darreicht, in welche man in Polynesien die Speisen, die gekocht werden sollen, einschlägt (Turner 194). Und so liesse sich vieles anführen. Es scheint aber, als ob, wie die Tahitier, Hawaier u.s.w. die Menschenfresserei abgeschafft hatten, ehe die Europäer kamen, noch an manchen anderen Orten Polynesiens dieselbe Sitte in Abnahme oder doch in Misskredit gekommen sei, ohne dass der Einfluss der Europäer dies bewirkt hätte: so läugneten auf Nukuhiva die wilden Taipis den Kannibalismus ganz und gar, und suchten ihn den Weissen zu verbergen, wie Melville mittheilt. Und die neuseeländischen Fürsten erzählten, er sei keineswegs von Alters her bei ihnen Sitte, sondern erst später eingeführt (Thomson 1, 142), eine Behauptung, welche entschieden falsch und nur von ihnen erfunden kaum eine Widerlegung verdient.

§ 10. Menschenopfer.

In Nordamerika sind Menschenopfer nicht sehr zahlreich gewesen. In Florida wurden Weiber und Diener ehedem beim Tode des Herrn gleichfalls getödtet, um ihm im Jenseits zu dienen (Waitz 3, 199-200), wie man ebendaselbst den Erstgeborenen der Sonne opferte. Kinderopfer werden auch sonst öfters erwähnt: in Virginien, in Neuengland, bei den Sioux und sonst (Waitz 3, 207). Auch bei manchen Caribenstämmen wurden mit den gestorbenen Häuptlingen einige seiner Weiber lebendig begraben (ebend. 3, 387) und vornehmen Leuten folgte ein Sklave nach (3, 334). Allein bei allen diesen Völkern sind die Menschenopfer von so wenig Ausdehnung gewesen, dass wir bei ihnen, da sie für unsere Betrachtung gar keine Bedeutung haben, nicht zu verweilen brauchen. Um so zahlloser aber waren die Menschenopfer, welche die Religion der amerikanischen Kulturvölker forderte und deren Ursprung in uralte vorhistorische Zeit zurückgeht (Waitz 4, 157). Wo wir Menschenopfer finden, werden wir dieselben immer mit grösster Wahrscheinlichkeit auf die allerälteste Zeit zurückführen, denn sie wurzeln stets in sehr ernst gemeinter Religiosität, nie in Grausamkeit. Spätere Einführung derselben findet sich nur in ganz vereinzelten Fällen und wird sich aus Nachahmung der Sitten anderer Völker, besonders heftiger Kriegserbitterung oder irgend etwas ähnlichem fast immer erklären lassen. Wohl aber sind die Menschenopfer im Laufe der Zeiten bei manchen Völkern abgekommen: so bei den Indogermanen, den Semiten u.s.w. Die Zahl dieser Opfer war nun in Mexiko geradezu ungeheuer, wie folgende Zeugnisse, die alle aus Waitz 4, 157 ff. entlehnt sind, beweisen. Der Bischof

Zumarraga (zur Zeit der Entdeckung) schätzt sie bei Torquemada auf 20,000 jährlich, wenigstens für die letzte Zeit des Reichs; in der Hauptstadt und ihrer nächsten Umgebung soll ihre Zahl jährlich mehr als 2500 gewesen sein. Oviedo behauptet, dass Montezuma jedes Jahr über 5000 geopfert hätte; bei einem Fest in der Stadt Tlaskala fielen 800 Opfer jährlich; der zweite Monat des Jahres war, weil er so viele Menschenopfer forderte, nach der Schlaflosigkeit der Menschen benannt. Trat Dürre, Misswachs u. dergl. ein, so wurden die Opfer vermehrt. Die Einweihung des Haupttempels zu Tenochtitlan (den 19. Februar 1487 nach Gama) »soll nach Torquemada (1610) 62,344, nach Fra Toribio Motolinia und Ixtlilxochitl (von mütterlicher Seite aus vornehmen mexikanischen Fürstengeschlecht, von väterlicher Seite Spanier, der mit grossem Eifer die Geschichte des Landes seiner mütterlichen Vorfahren durchforschte und seine grossentheils zuverlässigen Werke um 1600 schrieb Waitz 4, 7 u. 8) sogar 80,400 Menschen das Leben gekostet haben.« Die Schädel der Opfer wurden zu einer grossen Pyramide im Tempelhof aufgeschichtet, die man im mexikanischen Haupttempel auf 136,000 berechnet hat (Waitz 4, 149). Und ausserdem kommt noch eine grosse Zahl geopferter Menschen dadurch hinzu, dass jedes auch kleinere Fest solche Opfer, nur wenigere forderte: durch die stete Wiederholung aber, denn es gab viel Feste im Jahr, sammeln sich auch diese zu einer grossen Summe. Wenn wir nun auch mit Waitz die kleinsten der genannten Zahlen für die wahrscheinlichsten halten; so ist die Zahl, die für jedes Jahr herauskommt, noch immer enorm. Waren die eben besprochenen nur solche Opfer, die man den Göttern brachte, so forderte der Tod vornehmer Menschen andere. Starb der Herrscher oder irgend ein Vornehmerer sonst, so folgten diesem Weiber und Sklaven in den Tod; aber da nun am 4ten, 20sten, 40sten und 80sten Tage nach dem Begräbniss auf dem Grabe derartige

Abschlachtungen stattfinden mussten, so darf man sich auch die Zahl der auf diese Weise umgebrachten Menschen nicht zu gering denken: stieg sie doch manchmal bis auf 200 (4, 167).

Die Quiches in Guatemala (4, 264) so wie die Chorotegen in Nikaragua (279), toltekische Völker, brachten Menschenopfer dar wohl ebenso reichlich als die Mexikaner, wie denn ihre Religion in fast allen Stücken der mexikanischen gleich war. In Yukatan, wo solche Opfer zwar auch vorkommen, waren sie doch minder zahlreich als in jenen Gegenden und in Mexiko (4, 309).

In Darien vergifteten sich des Herrschers Lieblingsweiber und Diener bei seinem Tod, oder sie wurden lebendig mit ihm begraben (4, 351), wie Weiber und Diener auch bei den Chibchas in Neugranada getötet (4, 466) und Menschenopfer bei allen diesen Völkern gar nicht selten den Göttern dargebracht wurden. Ebenso war es auf den Antillen (4, 327).

In Peru waren Menschenopfer, wozu man gefangene Feinde nahm, selten und nur bei ausserordentlichen Veranlassungen gebräuchlich. Weiber und Diener aber folgten auch hier dem Inka, deren einem 1000 seiner Angehörigen sich geopfert haben sollen, und ebenso den Vornehmen freiwillig in den Tod nach, um ihm im Jenseits weiter zu dienen. Namentlich aber Kinder wurden hier vielfach getötet; wenn ein Vornehmer krank war, wurde eins von seinen eigenen Kindern den Göttern zum Ersatzopfer, wie man annimmt, geschlachtet, welches dann freudig in den Tod zu gehen pflegte. Vor dem Auszuge zum Krieg, bei Krankheit des Herrschers und bei dessen Inauguration wurden Kinder, meist Knaben von 4-10 Jahren, seltener Mädchen, nach einzelnen freilich nicht ganz glaubwürdigen Angaben bis zu 200, ja bis zu 1000, geopfert, was auch beim

Erntefest, bei verheerenden Epidemien, ja in einigen Gegenden mit jedem erstgeborenen Kinde und mit dem einen von Zwillingen geschah. Auch wurde den Todten von dem Blute des geopferten Kindes ein Strich von einem Ohr zum anderen gezogen (Waitz 4, 460-61). Auch hier müssen wir auf das zurückkommen, was wir oben gesagt haben: die Kinderopfer dienen nur dazu, einen bei den Göttern, denen Kinder am liebsten waren, besonders gültigen Vermittler zu haben; deshalb, und nicht zum Ersatz, wurden die eigenen Kinder als Opfer bei Krankheiten preisgegeben und unsere Auffassung wird unterstützt dadurch, dass die Kinder gewöhnlich freudig in den Tod gingen: sie wussten, dass sie einem guten Loos entgegengingen; daher auch der Strich mit Kinderblut über die Todten, welche auf diese Weise gleich das Zeichen des Vermittlers an sich trugen.

Die Kinderopfer in Mexiko hatten meist dieselbe Veranlassung und denselben Zweck: so wurden zwei Kinder vornehmer Abkunft, wenn die Saat aufging, ertränkt, vier, wenn sie grösser war, dem Hungertode preisgegeben (4, 159). In Nikaragua wurde ein Knabe, wenn Regen nöthig war, den Göttern dargebracht (4, 379). Aehnliche Opfer brachten die Chibchas in Neugranada vor der Schlacht (364).

Nirgends aber sind auch die Menschenopfer massenhafter, als auf Fidschi, wie wir daselbst auch den Kannibalismus schrecklicher ausgebildet fanden, als sonst irgendwo. Zur Feier der Mannbarkeit eines Häuptlingssohnes, so erzählt Seemann (Zeitschr. 9, 476), sollte eine rebellische Stadt ganz vernichtet, die Einwohner erschlagen, auf einen Haufen zusammengetragen, auf diese Sklaven gelegt und auf diese wieder der Einzuweihende gesetzt werden. Alle Schiffbrüchigen, das verlangt ihr Glaube, müssen getödtet werden; wer es unterliesse, würde sonst selbst im Schiffbruch umkommen (Erskine 249-50). Alte Eltern werden von ihren Kindern, kranke Kinder von ihren Eltern lebendig begraben (ebend.) und zwar ist es der eigene Wille der Opfer, dass ihnen so geschieht (477), denn man glaubt, man käme nach und durch solchen Tod sofort in ein anderes und viel besseres Leben; daher sich diese scheussliche Sitte mit wirklicher Familienanhänglichkeit verträgt. Aber es ist ebendaher auch begreiflich, dass nur wenige Menschen eines natürlichen Todes sterben (Will. u. Calvert 1, 188). Menschenopfer am Grabe, namentlich von Häuptlingen, sind ebenso gewöhnlich als umfangreich; die Weiber werden entweder alle oder doch die Lieblingsweiber und eine Menge Sklaven ermordet. Die Mutter, deren geliebter Sohn stirbt, folgt ihm bisweilen ins Grab, der Freund dem Freund (Will. u. Calvert 1, 134). Auch hierzu drängen sich, wegen der Belohnungen im Jenseits, die Opfer; die Weiber erdrosseln sich selbst, wenn ihnen Niemand diesen Dienst thut (Erskine 293. Mariner 1, 347). Und wie fest man an den Menschenopfern hielt, geht aus folgender Notiz bei Erskine 440 hervor: ein Fidschiinsulaner hatte, von irgend welchem Mitleiden ergriffen, einen Gefangenen nicht dem Gotte geopfert; da erschien ihm letzterer im Traum und quälte ihn über diese Unterlassung dermassen mit Gewissensbissen, dass der Mensch fast in Raserei fiel. Doch dieselbe Partei, welche, wie wir schon erwähnt haben (S. 70), sich gegen den Kannibalismus wendete und ihn abzuschaffen sucht, ist auch diesen Menschenopfern feindlich (Erskine 280) und so werden auch sie, da der Einfluss der Europäer hinzukommt, hoffentlich nicht mehr allzulange dauern. — Aehnliche Gebräuche fanden sich auch sonst in Melanesien, wenn auch nirgends so übertrieben wie hier: namentlich ist es das Lebendigbegrabenwerden der Eltern, der Kranken, die Ermordung der Mutter oder einer Verwandtin, wenn ein kleines Kind stirbt, was uns berichtet wird.

Was nun Polynesien betrifft, so ist es gewiss Uebertreibung, wenn Michelis (91. ohne Quellenangabe) erzählt, der König von Futuna (nördlich von Samoa), dessen Insel 2000 Einwohner hat, habe während seiner Regierung an 1000 Menschen den Göttern geopfert. Denn wir finden sonst in Polynesien die Menschenopfer nicht allzuzahlreich. Freilich ist es ein Irrthum, wenn Ellis 1, 106 behauptet, sie seien in Tahiti erst später eingeführt, da sie mit der ganzen polynesischen Religion viel zu eng verwachsen sind; wohl aber sind sie in späterer Zeit, noch vor der Entdeckung, von den Eingeborenen selbst sehr beschränkt. Bei Beginn eines Krieges erhielt der Kriegsgott ein Menschenopfer (Ellis 1, 276), dem so wie anderen Göttern öfters Menschen dargebracht wurden (1, 357). In Kriegszeiten, bei grossen Nationalfesten, bei Krankheiten und dem Tod der Fürsten (Bratring 182-83. 196) opferte man Menschen, sowie man die Köpfe der Besiegten (was auch melanesischer Brauch war) in den Tempelplätzen als Weihgeschenk aufstellte (Mörenhout 2, 47). Häufiger waren diese Opfer in Hawaii, wo (Jarves 47) häufig an 80 Menschen auf einmal geschlachtet sein sollen. Man nahm, hier und in Tahiti, dazu Gefangene oder Verbrecher oder Leute, die irgend ein Tabu gebrochen hatten, oder, wenn deren keine vorhanden waren, Leute aus dem Volk (Jarves 18. Ellis a.a.O.). Aehnlicher Gebrauch herrschte auch auf den Herveyinseln (Williams 215). Wenn nun auch in Hawaii, nach den Angaben der Fürsten, diese Opfer erst später eingeführt sein sollten (Jarves 47); so ist dies nur ein Zeichen, dass man auch hier schon dies Schreckliche der Sitte eingesehen hatte und sie im Abnehmen war. Menschenopfer fanden selbstverständlich auch hier an den Gräbern der Vornehmen statt, zunächst beim Ausstellen der Leiche und dann noch zahlreicher beim Begräbniss selbst (Remy 115). Ebenso war es früher in Neuseeland Sitte — jetzt ist sie abgekommen — dass sich die Weiber am Grabe ihrer Männer erdrosselten, die Sklaven getödtet wurden (Taylor 97). In Tonga wurden bei den Gräbern der Vornehmen ab und zu Weiber geopfert (authent. narrat. v. Tonga 78; Mariner 1, 295), was auf frühere Allgemeinheit dieser Sitte, gegen welche die tonganischen Fürsten selbst eiferten, schliessen lässt.

Von besonderem Interesse ist der Kindermord, wie er sich auf Tonga zeigt. So wurden (Mariner 1, 229) Kinder den Göttern geopfert, um den Frevel eines Fürsten gegen ein Heiligthum wieder gut zu machen: ein Opfer, welches gar keinen Sinn hätte, wenn man nicht eben in den Kindern den Göttern besonders angenehme Vermittler gesehen hätte. Um des Königs Leben zu erhalten, wurde eines von seinen mit einem Nebenweib erzeugten Kindern getödtet (1, 379): wenn aber der Tui-tonga, der höchste religiöse und früher wohl auch weltliche Herr von Tonga krank ist, da genügt ein Kind nicht und man tödtet drei bis vier (1, 454).

Ehe wir diesen Gegenstand verlassen, ist noch von einer Art Opfer zu sprechen, die, wie es scheint, über die ganze Welt verbreitet ist: über die Menschenopfer zur Einweihung, zur Sicherung von Gebäuden u. dergl.[N] Auch diese Sitte ist am übertriebensten auf den Fidschiinseln. Dort müssen neugebaute Kähne, damit sie vor Sturm und Unheil sicher sind, über lebende Sklaven in die See gerollt werden; jeden Pfosten eines neu gebaut werdenden Hauses muss, damit der Pfosten sicher steht, ein lebender Sklave umfassen — und zu diesem lebendig Zerquetscht-, zu diesem lebendig Begrabenwerden drängen sich die Opfer, denen es im Jenseits mächtig vergolten wird (Erskine 249-50). Die Sitte war nicht bloss melanesisch, sondern auch über ganz Polynesien verbreitet: in Neuseeland ruhte der Mittelpfeiler des Hauses früher auf Menschenleichen (Taylor 387 ff.) und von Tahiti erzählt dasselbe Mörenhout 2, 22-23; doch scheint auch hier der Gebrauch in späterer Zeit abgekommen zu sein; denn wenn er und Ellis (1, 346) diesen

Gebrauch nur für Tempel angeben, so ist er wohl erst später nur auf diese beschränkt worden. Derselbe Gebrauch findet sich auch in Südamerika: der Palast des Bogota, des Herrschers der Chibcha stand auf Mädchenleichen und sein Grund so wie seine Thürpfosten waren mit Menschenblut getränkt (Waitz 4, 360).

Nachdem wir so diese Uebersicht über die Art, wie die Naturvölker das Menschenleben schätzen, vollendet haben, ergibt sich als Resultat, dass ihre Kriege für sie höchst gefährlich sind, ja einzelnen geradezu die Existenz gefährden, so dass wir sie in erster Linie aufführen müssen, wenn wir die Ursachen für das Aussterben der Naturvölker aufsuchen; dass aber Kannibalismus und Menschenopfer, obwohl in einzelnen Ländern furchtbar ausgedehnt, nur von sekundärer Wichtigkeit sind und nur wenn sie mit anderen Gründen vereint auftreten, zur sichtlichen Verminderung eines Volkes beigetragen haben.

§ 11. Verfassung und Recht.

Auch die Staats-und Rechtsverfassung der Naturvölker wird nach einigen Seiten uns hier, freilich nur kurz, beschäftigen müssen. Die Kulturstaaten Amerikas so wie die polynesischen Inseln sind es, die wir nach dieser Richtung hin betrachten müssen; denn bei den übrigen Naturvölkern ist theils das Rechts- und Staatsleben zu wenig entwickelt, als dass es irgend welchen Einfluss gehabt hätte, theils so entwickelt, dass dieser Einfluss kein ungünstiger war. Wie das Recht in seiner ältesten Entwickelung immer seine Gesetze »mit Blut« schreibt; so war es auch in Mexiko der Fall: fast alle Verbrechen, selbst geringe Diebstähle, Trunk, Verleumdung u. dergl. wurden mit dem Tod bestraft, und bisweilen die ganze Familie in die Sklaverei verkauft (Waitz 4, 84-85). Denn der Grundsatz, dass die Sippe haften muss für das einzelne verbrecherische Mitglied gilt auch hier. In Peru (4, 414-15) war die Strenge der Gesetze nicht minder gross und die Haftbarkeit der Familie für den Schuldigen, mit dem sie in vielen Fällen den Tod zugleich erlitt, noch grösser. Diese strenge Justiz und namentlich die Haftbarkeit der Familie für den Einzelnen hat in der Südsee ferner, wo sie gleichfalls herrscht, um so grösseren Schaden angerichtet, als, wie wir gleich sehen werden, dort die Gewalt der Herrschenden noch absoluter war als in Amerika. So wurde in Tonga der ganze Stamm eines Aufrührers vernichtet (Mariner 1, 271) und die fortwährenden Rachekriege dieser Völker und Stämme untereinander beruhen theilweise auf dieser blutigen Rechtsauffassung (z.B. für Neuseeland Dieffenbach 1, 93, Haftbarkeit des Stammes für den Einzelnen Thomson 1, 98).

Auch in Neuholland sind ziemlich strenge Rechtsstrafen (Grey 2, 236-37), entweder Tod oder Durchstossen einzelner Körpertheile mit dem Speer (wobei oft der Tod erfolgt) oder Speerung, d.h. der Schuldige muss sich den Speerwürfen einer grösseren oder geringeren Menge von Volksgenossen aussetzen, denen er freilich durch seine Geschicklichkeit (Waffen darf er nicht haben), wenn sie ausreicht, ausweichen darf (Grey 2, 244-45). Die Haftbarkeit der Familie, des Stammes für den Einzelnen ist hier wo möglich noch fester, als irgendwo sonst (Grey 2, 239-40; 235-36).

In Mexiko war die Verfassung streng monarchisch, wobei der Adel, der früher wahrscheinlich die höchste Staatsgewalt selbst in Händen gehabt hatte (Waitz 4, 71), wie in anderen monarchischen Staaten auch, grosse Vorrechte über das Volk hatte. Der Herrscher, weil er Stellvertreter Gottes auf Erden war, hatte unumschränkte Gewalt (Waitz 4, 68); und mochte dadurch auch mancherlei Ungerechtigkeit und Gewaltthätigkeit geschehen, mochten einzelne Fürsten ihre Macht missbrauchen, wie denn namentlich der letzte von ihnen, Montezuma II., seinen gewaltthätigen und hoffärtigen Charakter in noch schärferer Entwickelung des Absolutismus und der Sonderstellung des Adels zeigte; das wurde doch vom Volk ertragen, ohne dass dadurch das Volk noch auch durch den Unwillen des Volkes die Herrscher gefährdet waren. Schlimmer war, dass die Herrscher durch ihren Absolutismus den eigenen Willen des Volkes zu sehr gelähmt hatten. »Die strenge und allgemeine Fügsamkeit in den Willen des Herrschers hat sich von Seiten des Volkes bei mehreren Gelegenheiten in unzweideutiger Weise gezeigt: auf einen Wink von Montezuma blieb Alles ruhig, sogar als er selbst von Cortez gefangen gesetzt wurde und mit der Eroberung der Hauptstadt hörte jeder Widerstand auf, nicht bloss weil die Grossen des Reichs dort alle vereinigt waren, sondern auch weil mit dem Falle des Herrschers für die bis zum Aeussersten standhaft gebliebenen Mexikaner die Pflicht der Selbstverteidigung wegfiel. Revolutionen des Volks waren — abgesehen von neu eroberten Ländern — fast unbekannt« (Waitz 4, 68). Am gefährlichsten aber war die Eroberungspolitik des mexikanischen Staates. Um alle Länder sich und ihrem Gotte Huitzilopochtli zu unterwerfen, was das stete Streben der Mexikaner war (4, 117), hatten sie ihre Herrschaft vom atlantischen bis zum stillen Ozean ausgedehnt, ohne aber wirklich Widerstand leistende Länder ernstlich zu bezwingen und sich zu assimiliren. Und Montezuma II. noch machte es ebenso. Während in seinen Ländern Empörungen der unterworfenen Ländertheile ausbrachen, schickte er, anstatt das Gewonnene dauernd zu fesseln, seine Heere in immer fernere Gegenden, um immer mehr zu gewinnen (Waitz 4, 46), und »daher, sagt Waitz 4, 47, ist es wohl begreiflich, dass das grosse rasch gewachsene Reich des Montezuma durch ein paar kräftige und geschickt geführte Stösse zertrümmert werden konnte.« Eine Menge einheimische Feinde, ganze Ländertheile erhoben sich und stellten sich auf Seiten der Spanier — und so ist Mexiko, das so bevölkerte, reiche und blühende Land zum nicht geringsten Theil durch seine eigene Politik zu Grunde gegangen. Da diese Schilderung im Grossen und Ganzen auch auf Peru passt, wo der König als Stellvertreter Gottes auf Erden nur eine noch absolutere und drückendere Macht besass, wo gleichfalls Eroberungskriege das Land ausgedehnt und dadurch minder fest gemacht hatten, weil es nun in seinem Innern feindliche Elemente barg (Waitz 4, 399-413), da wir hier so ziemlich dasselbe finden, so brauchen wir die Verhältnisse des Inkareiches nicht genauer zu betrachten und gehen gleich zu Polynesien über.

Hier hat der Absolutismus und die Sonderstellung des Adels, die in der göttlichen Abstammung des Adels und der

Könige wurzelt, die denkbar höchste, man könnte sagen eine logisch vollkommene Entwickelung gefunden. Ueberall, in Neuseeland, in Tahiti, in Hawaii, dem Markesasarchipel, auf Tonga, bei der alten Bevölkerung der Marianen (während sonst Mikronesien in der Praxis wenigstens die Gegensätze minder scharf fasst) gilt das Volk als unbeseelt, daher sein Leben als vollkommen werthlos. Man tödtete es nach Gelüsten oder Laune (Mariner 1, 60. 91), man bedrückte es, da es weiter keine Geltung hat, als eben nur für die Vornehmen da zu sein, keinen Werth weiter als was es den Vornehmen werth ist — und nirgends war dieser Druck schlimmer als auf Hawaii — man hat ihm aus demselben Grund alle harte Arbeit, z.B. den Landbau, aufgeladen; dabei ist ihm das meiste der besseren Nahrungsmittel verboten; zu den Festen der Vornehmen muss es, was es besitzt an Lebensmitteln, beisteuern, zu den Menschenopfern nimmt man die Individuen aus ihm, kurz, es liegt ein Druck auf ihm, so unglaublich, dass man gar nicht begreift, wie unter demselben überhaupt sich eine und noch dazu zahlreiche Bevölkerung erhalten konnte. Oft fand es nicht Zeit zur Bestellung des eigenen Landes, daher denn Hungersnoth, Kindermord und namentlich eine grosse Menge von Auswanderungen eintraten, die vor allem Tahiti entvölkerten, aber auch von anderen Inseln erzählt werden. So gab es auf Tahiti im wilden, gebirgigen und kaum bewohnbaren Inneren der Insel eine zerstreute Bevölkerung »wilder Männer«, die, ausserordentlich scheu und ängstlich, ganz einsam in den Klüften leben, gewiss nur entsprungene Flüchtlinge aus dem Volke, oder deren Abkömmlinge, welche nicht zurückzukehren wagten (Ellis 1, 305). Von Hawaii sagt Jarves (368 ff.): »Der Ackerbau ward vernachlässigt, und Hungersnoth herrschte. Ganze Schaaren gingen unter ihrer Last zu Grunde; andere verliessen ihre Heimath und flohen gleich wilden Thieren in die Tiefe der Wälder, wo sie aufs elendeste aus Mangel umkamen, oder eine klägliche Existenz durch Früchte und Wurzeln fristeten. Blind für diese Folgen setzten die Fürsten ihre Politik (zu der sie von geldgierigen Fremden vielfach verleitet wurden) fort.« Kindermord war die Folge namentlich einer unerschwinglichen Kopfsteuer und nicht nur physisch, auch moralisch verkam das Volk. Und auf dies moralische Verkommen ist sehr zu achten; denn nichts befördert den Untergang einer Bevölkerung mehr als dies. Wo die Moralität (natürlich hier nur nach den Begriffen der betreffenden Völker) fehlt, fehlt auch die Selbstachtung; wo die Selbstachtung, die Freude am Leben, welche diesen Menschen auch schon aus äusseren Gründen unmöglich war; und wo die Freude am Leben fehlt, da verkommt und versiegt das Leben selbst. Mit Recht stellt daher Jarves (a.a.O.) diesen Druck, unter dem das Volk erlag, für eine Hauptursache seines massenhaften Schwindens hin: und wie es in Hawaii war, so war es, mit wenig Abänderungen, so ziemlich überall in Polynesien.

§ 12. Natureinflüsse.

Sahen wir so, was die Naturvölker durch eigene Lebensart oder Schuld zu ihrem Hinschwinden beitragen: so müssen wir, ehe wir weiter gehen, einen Blick auf die Naturumgebungen dieser Völker werfen und deren günstigen oder schädlichen Einfluss abwägen. So viel leuchtet schon dem ersten Blick ein: durch Natureinflüsse allein stirbt kein Volk aus und die menschliche Natur gewöhnt sich fast an alles. Man kann sich, nach Darwins Schilderung, kaum eine für menschliche Entwickelung ungünstigere Natur denken, sowohl in Hinsicht auf Klima, als auf Lebensmittel u.s.w., als die Südspitze von Amerika und dennoch sagt derselbe Schriftsteller, dass ein Aussterben der elenden Stämme der Feuerländer nicht zu bemerken sei. Ebenso wenig der Eskimos. Der Mensch akklimatisirt sich, freilich nur sehr allmählich in langsamen Vorrücken und durch Jahrhunderte oder besser Jahrtausende lange Vererbung und dadurch Verstärkung der für die einzelne Gegend speziell befähigenden Eigenschaften an jede Gegend, an jedes Klima, und nichts beweist gerade mehr die Dauerhaftigkeit unserer Natur als diese Fähigkeit der Gewöhnung. Aber freilich werden weder Feuerländer noch Eskimos sich je zu grossen mächtigen Nationen entwickeln: und zwar in Folge ihrer Naturumgebung, welche der freien Entfaltung der Menschheit denn doch unübersteigliche Hindernisse in den Weg stellt. So ist denn eben die Naturumgebung der Grund, dass wir die roheren Naturvölker nie sehr zahlreich sehen; die Natur erheischt ein Leben, welches dem Gedeihen der Menschheit nicht zuträglich ist. Die geringe Zahl der Neuholländer ist zweifelsohne bedingt durch die erstaunlich unfruchtbare Natur ihres Landes, denn wenn auch Grey (1, 239) Recht hat gegen Sturt und viele Andere, dass der Nahrungsmangel in Neuholland nicht so gross ist, als er gewöhnlich gemacht wird, und allerdings gibt er für den Südwestdistrikt des Welttheils, für eine Ausdehnung von 2-300 Meilen (2, 299) eine reiche Menge Nahrungsmittel an (2, 263-64); so sind dieselben doch immer erst weit zerstreut, müssen gesucht werden und sind oft, im einzelnen betrachtet, elend genug. Sie zu vermehren, anzubauen haben die Eingeborenen nicht Kultur genug, auch finden sich kaum unter den Pflanzen und Thieren Neuhollands solche, die zu eigentlichen Kulturpflanzen oder Hausthieren brauchbar wären; zu sammeln aber sind die Neuholländer, wie wir schon bei der Betrachtung ihres Charakters sahen, zu indolent, zu träge. Wir müssen hier die ausserordentlich hemmenden Schranken der Natur anerkennen, die jedoch nur dann erst wirklich für den Bestand eines Volkes gefährlich werden, wenn noch andere Bedrängnisse hinzukommen. Ueber viele Distrikte Amerikas muss man, mehr oder minder, dasselbe sagen, in mancher Beziehung auch von Südafrika. Und fast noch ungünstiger gestellt ist Polynesien schon in seinen hohen Inseln, die meist im Innern so steil und unwegsam sind, dass sie, wie Tahiti und Nukuhiva, nicht bewohnt werden können, oder grosse unfruchtbare Strecken hinter ihren meist üppigen Uferstrecken bergen, wie die Fidschis und viele der Hawaiiinseln, und die, wenn sie auch durch und durch bewohnbar wären, doch schon durch ihre verschwindende Kleinheit in dem ungeheuren und gefährlichen Ozeane ihren Bewohnern ein Hinderniss sind. Hier ist die Schifffahrt nicht so leicht, wie im Mittelmeer und eine Küstenschifffahrt ganz unmöglich. Grosse Thiere gibt es gar nicht ausser dem zum Hausthier im wahren Sinne ungeeigneten Schwein und einigen Hunden, welche aber ihre Hundenatur fast abgelegt haben und Mastvieh geworden sind. Nutzpflanzen gibt es genug, aber so reichlich, dass weder geistige noch leibliche Anstrengung, ja kaum Thätigkeit nöthig ist, um hinlänglichen Vorrath zu bekommen, oder so wenig, wie auf Neuseeland (natürlich zur Zeit der Entdeckung), dass trotz aller Anstrengung die Nahrungsmittel sich nicht sehr heben konnten. Und nun gar die kleineren Inseln, die fast immer unfruchtbaren Korallenringe, welche meist, wie im östlichen Polynesien und in Paumotu, nur den Pandanus mit seinen kümmerlich nährenden Früchten und, aber noch nicht einmal überall, z.B. in der nördlichen Ratakkette nicht, die Kokospalme hervorbringen, den Brotbaum und die anderen Nahrungspflanzen der Südsee, welche feuchten Boden verlangen, wie Tacca und Arum, nur seltener oder nur erst nach sehr mühevoller Bearbeitung des harten Korallengrundes gedeihen lassen, Thiere aber, ausser zahlreichen Ratten, gar nicht besitzen. Dazu kommt, dass grässliche Orkane, denen nichts zu widerstehen vermag, auf Tahiti, den Paumotu- und Herveyinseln, auf Tonga, den Karolinen, den Marianen, kurz so ziemlich überall, die Vegetation gar nicht selten so vollständig vernichten, dass äusserste Hungersnoth eintritt. Auf den Inseln südlich vom Aequator sollen Stürme der Art nach Mörenhout (2, 365) nicht öfter als alle 8-10 Jahre vorkommen, also gerade oft genug, um eine reiche Entwickelung der Bevölkerung unmöglich zu machen. Denn ihre Gewalt ist so, dass an irgend welchen Schutz oder Widerstand gar nicht zu denken ist. Daher ist es denn begreiflich, dass man den Kindermord, wie Chamisso mit solchem Entsetzen von den Ratakinsulanern erzählt, dort und auch sonst noch (z.B. auf Tikopia) geradezu gesetzlich regulirte, um die Inseln vor Uebervölkerung zu behüten; begreiflich ferner, wie Hochstetter auf den Gedanken kam, dass der Kannibalismus auf Neuseeland durch den Hunger eingeführt sei. Ist nun zwar letztere Ansicht gewiss nicht richtig, wie sich leicht aus dem was wir über den Kannibalismus schon gesagt haben, ergibt; so ist es doch sicher, dass in einzelnen Gegenden Polynesiens, z.B. in Nukuhiva, bisweilen der Hunger zum Auffressen naher Verwandten trieb. Auch in Amerika, namentlich im Norden, gibt es Völker, die durch die äussere Noth gezwungen, zum Kannibalismus gebracht sind (Waitz 3, 508; 4, 251).

Dass auch die Aleuteninseln durch ihre Naturbeschaffenheit keine reiche Entwickelung ihrer Bevölkerung zulassen, ist klar; und dasselbe gilt von Kamtschatka, über dessen Natur von neuern Schriftstellern v. Kittlitz trefflich gehandelt hat.

Alle die besprochenen Länder machen eine grosse geschichtliche Entwicklung von vornherein so gut wie unmöglich. Einförmigkeit ist das Zeichen der meisten; und historische Schicksale, das wirksamste Mittel, die Menschheit zu heben, konnten ihre Bewohner so gut wie gar nicht treffen. Dadurch aber konnten sie sich nicht über die Natur, wie z.B. die Indogermanen, die Semiten gethan, erheben, so dass diese von ihnen beherrscht wäre. Und nehmen wir auf der anderen Seite Völker mit den Sitten, wie wir sie bisher geschildert, in ungünstiger Natur, so leuchtet wohl ein, wie gerade ihnen gegenüber schädliche Natureinflüsse von doppelter Gefahr sein mussten.

§ 13. Aeussere Einflüsse der höheren Kultur auf die Naturvölker.

Wir können nun erst, nachdem wir betrachtet haben, was in der Natur und Lebensweise dieser Völker selbst einen frühen Untergang Begründendes liegt, die Einflüsse genauer erwägen, welche ihre Berührung mit anderen meist höher kultivirten Völkern und namentlich mit den Kulturvölkern Europas und Amerikas hervorgebracht hat.

Es sind hier zunächst Einflüsse zu erwähnen, welche obwohl durchaus nicht feindselig, ja häufig nur gut gemeint dennoch physisch wie psychisch die gewaltsamsten Wirkungen haben mussten und hatten und haben.

Zunächst ist es die Umänderung des äusseren Lebens der Naturvölker, welche uns, wie sie durch jene Berührung unvermeidlich war, beschäftigen muss. — Die ganze Lebensart dieser Völker war durch lange fast instinktive Auswahl, dem Klima, den Bodenverhältnissen, ihrer ganzen äusseren Natur so entsprechend oder wenigstens die Natur dieser Völker hatte sich durch lange Gewöhnung so mit dieser Lebensart assimilirt, dass jede auffallende Aenderung, namentlich wenn sie plötzlich kam, wenn sie sich über mehreres erstreckte, oder gar wenn sie bloss halb, bloss zeitweilig durchgeführt wurde, die grössten Revolutionen in ihrem gesammten Wesen hervorbringen musste. Auch hier ist wieder auf die unendliche Macht einer sich stets verstärkenden Vererbung hinzuweisen, wie sie durch Jahrhunderte, Jahrtausende lange Gewöhnung, durch überaus allmähliche Angleichung die Menschennatur so fest auch an ungünstige Einflüsse gewöhnen kann, dass eine

Abwendung von ihnen für den Augenblick nur schädlich zu wirken scheint.

So finden wir das körperliche Leben der Naturvölker im engsten Einklang mit den Naturumgebungen und ihren Einflüssen. Vor der Bekanntschaft mit den Europäern oder Amerikanern (die immer, was gestattet sein möge, mitgemeint sind, wenn im Folgenden einfach nur von den Europäern und ihrem Einfluss die Rede ist) waren daher die Naturvölker durchaus gesund, obwohl einzelne Seuchen ab und zu schon damals bei ihnen vorkamen: nie aber kannten sie die chronische Kränklichkeit kultivirter Nationen.

So war es mit der Kleidung. Die Neuseeländer trugen Kleider von Mattenzeug, welches aus den Blättern der neuseeländischen Flachslilie (Phormium tenax) geflochten war — auf welchen Matten man auch schlief — und seltener und nur die Fürsten einen Mantel aus zusammengenähten Hundefellen (Dieffenbach 2, 153). Statt dieser kühlen, die Haut nur schützenden, kaum erregenden Kleidung, welche auch (für Neuseeland sehr wichtig, wo es sehr oft, meist nur vorübergehend, regnet) die Nässe nicht lange hielt, tragen sie jetzt wollene Decken, die, abgesehen davon, dass sie dem Ungeziefer eine willkommene Zuflucht sind, die Haut reizen, die Feuchtigkeit sehr lange halten und einen viel stärkeren Wechsel in der Temperatur des Körpers hervorbringen. Denn wie die Maoris früher ihre Phormiummatten bei irgend welcher Arbeit oder sonstigen Gelegenheit leicht ablegten, gerade so machen sie es, ganz ohne Rücksicht, ob sie warm sind, ob nicht, auch mit den Wollendecken jetzt (Dieffenbach 2, 18). Ganz ähnlich schildert das Jarves 370 von Hawaii. Fürsten und Volk, sehr begierig auf jeden ausländischen Stoff, gleich viel ob es Matrosentuch oder das dünnste chinesische Gewebe war, trugen alles ganz ohne Unterschied, und so kamen sie bald nach ihrer alten Art, bald anders, bald mit einer Mischung von beiden bekleidet;

derselbe, der längere Zeit eine solche Kleidung trug, erschien dann wieder viele Tage lang nackt. Je schöner das Wetter war, um so reichlicher bekleidet gingen sie, um zu paradiren, bei schlechtem Wetter aber meist nackt, um die Kleidung zu schonen; nackt daher auch in der ganzen Jahreszeit des Winters, und im Sommer bekleidet. Jarves wie Dieffenbach finden daher mit vollem, Recht in dieser Veränderung und in dieser Art der Neuerung eine äusserst wirksame Ursache für den Verfall der Gesundheit dieser Völker. Diese Ursache aber wirkt überall, wo Natur- und Kulturvölker zusammentreffen: sie musste eintreten, weil schon die Missionäre eine etwas decentere Bekleidung als die meisten Naturvölker kannten, verlangen mussten.

Auch eingeführte Nahrungsmittel (abgesehen von den Spirituosen) waren den Naturvölkern schädlich: so nach Dieffenbach a.a.O. für die Neuseeländer die Einführung des Maises, den sie halb gegohren verbacken und durch dies äusserst ungesunde Brot sich sehr schaden. Salz, sagt er, was sie früher in den Seethieren genossen, essen sie jetzt gar nicht mehr, denn ihre fast einzige Nahrung ist die Kartoffel; diese aber, abgesehen davon, dass ihr ausschliesslicher Genuss überhaupt schädlich ist, wirkte noch dadurch ungünstig, dass sie bei der wenigen Pflege, die sie verlangt, ganz und gar nur von Sklaven und Weibern besorgt wird, ohne die Männer nur zu irgend welcher Thätigkeit anzuregen. Was wir hier an dem einen Beispiel zeigten, gilt natürlich wiederum für einen ganzen Kreis dieser Völker.

Auch der Hausbau hat sich vielfach geändert, wenigstens in Polynesien, da hier fast allein ein annähernd freundliches Verkehren der Europäer mit Eingeborenen sich entwickelt hat. In Polynesien war man früher an sehr luftige, reinliche Häuser, die fast nur aus einem sehr tief herabreichenden Dache bestanden, gewöhnt. Jetzt aber kommen mehr und mehr mit Hintansetzung der altheimischen Art Häuser oder

Baracken auf, die nach europäischer Art gebaut der für jene Gegenden so nöthigen Ventilation fast ganz entbehren und, da nun noch dazu nach alter Sitte viele Menschen in einem solchen Raum zusammen wohnen und schlafen, durch den grellen Gegensatz gegen das von früherher Gewohnte den schlimmsten Einfluss haben (z. B, Dieffenbach 2, 68-71).

Namentlich war es der Adel in Polynesien, der diese Aenderungen vornehmlich, da er mit den Europäern in genauere Berührung kam und grössere Mittel hatte, bei sich einführte: gerade aber der Adel ist vom Aussterben weit mehr und rascher ergriffen, als das Volk — so namentlich in Hawaii — und es ist diese Erscheinung nicht so zu erklären, dass man beim Adel, weil er geringer an der Zahl sei, das Hinschwinden klarer sähe: denn hiergegen sprechen die Verhältnisszahlen so wie der Umstand, dass in der ersten Zeit der Adel vornehmlich von Krankheit u. dergl. heimgesucht war, bis das Verderben sich weiter ausbreitete. Es nimmt das um so weniger Wunder, als auch der Adel es war, welchem die meisten der geschilderten polynesischen Ausschweifungen zur Last fallen. Das meiste überhaupt, was vorzüglich in älteren Reisebeschreibungen von Polynesien gesagt wird, geht auf den Adel, da dieser bevorzugte Stand mit so hervorragenden Fremdlingen, als die Europäer waren, zu verkehren nach polynesischen Begriffen fast allein das Recht hatte. Wo aber diese Völker wenigstens nicht halb und nur zeitweilig, sondern ganz und für immer die europäischen Sitten, Kleidung, Wohnung, Lebensart u. s. w. annehmen, da bleiben sie weit ungefährdeter, wie dies Dieffenbach a. a. O. von den Neuseeländern nachweist. Den skrophulösen Habitus so vieler Maorikinder an der Küste erklärt er dagegen nur durch die ungeeignete und halbe Aenderung der einheimischen Lebensweise.

Auch die Ausbreitung der Weissen beschränkt und

beschädigt natürlich, schon durch sich selbst und ohne böswillige Absicht der sich Ausbreitenden, die Naturvölker in hohem Grade. Auf den kleinen polynesischen Inseln z. B., doch auch sonst und überall sind die Lebensmittel bei so riesig durch die Europäer gesteigertem Verkehr viel werthvoller und dadurch immer knapper geworden. Man denke nur, um dies Beispiel aus Polynesien auszuführen, was alle die Schiffe brauchen, welche zu Papeiti oder gar zu Honolulu vor Anker gehen, um sich zu verproviantiren. Und sollte man denken, dass grade dies grössere Bedürfniss ein Sporn für die Eingeborenen sei, der sie weiter bringe in der Kultur, im Ackerbau, Handel u. s. w.: so erwäge man, dass jetzt kaum ein Jahrhundert seit der ersten Entdeckung (die spanischen Besuche auf den Inseln, welche früher fallen, abgerechnet) verflossen ist, dass in einem so kurzen Zeitraum aber, wo so mannigfache Schicksale auf die Eingeborenen einstürmten, sich der Ackerbau noch gar nicht so entwickeln konnte, dass er diesen massenhaften Anforderungen entspräche; und dass zu grosse Forderungen eben nicht mehr anspornen, sondern erschlaffen, erdrücken. In anderen Gegenden gestaltet sich dieselbe Sache anders, aber die Resultate bleiben gleich.

Die Neuholländer freuen sich, wenn sich in ihrem Gebiete Europäer niederliessen, sie wünschten es und forderten sie dazu an vielen Orten auf. Allein die nächste Folge war, dass sie in eine sehr elende Lage geriethen: denn (abgesehen von anderem, was wir später besprechen) ihre Jagdthiere verminderten sich auf der Stelle, ja sie verschwanden, theils verdrängt oder verjagt, theils ausgerottet von den meist sehr jagdlustigen Einwanderern (Lang bei Grey 2, 234-35). Daher sagte ein Australier sehr richtig zu einem Europäer:»Ihr solltet uns Schwarzen Milch, Kühe und Schafe geben, denn ihr seid hergekommen und habt die Opossums and Känguruhs vertilgt. Wir haben nichts mehr zu essen und sind hungrig« (Bennet bei Waitz 1, 183). Die brauchbaren Gras- und Weidestrecken nahmen die Europäer mehr und mehr im Lauf der Jahre ein in Neuholland, Neuseeland, Afrika, Amerika, die fruchtbaren Küstenstriche, sonst der gewöhnliche Aufenthalt der Eingeborenen, haben sie ganz und gar inne, das Land erklären sie für ihr Eigenthum, und da sie sich man kann wohl sagen täglich mehr und mehr ausbreiten, so drängen sie schon durch ihre blosse Existenz die Eingeborenen in die Wälder, die Berge, die Wildniss zurück; so dass es denn gar kein Wunder ist, wenn die Eingeborenen schon hierdurch allein »wie von einem giftigen Hauche berührt« (oder wie die Phrase lautet) verkommen. »Als der weisse Mann, so sagte der Cherokeehäuptling Bunteschlange in einer Rede, sich gewärmt hatte am Feuer des Indianers, und sich gesättigt an seinem Maisbrei, da wurde er sehr gross, er reichte über die Berggipfel hinweg und seine Füsse bedeckten die Ebenen und die Thäler. Seine Hände streckte er aus bis zum Meere im Osten und Westen. Da wurde er unser grosser Vater. Er liebte seine rothen Kinder, aber sprach zu ihnen: ihr müsst ein wenig aus dem Wege gehen, damit ich nicht von ungefähr auf euch trete. Mit dem einen Fuss stiess er den rothen Mann über den Okonnee und mit dem anderen trat er die Gräber seiner Väter nieder. Aber unser grosser Vater liebte doch seine rothen Kinder und änderte bald seine Sprache gegen sie. Er sprach viel, aber der Sinn von Allem war, nur: geht ein wenig aus dem Wege, ihr seid mir zu nahe. Ich habe viele Reden von unserem grossen Vater gehört und alle begannen und endeten ebenso« (Waitz 3, 144). Chamisso, einer der wenigen, die sich in Deutschland für die Stellung jener Völker interessirten, hat dieser Rede ergreifenden Ausdruck verliehen in einem seiner Gedichte (Werke 4, 86). Sie ist bekannt genug: und wenn auch in ihr der ethische Gedanke die Hauptsache ist, so kann doch auch die Schilderung der Thatsachen nicht schlagender gegeben werden.

Und doch, auch wenn man den Eingeborenen genügenden Landbesitz und Jagd und Lebensmittel genug sichern könnte, wir wiederholen es: die totale Umwälzung ihres ganzen leiblichen Lebens, das, wie wir eben gesehen, sich nach jeder Richtung hin ändern musste durch die plötzlich hereinbrechende Kultur, wird auch wenn keine Halbheiten, Ungeschicklichkeiten u. dergl. vorkommen, wenn alles gleich so trefflich als möglich eingerichtet wäre, den gefahrvollsten Einfluss auf die Naturvölker haben und je mehr, je plötzlicher sie kommt. Denn je länger physische Gewohnheiten schon bestehen, um so fester sind sie und um so gefährlicher ist es für die menschliche Natur, wenn sie plötzlich gebrochen werden sollen. Auch hierin ist Leib und Seele einem Gesetze unterworfen: dem Gesetze der Beharrlichkeit. Wie eine Flüssigkeit, welche man in einen bestimmten Kreislauf gebracht hat, diesem Laufe immer williger und rascher folgt, aber wild in ungeordnete Wirbel zusammenschäumt, wenn man sie nach der entgegengesetzten Richtung hin zwingen will, bis sie sich endlich und allmählich diesem Neuen gewöhnt: so musste das natürliche Leben dieser Völker in Aufregung und Unordnung kommen, als es so plötzlich von der übermächtigen Kultur unterbrochen wurde, an die es sich erst langsam und sehr allmählich gewöhnen wird. So werden denn einzelne wohl, nie aber ein ganzes Volk rasch und plötzlich sich eine so totale Umänderung, wie hier nöthig, und käme sie unter den günstigsten Bedingungen (was hier leider nicht geschah), aneignen können. Nur so ist sicher die Nachricht zu verstehen, die wir vorhin Dieffenbach entlehnten, dass die Neuseeländer, wo sie vollkommen europäisch lebten, auch gesund seien: wobei denn immer noch zu erwägen bleibt, dass Dieffenbach erst 1840 seine Beobachtungen anstellte, also über zwei

Generationen (70 Jahre) nach der ersten Entdeckung der Insel. Allein man könnte sagen: und doch haben andere Völker dasselbe plötzliche Hereinbrechen einer übermächtigen Kultur durchgemacht und überwunden. Man könnte unsere eigenen Vorfahren, die alten Deutschen nennen. Und doch, welch ein ungeheurer Unterschied hier in Allem! Denn erstens war die griechischrömische Kultur, wie sie zu den Germanen kam, unendlich bequemer als die moderne, wie sie die Naturvölker annehmen sollen; zweitens standen die Germanen in jeder Weise, auch in ihrer leiblichen Beschaffenheit, jener Kultur und ihren Trägern bei weitem näher als die Naturvölker den Europäern; drittens brach dieselbe nicht so unaufhaltsam, so plötzlich, so rücksichtslos über die Germanen herein, wie über jene Völker, sondern ganz allmählich, durch Jahrhunderte langes Vertrautwerden mit dem Einzelnen, wobei das romanisirte Gallien keine unbedeutende Vermittlerrolle spielte; und endlich kam sie nicht in solchem Grade feindselig, wie die moderne Kultur über die sogenannten Wilden.

§ 14. Psychische Einwirkungen der Kultur.

Und so blieben unsere Vorfahren vor dem namentlich bewahrt, was den Naturvölkern so verhängnissvoll wurde: vor dem geistig deprimirenden Eindruck, den die Kultur auf die Naturvölker macht. Die Germanen fanden Gelegenheit selbständig siegend in dem Land ihrer geistigen Besieger aufzutreten: sie behielten stets das gegründete Bewusstsein eigenes Werthes und dass sie nicht in jeder Beziehung untergeordnet seien. Sie standen den Römern gegenüber wie der Schüler dem Lehrer, der des Schülers geistiges Leben leitet, corrigirt, erhöht, aber nicht verletzt, vernichtet, verhöhnt.

Ganz anders aber die Naturvölker. Ihr Geistesleben, alles, was sie dachten, fühlten und glaubten ist ihnen durch ihr Bekanntwerden mit den Europäern was sollen wir anders sagen als geradezu (und oft mit der boshaftesten Absichtlichkeit) vernichtet worden. Hierdurch wurden selbstverständlich je gebildeter die Völker waren, sie um so härter betroffen; so dass vieles von dem im folgenden Entwickelten auf die rohesten Stämme Südamerikas oder Neuhollands keine Anwendung findet.

Zunächst die Religion. Die meisten Naturvölker sind von sehr reiner und inniger Religiosität, bei allen Abgeschmacktheiten und Monstrositäten ihres Glaubens. So waren es die Mexikaner. Ihre Religion (Waitz 4, 128) war es, welche ihnen ihre hohe und reine Moral eingab, deren Grundgedanke — zugleich ihr festester und untrüglichster Schwur (Waitz 4, 154) — war: sieht mich nicht unser Gott? Und alles, was die Religion schweres von ihnen forderte, wurde treu und gewissenhaft und mit ächter und inniger Andacht von ihnen, nach Cortez eigenem Zeugniss (Waitz 4, 154) ausgeführt, Ihre vielen Eroberungskriege waren, wie wir schon sahen, alle von dem Gedanken geleitet, ihre Religion auszubreiten über alle Welt. Nicht anders, nach Waitz Schilderung (4, 447 ff.) die Peruaner. Gleichfalls in hohem Grade gottesfürchtig sind die Nordindianer (Waitz 3, 205), die keine Handlung ohne Gebet unternehmen, die alle schweren von der Religion verlangten Peinigungen mit der grössten Gewissenhaftigkeit vollführen. Und so haben alle diese Völker überall zähe an ihren Religionen gehalten.

Etwas anders steht die Sache in Polynesien. Nicht als ob die polynesischen Völker nicht von gleich tiefer Religiosität wären; was z.B. schon die bekehrten Eingeborenen beweisen, in deren Hand jetzt der grösste Theil der Südseemission ist. Aber die ganze Bevölkerung war sittlich minder rein als die Amerikaner und befand sich schon zur Zeit der Entdeckung, wie Meinicke (b) nachgewiesen, in einem Zustande auch des geistigen Verfalls. Daher erklärt sich die auffallende Erscheinung, dass die Polynesier (Dieffenbach 2, 50 vom ganzen Ozean) und nach Chamissos Zeugniss auch die Mikronesier sich leicht bewegen lassen, über ihren früheren Aberglauben selbst zu lachen und ihn aufzugeben. Doch auch sie fügen sich und nicht bloss aus Herkommen mit freudigstem Gehorsam den beschränkendsten Gesetzen ihrer Religion, z.B. den Tabu-Gesetzen, d.h. den Bestimmungen, durch welche Gegenstände aller Art heilig gesprochen und dem unheiligen Volk gänzlich entzogen werden, sowie der übergrossen Adelsverehrung und anderem der Art. Und nur da haben sie ihre Religion wirklich und ohne Widerstand aufgegeben, wo sie durch die Mission wirklichen religiösen Ersatz bekamen. Gegen feindselige Angriffe auf ihre Religion, mochten sie absichtlich oder nur zufällig sein, haben sie sich immer aufs heftigste aufgebracht gezeigt und eine Menge Ueberfälle, Kriege, ja Cooks Tod selbst sind nur durch solche Verletzungen ihrer Tempelplätze oder sonstigen Heiligthümer hervorgerufen.

Aber selbstverständlich war es gerade die Religion, gegen welche sich die heftigsten und ersten Angriffe der Kulturvölker richteten. Das brauchte nicht mit der brutalen Roheit der Conquistadoren und ihrer Pfaffen in Amerika oder der Sendlinge Frankreichs in den letzten Jahrzehnten, der Laplace, Dupetitthouars u.s.w. in der Südsee zu geschehen: auch die edelsten der Europäer mussten sich gegen diese Religionen wenden, um sie zu zerstören, und so sahen die Eingeborenen ihr Heiligstes vernichtet, ja als durchaus schlecht und nichtswürdig verachtet. Aus dem Vorstehenden aber kann man ermessen, wie vernichtend dieser Schlag ihr geistiges Leben traf.

Ebenso war es mit den politischen Einrichtungen: und auch hier müssen wir wenigstens auf einige Hauptpunkte hinweisen. Die despotische Verfassung, das strenge Adelsregiment der Südsee (um bei den Polynesiern zunächst zu bleiben), haben wir schon betrachtet. Aber mochte der Adel sich noch so hoch über das Volk stellen, das Volk aufs ärgste unterdrücken: er war doch von Gott, man hing ihm doch mit warmer Verehrung an, man brachte in den meisten Fällen sein Gut und Blut mit aufrichtigem Eifer dar — lohnte doch eine solche Aufopferung mit einem besseren oder überhaupt mit einem Leben nach dem Tode! Jedenfalls beruhte auf diesem Verhältniss des Adels, der naturgemäss die stolzeste Meinung von sich hatte und sich keineswegs den europäischen Grossen untergeordnet fühlte, und des Volkes das gesammte öffentliche Leben Polynesiens und Mikronesiens und hier wieder vorzüglich der Marianen.

Durch den Einfluss der Europäer änderte sich das alles und

so sehr auch das Volk nachher dadurch gewann: für den Augenblick musste es die Einrichtungen, die ihm seit Jahrtausenden gewohnt und ehrwürdig waren, aufgeben und die, welche es vordem gleich Göttern geachtet hatte, von den Europäern keineswegs besonders hochgestellt, ja oft mit Verachtung oder gar mit schreiendster Ungerechtigkeit behandelt, zum Theil wie auf den Marianen blutig verfolgt und vernichtet sehen. Der Adel selbst aber war noch schlimmer dran. Er war, bei völliger Unumschränktheit, der festen Ueberzeugung, von ganz anderem Stoff zu sein, als das gemeine Volk, er stellte sich ganz den höchsten Europäern gleich und wusste sich, wie Liholiho, Tamehameha I. Sohn in England bei seinem Aufenthalt unter der englischen höchsten Aristokratie bewiesen hat, diesen auch im äusseren Benehmen ziemlich gleich zu halten. Und nun fand er sich von den Europäern, oft von den gemeinsten Matrosen, nicht nur nicht göttlich verehrt, sondern verachtet, dem gemeinen Volke ganz gleich, und jedenfalls tief unter jeden Weissen gestellt, er fand sich von der Gesellschaft in den meisten Fällen (wo sich eine wirklich europäische Gesellschaft bilden konnte) entweder ausgeschlossen oder doch nur geduldet! So geschah es zu Neuseeland — man kennt ja den Hochmuth der englischen Raçe einer farbigen Bevölkerung gegenüber — so, seit der gloriosen französischen Occupation, zu Tahiti, so einige Jahrhunderte früher auf den Marianen, wo der Adel in den blutigen Kämpfen ganz zu Grunde ging.

Noch viel schlimmer, weil die Zerstörung gründlicher war, wirkten diese Dinge in Amerika. Denn auch hier war Volk und Herrscher durch Bande grosser Anhänglichkeit und Religiosität verknüpft. Der Herrscher, der aus dem hohen Adel gewählt wurde, und mit ihm der höchste Adel war, wie wir schon sahen, Stellvertreter Gottes auf Erden und daher unumschränkt. Wie rein und tief man in Mexiko, trotz alles

Absolutismus, die Stellung des Herrschers auffasste, geht aus den Reden hervor, die man bei seiner Inauguration an ihn richtete und welche nicht nur nach Waitz 4,68 »zu dem Schönsten und Erhabensten gehören, was von den Azteken noch übrig ist«, sondern überhaupt zu dem Schönsten und Erhabensten, sicher zu dem Wahrsten, was man je Königen gesagt hat. Die Steuern und Frohnen, unter denen, nach den alten spanischen Schriftstellern, das Volk seufzte, sind nach Waitz genauer und schlagender Untersuchung von den Spaniern aus nahe liegenden Gründen sehr übertrieben worden. Nach alle diesem wird sich die Lücke ermessen lassen, welche im Gemüth des Volkes nach dem Sturz alles Bestehenden entstand. »Zurita hat gezeigt, sagt Waitz 4, 186, wie das mexikanische Volk hauptsächlich dadurch ins äusserste Elend gerieth, dass alle Grundlagen seiner bisherigen politischen und socialen Organisation von den Siegern zerstört wurden. Vom mexikanischen Adel überlebten nur wenige den Fall der Hauptstadt und diese wenigen waren meist noch Kinder. Eine Petition sechs vornehmer Indianer an Karl V. legt dar, wie der Rest des Adels von den Spaniern niedergetreten und ins Volk zurückgeworfen in Armuth und Elend umkam. Eine Tochter Montezuma's ist im tiefsten Elend gestorben.« Man nehme nun dazu, dass auch das gesammte äussere Leben, die ganze glänzende Kultur des Volkes, die reiche Hauptstadt, die blühenden Gärten, die zahlreichen Tempel, dass Alles zerstört und oft aufs grausamste und verächtlichste zerstört wurde: und man wird begreiflich finden, dass schon dadurch der Sieger der Seele des besiegten Volkes einen Todesstoss versetzte. Dasselbe gilt, vielleicht in noch höherem Grade von den Quechuas und den Nordamerikanern. »Mit einem Fuss stiess er den rothen Mann über den Okonnee, und mit dem anderen trat er die Gräber unserer Väter nieder«, hiess es in der oben erwähnten Rede. Und leider waren es die persönlichsten und heiligsten Empfindungen, die man allzu oft und mit der grössten Rücksichtslosigkeit verletzte, woran freilich nicht mehr die Kultur, sondern nur ihre Träger schuld waren. Das zweite Concil zu Lima bedrohte die Zerstörung und Plünderung der alten Indianergräber, die Preisgebung der Leichen mit Excommunication; allein der supremo consejo de las Indias fand der Schätze wegen, die sie enthalten könnten, für gut, ihre Durchsuchung zu erlauben (Waitz 4, 493-94). Alles dies musste das unterdrückte Volk ruhig mit ansehen: ihr innerstes Leben wurde ihnen vernichtet, ohne dass sie, die sonst schon aufs fürchterlichste bedrückt waren, sich wehren konnten. Dass aber nicht bloss ihre Todten, dass die Lebenden selbst noch mehr zu leiden hatten; dass man auf sie, ob sie lebten oder starben, nicht die mindeste Rücksicht nahm, dass man also durch Verletzung der theuersten und heiligsten Gefühle auch nach dieser Seite hin den Indianern das äusserste that, das ist nur allzubekannt. Ein Nordindianer (Waitz 3, 141) sagte in einer öffentlichen und viel erwähnten Rede: »ich hätte sogar daran gedacht, ganz unter euch zu leben, hätte nicht ein Mann mir Böses gethan. Oberst Cresap ermordete im letzten Frühjahr (1774) mit kaltem Blut und aus eigenem Antriebe alle meine Verwandten, selbst meine Weiber und Kinder verschonte er nicht. Kein Tropfen von meinem Blut läuft mehr in den Adern eines lebenden Wesens.« Dies eine Zeugniss genüge.

Eine der hervorragendsten Eigenschaften der Naturvölker ist ihr Stolz. Die Amerikaner halten sich für die ersten aller Menschen; Geschickt wie ein Indianer und dumm wie ein Europäer sind bei ihnen Sprichwörter (Waitz 3, 170). Verletzung dieses Stolzes war auch das Härteste, was sie unter sich einander zufügten. Die Polynesier glaubten alles Ernstes, die Europäer kämen zu ihnen, um jetzt erst wahres Leben kennen zu lernen und an ihrer Glückseligkeit, an ihrer Vollkommenheit Theil zu nehmen. Selbstmord aus Scham oder verletztem Ehrgefühl ist unter ihnen gar nicht so selten (Dieffenbach 2, 112. Thomson 319. Will. u. Calvert 1, 121 ff.); ihre eigenen Thaten läugnen sie eben wegen dieses Stolzes nie (Williams u. Calvert 1, 124; Tyermann u. Bennet 1, 78; Waitz a.a.O.).

Nicht minder empfindlich ist das Rechtsgefühl aller dieser Völker, welches z.B. einen Irokesen, der von Christi Leiden hörte, ganz wie jenen Friesenfürsten zu dem Ausrufe zwang: »wäre ich dabei gewesen, ich würde ihn gerächt und die Juden skalpirt haben« (Waitz 3, 169). Und diese Empfindungen, für welche Waitz a.a.O. u. b, 147 noch eine Menge Beispiele zusammenstellt, finden wir ebenso in Polynesien; ebenso wirksam wenigstens, wenn auch minder frei entwickelt, auch bei den roheren Völkern, den Südamerikanern, Hottentotten, Australiern. Schon das stete Streben, welches diese Völker nach Rache haben, beweist es. Wie grausam aber sind gerade diese Eigenschaften von der Kultur verletzt! Theils ohne ihre Schuld: denn dass die Naturvölker gar bald einsahen, wie sie gegen die Europäer nichts wären und nichts vermöchten, lag in der Natur der Sache. Theils aber tragen auch hier die Europäer die schwerste Verantwortlichkeit, denn sie haben die Rechte dieser Völker absichtlich mit Füssen getreten, sie haben, da sie die Naturvölker kaum für Menschen ansahen, nicht einmal ihr menschliches Selbstbewusstsein ihnen lassen mögen, sondern auch dieses, und oft von Staatswegen, wie die Vereinigten Staaten, wie Frankreich in Tahiti, wie die Engländer in Australien, mit Füssen getreten; und man tritt es durch den grenzenlosen Hochmuth und Hass, mit dem man diese Völker von aller Gemeinschaft und damit von aller Kultur ausschliesst, nachdem man ihnen häufig Land und Lebensmittel genommen, auch ferner mit Füssen. Und selbst in ihrem Rachedurst sind alle diese Völker den

Europäern gegenüber so ohnmächtig, gegen welche höchstens einmal ein vereinzelter Racheakt Einzelner glücklichen Erfolg hatte. Mag auch Waitz Recht haben, wenn er sagt (b, 157), das Rechtsgefühl der Indianer sei durch den harten Druck der Weissen weiter und schärfer entwickelt worden, als es wohl sonst geschehen sei; so fährt er doch ebenso richtig fort: »freilich war davon die nächste Folge für sie selbst nur diese, dass sie ihre Ohnmacht und die Trostlosigkeit ihrer Lage dann um so bitterer empfanden.«

Diese Vernichtung aber des gesammten geistigen und ethischen Lebens der Nationen kann man gar nicht stark genug betonen, wenn man die Gründe für ihr Aussterben aufsuchen will. Wie nichts ein Volk mehr hebt, als freudige Achtung vor sich selbst und fröhliches Gelingen des von ihm Erstrebten, so drückt nichts den Volksgeist tiefer, als das Gefühl der eigenen Ohnmacht und Verlorenheit. Zum Gefühl aber der äussersten Ohnmacht und Rechtslosigkeit, des bittersten und doch ganz hülflosen Ingrimms finden wir alle diese Völker, Amerikaner, Aleuten und Kamtschadalen, Neuholländer, Polynesier und Hottentotten verdammt. »Jede Raçe, weiss schwarz oder roth, sagt Elliot bei Waitz 3, 299, muss untergehen, wenn ihr Muth, ihre Energie und Selbstachtung durch Unterdrückung, Sklaverei und Laster zu Grunde gehen.« Und nun hatten, wie wir gesehen, die meisten Naturvölker schon von Haus aus einen entschiedenen Hang zur Melancholie, welche durch alle diese Schicksale natürlich aufs ärgste vermehrt ihren Untergang nur beschleunigte. Man denke sich nur, wenn wir Europäer mit allen unseren Kulturmitteln, mit unserer Religion, kurz mit allen den Vortheilen, die wir den Naturvölkern gegenüber besitzen, ihr Loos auch nur wenige Jahre, etwa eine Generation, zu ertragen hätten, was aus uns werden sollte! Man denke, wie der dreissigjährige

Krieg gewirkt hat, dessen Greuel doch bei weitem durch das, was die Naturvölker zu leiden hatten, überboten werden: und man wird sich mehr über die zähe Ausdauer, als über das Hinschwinden derselben verwundern. Nur ihre grössere Härte und Festigkeit hat sie aufrecht erhalten den Völkern gegenüber, die sie anfangs alle, Mexikaner sowohl wie Hottentotten und Neuholländer, für Götter hielten!

Musste alles dieses auf das geistige Leben der Völker und damit auch auf das leibliche einen vernichtenden Einfluss ausüben, so übte es den auch noch auf eine andere Art. Mit der Vernichtung der bestehenden Staaten war natürlich auch jedes Recht und Gesetz, welches in denselben bestanden hatte, aufgehoben. In Mexiko, in Peru aber waren die Gesetze von grosser Strenge und grosser Wirksamkeit, da sie überall in höchster Achtung standen und nicht anders war es in Polynesien, wo das Tabu auch manchen heilsam verbietenden Einfluss hatte. Stürzte nun das Alles zusammen, so musste nothwendigerweise eine um so ärgere Demoralisation eintreten, je höher früher die Kultur des zerstörten Staates gestanden hatte; eine solche Demoralisation musste aber gerade in einer Zeit einer so allgemeinen Zerstörung, wo für die Unterliegenden weder leiblich noch geistig irgend ein Halt blieb, die unheilvollsten Folgen für ihr ganzes Dasein haben und nicht wenige in den genannten Kulturstaaten sind denn auch gerade durch die unter den Eingebornen einreissende Zügellosigkeit zu Grunde gegangen. Und je tiefer, je persönlich vernichtender die Angriffe waren, um so mehr natürlich demoralisirten sie die Völker: was sollten die noch irgend etwas scheuen und heilig halten, welche selbst in ihrem Heiligsten verletzt waren? wie konnten sie noch sich selbst achten, die von jenen ankommenden Göttern so in Staub getreten wurden? Ueberall riss in Folge der auf diese Weise nahenden Kultur Entsittlichung und dadurch immer tieferes geistiges und leibliches Sinken unter den Naturvölkern ein. Was nicht unmittelbar vernichtet wurde, das wurde im Innersten vergiftet und langsames Hinsiechen war die nothwendige Folge.

§ 15. Schwierigkeit für die Naturvölker, die moderne Kultur sich anzueignen.

Aber wenn auch die europäische Kultur den Naturvölkern mit vollkommener Freundlichkeit und Schonung zugeführt worden wäre: diese Kultur bot auch noch ausser denen, welche wir schon gesehen haben, die grössten Schwierigkeiten und Gefahren, die wir jetzt betrachten müssen.

War es schon keine Kleinigkeit, dass diese Völker fast alle ihre seit Jahrhunderten eigenthümlichen Ideen und Anschauungen aufgeben mussten, so war es noch viel schwieriger, das aufzunehmen, was die Europäer brachten, die ganze unendlich verwickelte moderne Kultur! Das traf besonders Polynesien und Australien; man denke sich die kleinen Kokosinseln, die nun plötzlich sich hineinfinden müssen in die ganze europäische Lebensart, in den europäischen Handel, das europäische Recht, die Religion und so vieles andere — und sie müssen mehr als nur oberflächliches davon annehmen, wenn sie nicht verloren sein wollen. Um wie viel glücklicher waren auch hierin die Germanen, die sehr allmählich eine viel weniger verwickelte Kultur aufzunehmen hatten; und doch wie lange Zeit brauchten auch sie, bis sie diese Kultur vollkommen sich assimilirt hatten! Ist es zu viel gesagt, wenn man behauptet, dass dies erst im vorigen Jahrhundert durch das geistige Durchdringen des Alterthums ganz geschehen sei?

Einzelne Punkte — denn vieles (Wohnung, Kleidung u.s.w.) ist schon in dem bisher Behandelten wenigstens andeutend ausgesprochen worden — müssen wir noch besonders berücksichtigen. Zunächst die Bewaffnung. Die Feuerwaffen sich anzueignen ist weit schwieriger, als die Aneignung der römischen Taktik, da sie ausser der leiblichen Uebung noch die Ueberwindung der Scheu vor Donner und Blitz, durch welche gerade man die Weissen zuerst als Götter dokumentirt sah, verlangen; da ihre Wirkung weit übernatürlicher scheint, als die der römischen Waffen. — Ferner die Sprache. Uns Europäern macht es sehr grosse Schwierigkeiten, die Sprache eines Naturvolkes mit ihren anderen Anschauungen geistig zu erfassen; und doch steigen wir herab, da jene Sprachen alle in der Entwicklung und Verbindung der Gedanken so wie in der Fülle der Anschauung weit weniger vorgeschritten sind, als die Sprachen des gebildeten Europas; und zugleich haben wir durch lange Jahrhunderte fortgesetzte Uebung und ausserdem durch eine Menge von Hülfsmitteln eine viel grössere Kraft, als jene Völker, die doch hinaufsteigen müssen, wenn sie eine europäische Sprache erlernen wollen. Schon beim blossen Sprechenlernen, das vom Begreifen und wirklichen Verstehen einer Sprache himmelweit verschieden ist, müssen sie ihren Geist mit einer ganzen Menge neuer Anschauungen und Begriffe erweitern, die ihnen früher aber auch ganz unbekannt waren — und das meist vom Niveau einer Sprache aus, welche strenges, logisches Verknüpfen und Ausdenken der Begriffe wenig genug unterstützt.

Nicht anders ist es mit der Religion. Der Abstand von manchen der Religionen dieser Völker vom Christenthum mag, wenn auch die meisten tiefer stehen, nicht grösser sein, als der des germanischen Heidenthums von letzterem war; aber das Christenthum, was den Germanen gepredigt wurde, war selbst ein ganz anderes, als was die Missionäre, wenigstens die protestantischen, heut zu Tage predigen. Dann freilich, wenn man die Berichte des sehr eifrig katholischen Michelis liest, so ist das, was die Propaganda z.B. in der Südsee gepredigt hat, an vielen Orten überhaupt nicht, viel Anderes gewesen, als was jene Völker schon wussten: die katholischen Missionäre haben getauft und das Heidenthum gelassen. Auf der andern Seite aber, wie so ganz unfassbar muss für die ganz sinnlichen Naturvölker eine so abstrakte Lehre sein, wie die evangelische, die noch dazu auf Begriffen und Anschauungen beruht, welche jene Völker gar nicht haben. Und indem man ihnen das Christenthum predigte, verlangte man, dass sie die Religion der Männer annehmen sollten, welche ihnen so alles Aergste zugefügt hatten, der Weissen! Ja hat man sie nicht auch gleich, damit ihnen nichts erspart bliebe, mit dogmatischen Streitigkeiten beglückt? In der ganzen Missionsgeschichte der neueren Zeit ist vielleicht kein so trauriges Ereigniss als das Auftreten der Propaganda in der Südsee, wo eben die protestantische Mission festen Fuss zu fassen und Früchte ihrer mühevollen Arbeit zu sehen begann. Das liess der katholischen Kirche nicht Ruhe: sie trat an einzelnen Stellen mit rohster Gewalt (die dann durch Lügen aller Art verdeckt wurde) der protestantischen Mission entgegen und brachte zu den eben bekehrten Heiden den Streit der kirchlichen Parteien. Lutteroth, den zu widerlegen Michelis sich vergebens bemüht, hat dies scharf und schlagend bewiesen. Auch Streitigkeiten, die in ihrem eigenen Schooss entstanden sind, brachte sie zu den Neubekehrten, wie Humboldt b, 5, 133 von Südamerika erzählt. Uebrigens ist auch die protestantische Kirche in der Schonung solcher Heiden, die von einer andern protestantischen Sekte bekehrt waren, durchaus nicht übermässig zart gewesen. An manchen Orten (Nordamerika, Afrika u s.w.) hat auch sie statt des Friedens des Christenthums den Streit der Sekten gebracht. Welchen Einfluss musste das auf die eben gewonnenen Naturvölker und deren Charakter machen! Dabei darf auch nicht vergessen werden, dass in den meisten

Fällen sich der Mission die Europäer selbst auf das Heftigste entgegensetzten, da sie sich durch jene in ihrem oft sehr weltlichen oder besser gesagt gottlosen Treiben behindert sahen. So war es namentlich in Polynesien, fast auf jeder Insel (Meinicke, Lutteroth und fast in allen Quellen); so in Amerika schon im 16. Jahrhundert (Waitz 4, 188; 338); so auch in Afrika bei Hottentotten, Kaffern, Negern, überall. Man sieht, unsere Kultur verlangt von den Naturvölkern eine geistige Anstrengung von so enormer Grösse, dass sie mit einem Male und von einer Generation gar nicht überwunden werden kann. Während aber nun die Europäer immer frischen Zuzug neuer Schaaren haben, die sie in ihren Bestrebungen stärken, während auch bei den Germanen auf die Stelle einer unterlegenen Schaar eine andere trat, die das, was jene gewonnen hatten, übernehmend ausführte, was noch nicht geleistet war, so fehlt es bei der geringen Kopfzahl der Naturvölker an solcher kraftgebenden und aushelfenden Ersatzmannschaft, durch welche die Arbeit sich theilen, die Aneignung sich leichter und allgemeiner vollziehen könnte. Daher wird der lebenden Generation eine um so grössere und schwerere Aufgabe gestellt und es ist schon deshalb klar, dass eine Generation, ja dass zwei, drei Generationen ihr nicht genügen können. Die Grösse der Aufgabe, die enorme geistige Anstrengung selbst erschwert aber das gedeihliche Weiterleben der Generationen durch den geistigen Druck so sehr, dass wir auch hierauf mit allem Nachdruck hinweisen müssen. Und zweitens müssen wir auch wieder betonen, dass der Hang zur Melancholie durch solche Ueberanstrengung, wo in den meisten Fällen nur allzubald sich zeigt, dass ein auch nur einigermassen befriedigendes Ziel kaum zu erreichen ist, immer vergrössert wird, ja dass er geradezu Charakterzug der Völker werden kann. Und so finden wir es im allgemeinen wie im einzelnen. Tschudi 2, 286 erzählt von einem Botokudenknaben, der von einer

160

Familie in Bahia sorgfältig aufgezogen und dann zum Studium der Medizin auf die Universität geschickt wurde. Er erwarb sich den Doktortitel, übte auch eine Zeitlang die Praxis selbständig, bis er verschwand. »Eine tiefe Melancholie war immer der Grundzug seines Charakters.« Später erfuhr man, dass er wieder, nachdem er sich jeglicher Spur von Civilisation, auch der Kleider, entledigt, als Jäger durch die Wälder streife. Einen ganz gleichen Fall von einem jungen Choktaw, der Advokat geworden war, hernach aber durch Melancholie (woran freilich der Kastenhochmuth der Nordamerikanischen Weissen mit Schuld war) bis zum Selbstmord getrieben wurde, erzählt Waitz b, 71-72. Diese Fälle zu erklären, reicht es nicht aus, bloss an die »schiefe Stellung« zu erinnern, in welche solche Individuen gerathen; denn bei jenem Botokuden trifft dies nicht zu, da in Südamerika das Verhältniss der Farbigen zu den Weissen kein ungünstiges ist: wesentlich mitgewirkt hat bei ihnen und ähnlichen, wie wir sie bei Individuen und ganzen Völkern finden, die ewige Demüthigung auf der einen, die Ueberanstrengung auf der anderen Seite.

---

§ 16. Behandlung der Naturvölker durch die Weissen. Afrika. Amerika.

Wir kommen nun zu dem düstersten Punkt in unserer ganzen Schilderung, zu der düstersten Partie vielleicht in der ganzen Geschichte der Menschheit: zu der Art, wie die Weissen die Naturvölker behandelt haben. Die Laster, die sie ihnen brachten oder bei ihnen beförderten, brauchen wir hier, da wir sie schon oben an verschiedenen Stellen erwähnten, nicht noch einmal im Zusammenhang zu besprechen. Beginnen wir mit Südafrika. Die Hottentotten zeigen sich uns gleich bei ihrem ersten Bekanntwerden als ein Volk, das früher eine viel grössere Macht und Ausdehnung besessen hatte und damals schon in einer Art Verfall war. Von den umwohnenden afrikanischen Völkerschaften waren sie überall verdrängt, namentlich von Norden nach Süden geschoben und nicht nur sehr vermindert, sondern wie es scheint, auch in ihrem inneren Wesen gebrochen oder wenigstens, durch die ewigen Kriege und Niederlagen, wesentlich beschädigt worden (Waitz 2, 323 ff.). Schlimmeres aber brachten ihnen die Holländer, welche sich seit 1652 am Cap niederliessen und natürlich den Eingeborenen so viel Land ohne weiteres wegnahmen, als sie brauchten. Sie brauchten aber, da sie aus Faulheit alles brach liegen liessen und stets nur frisches Land bebauten, da sie ferner aus dem gleichen Grund lieber Viehzucht als Ackerbau trieben, sehr viel Land. Die Hottentotten, welche zu Sklaven zu machen das Gesetz verbot, machten sie zu ihren Knechten, die, weil man sie nicht verkaufen konnte, viel schlechter gehalten wurden als Sklaven (Waitz 2, 331). Als freilich die Engländer 1796 in

Besitz des Caps kamen, zeigten sie sich aus Nationaleitelkeit anfangs zwar sehr empört über das Benehmen der Holländer; allein gar bald thaten sie es ihnen in Allem nach (ebd. 332). Wie man mit »dem schwarzen Vieh«, den Hottentotten, verfuhr, zeigt sich z.B. in folgendem Fall, den Sparmann erzählt. Ein Holländer hatte einen hottentottischen Knecht, der im Fieber lag und dessen Krankheit durch eine auf des Herrn Bitte von Sparmann unternommene Kur sehr verschlimmert wurde; Sparmann suchte den sehr niedergeschlagenen Boer zu trösten: allein jener fuhr auf: er kümmere sich den Teufel um den Hottentotten und seine Seele, wenn er nur einen anderen Ochsenführer, um seine Butter zu verkaufen, fände (Sparmann 273). Dies war aber kein vereinzelter Fall, sondern allgemeine Ansicht und so werden wir uns über die Einrichtung der sogenannten Commandos gegen die Eingeborenen, welche 1774 etwa zuerst aufkamen, nicht sehr wundern können. Der Bericht eines Offiziers über solch ein Commando bei Waitz lautet (2, 333-34):

»27. Sept. 1792 der erste Kraal angegriffen, 75 Buschmänner getödtet, 21 gefangen.

15. Oktober ein anderer Kraal entdeckt, 85 getödtet, 23 gefangen.

20. Okt. ein dritter entdeckt, 7 getödtet, 3 gefangen.«

»Man wird einigermassen, fährt Waitz fort, die Ausdehnung ermessen können, in welcher diese Vertilgung besonders der Buschmänner betrieben wurde, wenn man bedenkt, dass Coblins (1809) einen sonst respektablen Mann erzählen hörte, er habe binnen 6 Jahren mit seinen Leuten zusammen 3200 Buschmänner getödtet und gefangen, wogegen ein anderer mittheilte, dass die Commandos, an denen er sich betheiligte, 2700 Buschmännern das Leben gekostet hätten. Thompson kannte einen Kolonisten, der in 30 Jahren 32 solcher Raubzüge mitgemacht hatte, auf deren einem 200 Buschmänner umgebracht seien. Mit dem Eintritt der englischen Herrschaft am Cap hatte zwar das Commandosystem aufhören sollen, aber die Boers waren so sehr an dasselbe gewöhnt, dass es unmöglich war, es auf einmal zu beseitigen. Von 1797-1823, d.h. bis zur Okkupation des Landes der Buschmänner, werden 53 Commandos offiziell angegeben; es ist unzweifelhaft, dass das System 1823 nach einigen Unterbrechungen wieder in voller Blüthe war und es scheint den Buschmännern unter der englischen Herrschaft noch trauriger gegangen zu sein, als unter der holländischen. Dass die Hottentottenbevölkerung der Capkolonie unter der englischen Herrschaft bis zum Jahr 1822 um die Hälfte zugenommen habe (Zeitschr. 1, 287) ist wenig glaubhaft und sicherlich nur scheinbar.« Die Boers zogen, um den ihnen verhassten englischen Gesetzen nicht gehorchen zu müssen, 5000 an der Zahl, um 1836 nach Port Natal, wo sie ihre scheussliche Willkürherrschaft, ihre Commandos und Knechtung der Eingeborenen noch jetzt, wie sie es selbst bei Livingstones Anwesenheit thaten, fortsetzen (Waitz 2, 336).

Man wird es nicht eben wunderbar finden, wenn die Hottentotten diesem Hauche der Kultur erlagen; wenn jetzt ihr Hass gegen die Weissen so gross ist, dass ein friedliches Einwirken der letzteren, wenn nicht unmöglich, doch ausserordentlich erschwert ist: wenn endlich die Hottentotten jetzt sehr viel roher, träger und sittlich schlechter sind als zu der Zeit, da man sie zuerst kennen lernte. Stand doch über manchen Kirchen der Holländer: »kein Hund und kein Hottentotte darf eintreten« (Waitz 2, 333). Haben doch die Boers nach Kräften die Christianisirung der Eingeborenen zu hindern gesucht, indem sie verboten, dass ihre Sklaven und deren Kinder getauft wurden und bei Lebensstrafe denselben die

Missionsstation auch nur zu nennen verboten. Die holländische Compagnie selbst war es, welche die mährischen Brüder aus dem Lande der Hottentotten vertrieb, weil sie auf letztere einen zu grossen Einfluss gewannen. Ja noch 1831, als die Hottentotten am Kat River sich niedergelassen und dort unter Leitung der Missionäre zu einer gewissen Blüthe gelangt waren, gelang es kaum, die Boers von der Zerstörung dieser Colonie mit Gewalt zurückzuhalten (Waitz 2, 336).

Und in diesem Zustande leben die Hottentotten nun schon über 200 Jahr und sind noch nicht ausgerottet!

Gehen wir nun nach Amerika. Die Indianer Nordamerikas kamen den Europäern anfangs freundlich entgegen (Waitz 3, 242), aber die Weissen waren es, welche das Verhältniss trübten. Zunächst vernichteten sie wegen verhältnissmässig geringfügiger Veranlassung das Volk der Pequots; an 700 wurden bei einem plötzlichen Ueberfall getödtet, die übrigen zerstreut, gefangen und von Staatswegen als Sklaven verkauft (Waitz 3, 244). Sklavenjagden in Nordamerika von Seiten der Engländer und Spanier waren ganz gewöhnlich. Die frommen Puritaner, die Gott dankbar waren für jede verheerende Krankheit, welche unter den Indianern wüthete (Waitz 3, 242), sahen in jedem gelingenden Greuel der Christen gegen die Indianer, namentlich wenn diese massenweise zu Grund gingen, ein Zeichen göttlicher Gnade, in jedem Misslingen eines Mordzuges einen göttlichen Zornausbruch gegen sie selber und bekannten dies laut (Waitz 3, 244-45). Man dachte gar bald daran, die Indianer ganz auszurotten: und soll uns das wundern, wenn wir erfahren, dass noch in diesem Jahrhundert der Regierung der Vereinigten Staaten ein förmliches Projekt zur Vertilgung der Indianer vorgelegt wurde? Und wie man sie vertilgte! »Die Engländer, versichert Trumbull bei Waitz 3, 248, hatten damals (im 17. Jahrhundert) und später viel

Zweifel darüber, ob es sich mit dem Christenthum und der Menschlichkeit vertrage, die Feinde lebendig zu verbrennen.« Die Weissen haben, wie schon hieraus hervorgeht und auch sonst überall, oft sogar mit dem grössten Rühmen, bezeugt wird, den Krieg mit derselben und oft noch viel ärgerer Grausamkeit geführt, als die Indianer selbst (ebd. 258. 260); noch 1830 haben sie, wie früher öfter, unter den Pani das Blattergift verbreitet (ebd. 259). Wie man nun die Völker um ihr Land geprellt, wie man sie später immer weiter nach Westen und schliesslich über den Missisippi hinübergedrängt hat, ohne Rücksicht auf die bedeutend aufblühende Kultur der Cherokees, welche durch diese Verpflanzung einen schweren Stoss erlitt, das mag man bei Waitz 3 bis 299 und b, 26-60 nachlesen: wir wollen nur noch bemerken, dass die Natchez, die Schawanoes, die Delawares, Potowatomies, Seminolen, Kaskaskias und andere einst mächtige Völker von den Weissen vernichtet oder so gut wie vernichtet sind (Waitz 1, 166).

In Südamerika traten die Europäer womöglich noch scheusslicher auf. »Benzoni, sagt Waitz 3, 399-100 in Beziehung auf Guyana, hat als Augenzeuge ein schauerliches Bild davon entworfen, wie die Spanier in diesen Ländern hausten. Das Verbot, Sklaven zu machen, war kein Verbot, Sklaven zu halten. Die gewöhnliche Formel, mit welcher letzteres erlaubt wurde, lautete: ihr sollt als Sklaven halten dürfen die von den eingeborenen Herren des Landes als solche gehalten und euch verkauft werden. Das gewöhnliche Verfahren, welches namentlich in Maracapana oft zur Ausführung gekommen ist, bestand daher darin, dass man einen Häuptling einfing, der gezwungen wurde, sich durch den Verkauf seiner Leute als Sklaven die Freiheit zu erwerben, und dass man die so gewonnenen Sklaven dann von der Behörde für rechtmässig erklären liess. Unterwarf sich aber ein Häuptling freiwillig, so fiel man mit ihm über seine Feinde her, um diese zu versklaven oder suchte Streit mit ihm selbst. Nasen- und Ohrenabschneiden war eine gewöhnliche und nicht selten ausgeführte Drohung der Spanier gegen Indianer, die sich ungefügig zeigten, und da das Gesetz verbot, die Lastthiere zu überbürden, damit sie sich reichlich vermehren könnten, diente auch dies als Vorwand, die Eingeborenen selbst als Lastthiere zu gebrauchen. Nächst der Minenarbeit und persönlichen Dienstbarkeit überhaupt hat vorzüglich auch die Entführung vieler Weiber ihre Zahl verringert. Natürlich liessen sich das die streitbaren Indianer nicht ohne Weiteres anthun und man kann denken, welche fürchterlichen Kämpfe eine solche Behandlung hervorrufen musste und wie diese Kämpfe selbst, obwohl zum Theil glücklich für sie, die Indianer decimiren mussten. In Brasilien wars um nichts besser. Obwohl man anfangs den Eingeborenen die Freiheit zugesprochen hatte, kam man doch sehr bald dahin, dass man Menschenjagden erst duldete und dann (seit 1611) allgemein gestattete und diese entwickelten sich gar bald zu einer solchen Höhe, dass in den 3 Jahren 1628-1630 in Rio de Janeiro allein 60,000 Indianer, meist aus Paraguay, in die Sklaverei verkauft wurden, wobei es natürlich auch wieder zu den scheusslichsten Kriegen kam, in welchen Europäer und Indianer gleichmässig verwilderten (Waitz 3, 450-51). Allerdings setzten sich die Missionäre (Jesuiten) hiergegen, allein nur, um die Arbeitskraft der Indianer ihrem Orden zukommen zu lassen, und meist mit so geringem Erfolg, dass ihr Widerstand gar nichts bedeutete. Uebrigens ist auch jetzt noch das Loos der unter brasilianischer, also portugiesischer Herrschaft stehenden Indianer kaum besser (ebd. 453), wie die Portugiesen wohl diejenigen Europäer sind, welche am unmenschlichsten mit den Amerikanern umgingen. Das beweist auch, wie sie mit den Indianern der Pampas verfuhren. Wir wollen hören, was hierüber v.

Tschudi 2, 261-64 von vergangenen Zeiten und von der Gegenwart sagt: »Das Verhältniss zwischen den erobernden Portugiesen und den Indianern war seit dem 16. Jahrhundert im allgemeinen ein getrübtes. Bekanntlich trachteten die Ansiedler so viel als nur möglich, die Eingeborenen für die Feldbestellung und für den Bergbau zu benutzen. Diese aber fanden im ganzen wenig Freude an solchen ihren natürlichen Neigungen mehr oder weniger widerstrebenden Verrichtungen und wollten ebenso wenig in ein Dienstverhältniss zu den Eindringlingen treten. Die gebieterische Nothwendigkeit, Arbeitskräfte zu besitzen, führte die Portugiesen allmählich dahin, sich der Indianer mit Gewalt zu bemächtigen und sie zu unentgeltlichen Dienstleistungen zu zwingen. Binnen kurzem bildete sich eine Indianersklaverei und ein schwunghafter Menschenhandel aus. Banden kühner Abenteurer zogen nach den Urwäldern auf Menschenjagd und verkauften nach der Rückkehr ihre Beute an Grossgrundbesitzer, in denen sie stets willige Abnehmer fanden. Königliche Verordnungen autorisirten gewissermassen dieses empörende Verfahren und nur an der Gesellschaft Jesu fanden die hartbedrängten Urbewohner Vertheidiger und Beschützer. Durch massenhafte Einfuhr von Sklaven von der afrikanischen Küste, verbunden mit einer etwas humaneren Gesetzgebung, verminderte sich, besonders im 18. Jahrhundert, die Indianersklaverei, dagegen aber entwickelte sich an vielen Grenzpunkten der Civilisation ein förmlicher Vernichtungskrieg zwischen Portugiesen und Indianern. Ueberlegenheit der Angriffs- und Verteidigungswaffen sicherten den ersten den Erfolg ..... deren weite mit gehacktem Blei geladene Trabucos oft schreckliche Verwüstungen unter den Gegnern anrichteten.

Wilde Bluthunde, die ausschliesslich auf Indianerfährten abgerichtet waren, halfen den nicht weniger blutdürstigen

Menschenjägern die feindlichen Lager ausfindig machen. Die Offiziere wetteiferten, wer die besten Indianerhunde besitze, und ein gewisser Lieutenant Antonio Pereira liess die seinigen nur Indianerfleisch geniessen, um sie stets bei guter Nase zu erhalten. Als durch die Einführung der weit arbeitsfähigeren Neger die Indianer fast ganz entwerthet wurden, so handelte es sich bei solchen Expeditionen nicht mehr darum, Menschen zu fangen, sondern nur eine möglichst grosse Zahl zu morden. Um diesen Zweck, die Vernichtung der Indianer, in ausgedehntem Massstabe zu erreichen, griffen die Portugiesen zu den niederträchtigsten Mitteln. Sie legten Kleider von Personen, die an Blattern oder Scharlach verstorben waren, in der Absicht in die Wälder, dass Indianer sich diese aneignen und infolge dessen Epidemien unter ihnen ausbrechen und grässliche Verheerungen unter ihnen anrichten sollten.« Also ganz wie es die Engländer in Nordamerika machten! — Nachdem nun Tschudi gesagt hat, dass die Spanier zu solchen schändlichen Mitteln nie gegriffen hätten, fährt er fort: »trotz der schönen aber leider so mangelhaft ausgeführten Constitution Brasiliens hat der Vernichtungskrieg gegen die Indianer der Provinz Minas bis auf die neueste Zeit noch fortgedauert. Heute noch (1860) leben dort Individuen, denen eine Indianerjagd der höchste Genuss ist und die noch sorgfältig Schweiss- und Spürhunde zu diesem Zwecke pflegen. Nur eine kurze Zeit ist verflossen, seit ein kaiserlich brasilianischer Militärcommandant als Repressalien für einen von den Indianern begangenen Mord ein Indianeraldea (Dorf) überfiel und als Siegestrophäe *dreihundert* Ohren von grausam abgeschlachteten Indianern in den Flecken St. Matheus, südlich vom Mukury brachte! Selbst der kaiserliche Commissionär ... neigt sich mehr zu den Vertilgungsmitteln hin, als auf rein menschliche Weise die Indianer der Civilisation unterthan zu machen....

Ottoni führt einige Beispiele an, wie der Vernichtungskrieg gegen die Indianer auch in neuerer Zeit geführt wurde. Der Schauplatz dieser elenden Thaten war das Quellgebiet des Mukury und ein Theil von dem des Jaquitinhonha. Die Hauptleiter der Mörderexpeditionen waren zwei indianische Soldaten Cré und Crahy, denen sich als dritter würdiger Genosse ein gewisser Tidoro zugesellte. Sie handelten aber nur auf höheren Militärbefehl. »Eine Aldea umbringen« war ihr Losungswort, der Zauber, der sie für ihr Henkerhandwerk fanatisirte. Mit Hülfe kaiserlich brasilianischer Soldaten und »Liebhaber« (oft den besten Ständen angehörend) umringten sie während der Nacht die dem Untergang geweihte Aldea und stürmten sie mit dem ersten Tagesgrauen, so dass die aufgehende Sonne nur noch blutrauchende grässlich verstümmelte Leichname beschien. Die arglosen Indianer hatten gewöhnlich keine Idee von dem ihnen drohenden Verhängniss: sie wurden meistens im tiefen Schlaf überrascht. Die Soldaten bemächtigten sich immer zuerst der in einer Ecke zusammengestellten Bogen und Pfeile, um so weniger gefährdet die wehrlosen Indianer abzuschlachten. Nur die Kinder (Kurukas) wurden verschont, sie waren Kriegsbeute! Ein solches Kuruka wurde in der Regel für 100 Milreis verkauft. Selbst in neuester Zeit war der Gewinn, der aus dem Verkauf der erbeuteten Kinder gezogen wurde, das einzige Motiv, um eine Aldea umzubringen. Und dieses geschieht im constitutionellen Brasilien gegen die ursprünglichen Bewohner des Landes! Am Rio Jaquitinhonha, am Mukury, am Rio St. Matheus, am Rio Dolce sind zahlreiche Beispiele dieser Menschenschlächtereien vorgekommen. Vier Jahre vor meinem Besuch am Mukury leiteten die Henkersknechte Cro und Crahy eine solche Metzelei bei Queriba am Jaquitinhonha. Sogar im Jahr 1861 wurde wenige Meilen von Philadelphia eine derartige Menschenschlächterei ausgeführt. Im Jahre 1846 wurde in Marianna, 2 Leguas von

St. Jose de Porto Alegre, an der Mündung des Mukury, der Tribus des Häuptlings Shiporok fast gänzlich vernichtet. Sechzehn Schädel der ermordeten Indianer kaufte ein Franzose und schickte sie an ein pariser Museum.«

Man muss diese Nachrichten, welche jede Vorstellung übersteigen, bei einem so glaubwürdigen Schriftsteller wie Tschudi selbst lesen, um sie zu glauben. Uebrigens ging es den Araukanern kaum besser, die in einem fast 200jährigen Kampfe (von 1540-1724) mit den Spaniern um ihre Unabhängigkeit rangen. Auch hier waren es wieder die Europäer, welche die grauenvollsten Grausamkeiten gegen die tapferen und edeln Amerikaner begingen, welche letztern aber auch, wie es natürlich war, in einem solchen Krieg verwilderten und herunterkamen, so dass man jetzt in ihnen die alten Araukaner nicht mehr zu suchen braucht (Waitz 3, 521 ff.). Wie die Spanier noch in diesem Jahrhundert gegen sie verfuhren, geht aus folgender, von einem Augenzeugen erzählten Geschichte hervor, welche den portugiesischen Schandthaten würdig zur Seite steht: »von einem Indianerstamme, der sich in seinem Versteck aller Nachforschungen entzog, konnte Major Rodriguez nur ein Weib auffinden mit ihrem Sohn und ihrer Tochter, die noch Kind war. Drohungen und Versprechungen bewirkten nichts über sie, um sie zur Verrätherei zu bewegen. Da liess man den Sohn niederknien und erschoss ihn vor den Augen seiner Mutter und Schwester. Dennoch wollte das Weib nichts gestehen. Auch sie musste niederknien, um zu sterben; da erbot sich die Tochter, das Versteck ihres Vaters und ihrer Brüder zu verrathen. Die Mutter stürzte wüthend über sie her und wollte sie erdrosseln, doch man entriss ihr das Kind und schleppte sie fort in der von diesem bezeichneten Richtung, während sie die Tochter mit den härtesten Vorwürfen wegen ihrer Feigheit und Entartung überhäufte. Ihre ganze Familie musste sie hinschlachten sehen und gab verzweifelnd und mit dem letzten Athemzuge den Mördern fluchend bei diesem Anblicke ihren Geist auf« (Waitz 3, 526). Solche Beispiele viehischer Unmenschlichkeit stehen keineswegs als einzelne wegen ihrer besonderen Scheusslichkeit merkwürdige Fälle da: sie sind in diesen Kriegen das ganz Gewöhnliche.

v. Tschudi gab an, dass die Botokuden bei den Jesuiten Schutz gefunden hätten; und wenn allerdings die Geistlichen bisweilen ihre Stimmen für die Unterdrückten erhoben, so war das keineswegs überall oder immer der Fall; ja die Geistlichen wurden sehr häufig nur eine neue Plage für die Eingeborenen durch die Mittel, wie sie die Indianer für die Taufe gewannen: einfach dadurch, dass sie dieselben jagten, fingen und dann tauften oder so lange einsperrten, bis sie sich taufen liessen, was freilich von den spanischen Gesetzen verboten war, aber doch oft genug, mit Hülfe anderer Indianer, ausgeführt wurde. Nur allzubekannt ist jene fürchterliche Geschichte von der Guahibaindianerin, welche mit ihren Kindern gefangen worden war und von der

> Zu der Guahiba und der Christen Bildniss
> Erzählet jener Stein mit stummem Munde
> Am Atapabos-Ufer in der Wildniss.

Diese Geschichte spielt etwa um 1770: und Humboldt, welcher sie uns aus dem Munde der Geistlichen selbst erzählt (b, 5, 81 ff.; vgl. Chamisso Werke 4, 69 ff.), fährt fort: »Dergleichen Jammer kommt überall vor, wo es Herren und Sklaven gibt, wo civilisirte Europäer unter versunkenen Völkern leben, wo Priester mit unumschränkter Gewalt über unwissende, wehrlose Völker gebieten« (Humboldt a.a.O. 85). Und er hat Recht: denselben Jammer finden wir in Californien wieder, wohin die spanische Herrschaft hauptsächlich durch Missionäre gebracht war, und wo diese letzteren Schlingen legten, um Indianer zu fangen oder zu demselben Behuf bewaffnete Schaaren ausschickten. Widersetzte sich einer der Eingeborenen der neuen Lehre, so sperrte man ihn zunächst ein und liess ihn hungern, dann zeigte man ihm Fleisch, um ihm von dem guten Leben, das ihn bei den Missionären erwarte, einen Begriff zu geben und suchte ihn so zum — Christenthum zu gewinnen (Beechey 1, 356). Wiedereingefangene Deserteure erhielten nach Langsdorff Stockprügel, die sehr häufig auch bei Frauen angewendet wurden, und es wurde ihnen ein schwerer Eisenstab angehängt, um fürderhin Flucht ihnen unmöglich zu machen. Da nun die so Bekehrten ganz wie Sklaven den frommen Missionären dienen mussten, so ist es einmal kein Wunder, wenn sie, um dieser Religion, dieser Kultur zu entfliehen, kein Mittel scheuten, auf der anderen Seite aber auch nicht, wenn wir sie massenhaft in den Missionen sterben sehen. Krankheiten wütheten und von Jahr zu Jahr wuchs die Sterblichkeit. 1786 waren 7701 Indianer getauft, von denen 2388 starben; 1813 waren 57,328 getauft, aber gestorben 37,437 (Beechey 1, 370). — Als nun später die Missionen durch die politischen Verhältnisse Californiens verfielen, wurde das Loos der Eingeborenen noch schlimmer. Sklavenjagden oder auch geradezu Menschenhetzen begannen, man schoss sie nieder, ohne Unterschied des Alters und Geschlechtes, wo man sie traf. Ein spanischer General hatte (nach Wilkes) Californier zu Soldaten einexercirt; als sie sich aber sehr brauchbar zeigten, bekam er Furcht vor ihnen und liess sie alle niederschiessen (Waitz 2, 244-51).

Am allerärgsten aber haben die Weissen in den kultivirten Gegenden Amerikas gehaust, welche sie zuerst vom ganzen Continente kennen lernten. Die Eroberung von Mexiko kostete, wie ein Spanier (Clavigero bei Waitz 1, 189-90) angibt, mehr Menschen, als während der ganzen Dauer des mexikanischen Reiches den Göttern geopfert sind; wenn auch die Behauptung desselben Schriftstellers, die Bevölkerung des Landes sei durch die Eroberung bis auf ein Zehntel gesunken, von Waitz (4, 190) mit Recht als übertrieben angesehen werden mag. Aber Gomara selbst, der für Cortez schreibt, berichtet, dass weder Weiber noch Kinder von den Spaniern geschont seien (Waitz 4, 186); und doch war Cortez noch derjenige, welcher wenigstens ohne unnöthige Grausamkeit verfuhr, während seine Nachfolger geradezu unmenschlich hausten. Doch auch Cortez vertheilte, trotzdem es ihm hart erschien, die Mexikaner unter die spanischen Eroberer als Knechte und der höchste Adel sowohl wie gemeines Volk mussten ihren Enkomenderos die härteste Arbeit thun, unter der sie, überhaupt nicht an strenge Arbeit, am allerwenigsten aber an so ganz unmenschliche Ueberbürdung gewöhnt, massenweis erlagen. Widerspenstige oder wer, gleichviel aus welchem Grunde, den Tribut nicht zahlte, wurden als Sklaven verkauft. Dieser Tribut aber war enorm und wurde mit der grössten Strenge, sehr häufig auch mit den ärgsten Betrügereien und Erpressungen beigetrieben. Viele tödteten sich nun aus Verzweiflung, andere verabredeten sich, keine Kinder mehr zu erzeugen oder künstlichen Abortus zu bewirken, um wenigstens ihre Nachkommen von diesem ganz unerträglichen Elend, das noch durch jene fürchterlichen eingeschleppten Krankheiten furchtbar erhöht wurde, zu bewahren. Bei der Eroberung waren die Wasserleitungen mit zerstört und dadurch erhob sich neues Elend: denn ein grosser Theil des Landes ward dadurch zur Wüste (Waitz 4, 187). Das Christenthum, das übrigens sobald es sich der Eingeborenen annahm, von den spanischen Machthabern aufs Heftigste angefeindet wurde, kam nun auch und mit ihm die Inquisition, die gar nicht selten 100 Ketzer auf einmal verbrennen liess (4, 189) — kurz, es ergoss sich auf die unglücklichen Menschen ein so grimmiges Elend, wie vielleicht kein Volk sonst hat aushalten müssen, und es ist kein Wunder, wenn auch hier die Eingeborenen vor dem »Hauche der Kultur« schaarenweis starben; ein Wunder ists nur, dass sie trotz aller dieser Leiden bis auf den heutigen Tag nicht ausgerottet sind.

Nicht anders hausten die Spanier in Guatemala (4, 268), in Nikaragua (280) und noch ärger auf den Antillen und Lukayen (Bahamainseln), deren Einwohner, mehrere 100,000 an der Zahl innerhalb weniger Jahrzehnte gänzlich vernichtet sind, wozu die eingeschleppten Krankheiten, die Minenarbeiten, die nichtswürdigen Knechtungen und oft ganz zwecklose Menschenmetzeleien das Meiste beitrugen. Massenweise tödteten die Eingeborenen sich selbst. Columbus selbst hatte ganz dieselbe Gesinnung wie seine Landsleute: Menschenraub, Sklaverei, grausame Verstümmelungen geschahen auf seinen Befehl und die spanische Regierung war, obwohl Isabella diese Behandlung der Eingeborenen im höchsten Grade missbilligte, viel zu schwach, irgend etwas Bleibendes zu Gunsten der Indianer zu erreichen (Waitz 4, 331. 334).

Ebenso ging es in Darien (4, 351) und Neu-Granada (377) und dass es in Peru eher schlimmer als besser war, dafür bürgt schon der Name Pizarro. Das beliebte Mittel der Portugiesen, Bluthunde, die auf Indianer dressirt waren, gegen diese loszuhetzen, wurde hier namentlich angewandt. Wir erinnern hier an die schon erwähnte Bitte des gefangenen Fürsten, ihn nicht verbrennen, nicht den Hunden vorwerfen, sondern einfach erhängen zu lassen (1, 478 ff.). Nach Gomara sind in den Kriegen unmittelbar nach der Eroberung etwa anderthalb Millionen Eingeborene aufgerieben; die übrigen litten unter dem Druck der Encomiendas und Mitas (zwangsweise Vermiethung der Eingeborenen an Privatleute, von der Mestizen, Mulatten,

Zambos frei waren) so unerträglich, dass sie durch das Uebermass von Arbeit schaarenweis aufgerieben wurden. Dazu kam noch der furchtbare Steuerdruck unter den habgierigen Spaniern, an welchem sich übrigens die Geistlichkeit ohne die geringste Scheu aufs lebhafteste mit betheiligte. Nimmt man dies leibliche Leiden zusammen, und dazu das Bewusstsein der gänzlichen Ohnmacht gegen diesen Gegner, so wird man sich die psychischen Leiden dieser Menschen denken können; diese fallen aber mit dem grössten Gewicht in unsere Wagschale, da ihnen gewiss grosse Mengen erlegen sind, wie vielfach bezeugt ist. Gewiss, wenn man die Amerikaner in Nord und Süd betrachtet, deren Bedrückung noch nirgends ganz aufgehört hat, so ist das das allein Wunderbare, dass jetzt, nach 300 oder 200 Jahren eines solchen Druckes, noch irgend etwas von der Urbevölkerung existirt.

§ 17. Fortsetzung. Der stille Ozean.

Eine ähnliche Behandlung wie die bisher besprochenen Völker von Holländern, Engländern, Spaniern und Portugiesen erfuhren die Kamtschadalen und Aleuten durch die Russen. Nach King (Cook 3te Reise 4, 171) wüthete der Russe Atlassof, der 1699 Kamtschatka zuerst entdeckt hatte, seit 1706 zum zweiten Male Befehlshaber daselbst, »um die Einwohner mit guter Art und durch friedliche Mittel zu gewinnen«, in dem Lande so arg, dass seine eigenen Leute, die Kosaken, welche bis dahin friedlich mit den Kamtschadalen ausgekommen waren, gegen ihn einen Aufstand erhoben und sich in den Besitz der Halbinsel setzten. Dadurch ward es aber nicht besser, denn sie wütheten, einmal an Mord und Blut gewöhnt, von nun ab unter den Eingeborenen von Kamtschatka selbst. »Die Geschichte dieser Halbinsel von jenem Zeitpunkte an bis in das Jahr 1731 ist eine Reihe von Mordthaten, Empörungen und wilden blutigen Gefechten kleiner im ganzen Lande streifender Parteien.« Damals nämlich erhoben sich die erbitterten Kamtschadalen, um ihr Land nicht immer weiter unterjocht werden zu lassen und um sich an ihren Peinigern zu rächen. Behring war zu jener Zeit da, welcher alle ihm entbehrlichen Truppen, mit Ausnahme kleiner Besatzungen in den Festungen des Landes, gegen die Tschuktschen schickte, denn bei der ausserordentlichen Klugheit, Verschwiegenheit und Energie der Kamtschadalen hatte weder er, noch irgend sonst ein Russe eine Ahndung von einer Verschwörung, welche über die ganze Halbinsel ausgebreitet war. Sie war sehr gut organisirt; von kleinen aufhaltenden Zwischenfällen z.B. waren in kürzester Frist alle Oberhäupter derselben benachrichtigt: und so gelang es denn, nach Behrings Abfahrt den Kamtschadalen, dass sie die Festungen rasch einnahmen, und alles was von Russen noch im Lande war (Weiber und Kinder mit eingeschlossen) niedermachten oder in die Gefangenschaft wegschleppten. Behring aber, durch widrige Winde an der Küste festgehalten, erfuhr das Geschehene, kehrte zurück und belagerte das Fort, wohin sich die Kamtschadalen auf Kunde seiner Rückkehr geworfen hatten; allein nicht eher konnte er es — so tapfer war der Widerstand — einnehmen, als bis es endlich durch einen Zufall in die Luft gesprengt wurde. Da nun die Kamtschadalen auch in einigen offenen Gefechten, die sehr blutig waren und sonst den kürzeren zogen, so mussten sie sich zum Frieden bequemen. Von da ab blieb alles ruhig, einzelne Aufstände abgerechnet — welche ein deutliches Bild geben, wie die Russen sich gegen die durch jenen Aufstand gebrochenen Kamtschadalen betrugen. Wenn die Halbinsel, nach King, sich nach 1731 wieder so erholt haben soll (doch King selbst berichtet zweifelnd), dass sie später volkreicher war als früher, so ist dieser Nachricht kein Glauben zu schenken, oder sie bezieht sich auf die Erhöhung der Bevölkerung, welche durch Einwanderung erfolgte. Die Russen fuhren fort, wie sie angefangen hatten; wären die Kamtschadalen noch die alten gewesen, die mit solcher Umsicht und Thatkraft den Aufstand von 1731 ausführten, sie hätten von Neuem gegen das Joch anzukämpfen versucht, was bis auf jene ohnmächtigen Aufstände, welche gegen die Peiniger sich örtlich erhoben, nicht weiter geschah. Jener Krieg hatte sie eben gebrochen. Und so erlagen sie denn gänzlich, als zuerst 1767 jene Epidemien ausbrachen, die wir schon geschildert haben.

Abgesehen von Krieg und Seuchen hat ihnen der Pelzhandel unendlich geschadet. Krusenstern (3, 52-53) erzählt, dass die Agenten der amerikanischen Compagnie und die russischen Händler im Lande umherziehen, die einzelnen, mit denen sie handeln wollen, mit Branntwein völlig trunken machen, was ihnen bei der Leidenschaft der Kamtschadalen für den Trunk gar nicht schwer wird, und dann den ganzen Vorrath von Pelz, den jene besitzen, den Besinnungslosen abnehmen, um sich für »die Menge des getrunkenen Branntweins bezahlt zu machen.« So verliert der Unglückliche, fährt Krusenstern fort, den Lohn monatelanger Mühe, statt sich zum Leben nützliche und nöthige Dinge kaufen zu können, in einem Rausche. »Grösseres Elend (S. 54) ist auch mit Niederdrückung seines Geistes verknüpft, welche einen äusserst schädlichen Einfluss auf seinen ohnehin schon siechen Körper haben muss, da dieser zuletzt bei gänzlichem Mangel an substantieller Nahrung und jeder medizinischen Hülfe beraubt solchen harten Stössen nicht lange widerstehen kann. Dies scheint mir die wahre Ursache ihrer jährlichen Abnahme und allmählichen gänzlichen Ausrottung zu sein, welche durch epidemische Krankheiten, die sie haufenweise wegraffen, befördert wird.«

Auch auf friedlichem Wege wird ihre Zahl verringert: denn hier und auf den Aleuten sind sie mit den Russen vielfach durch Heirathen zusammengeschmolzen.

Allein auch auf den Aleuten haben sich die Russen meist nur feindselig gezeigt. Namentlich sind es die russischen Wildjäger (Promyschlenniks, welche von 1760-90 die Inseln beherrschten, Waitz 3, 313), die sich durch wüste Grausamkeit auszeichnen. »Sie pflegten nicht selten Menschen dicht zusammenzustellen und zu versuchen, durch wie viele die Kugel ihrer gezogenen Büchse hindurchdringen könne«, sagt Sauer (aus dem Tagebuch eines russischen Offiziers, das er in den Anhängen an seine Reise mittheilt) bei Chamisso 177. Dazu kommt noch die sklavische Knechtung, in welcher Kamtschadalen und Aleuten von den Russen gehalten werden (Chamisso 177 und Langsdorff): wie denn z.B. die Hälfte der gesammten männlichen Bevölkerung von 18-50 Jahren das ganze Jahr hindurch unentgeltlich von ihnen in Anspruch genommen wird (Kittlitz 1, 295). Daher hat Waitz ganz Recht, wenn er die Nachrichten über das milde Verfahren der Russen nicht eben hoch anschlägt (3, 313-14). Nach den Schilderungen von Chamisso, der hier mit Kotzebue (1, 167 — 68) ganz übereinstimmt, sind sie jetzt ein träges auch in seiner Freude trübes und theilnahmloses Volk (Cham. 177), wozu sie in Folge des unaufhörlichen Drucks geworden sind. Einzelne sollen sich, ähnlich wie die »wilden Männer« von Tahiti, in die Berge geflüchtet haben und dort ein kümmerliches Leben fristen (Chamisso 177).

Von der Inselwelt des stillen Ozeans kamen die Europäer zuerst in dauernde Berührung mit den Marianen, wo die Spanier, als sie 1668 landeten eine sehr bedeutende Bevölkerung (100,000 ist nicht übertrieben, wie wir schon sahen) auf der ganzen Kette vertheilt fanden — und um 1710 war nur noch Guaham, die südlichste und grösste Insel bewohnt, die anderen verödet. Der Krieg, welchen namentlich Quiroga mit blutiger Tapferkeit führte, und der über 30 Jahre dauerte, zahlreiche Epidemien, Verpflanzung der Eingeborenen von einem Distrikt zum anderen (welches Mittel auch in Amerika die verheerendsten Folgen hatte) trugen zu dieser Vernichtung das ihrige bei. Aber wenn auch nach den Berichten, die wir haben und die ganz, wie le Gobien und Freycinet, auf spanischen Quellen beruhen oder Erzählungen der bei der spanischen Unterwerfung thätigen Jesuiten sind wie die Berichte im »neuen Weltbott« (einer Missionzeitung a.d. Anfange des vorigen Jahrhunderts); wenn auch nach diesen Quellen die Spanier nicht mit der empörenden Grausamkeit verfuhren wie in Amerika: so ist es doch auffallend, dass wir ganz dieselben Erscheinungen hier wie dort nach ihrem Auftreten finden, wildeste Verzweiflung der Eingeborenen — welche hier wie dort anfangs den Spaniern sehr freundlich entgegenkamen — massenhaftes Auswandern derselben, zahllosen Selbstmord, künstliche Fehlgeburt oder Ermordung der Kinder bei der Geburt und schliesslich und sehr bald totale Entvölkerung der Inseln, welche für Guaham nur durch zahlreiche Einführung philippinischer Tagalen verhütet ist. Wahrscheinlich hausten also hier die Spanier mit derselben rohen Bedrückung und wilden Grausamkeit, welche sie überall zum Fluch der neuentdeckten Länder machte, nur dass hier, ganz ähnlich wie über das ebenso rasch entvölkerte Honduras (Waitz 4, 280), unsere Quellen schweigen, oder nur parteiisch und einseitig berichten. Sicher wird man aus dem Aussterben der marianischen Bevölkerung keinen Schluss ziehen können zu Gunsten der Ansicht, dass die Naturvölker, weil sie von schlechterer Organisation seien, den Weissen erlägen.

Polynesien ist 3 Jahrhunderte später entdeckt worden als Amerika, eins später als die Marianen; so sehen wir denn hier die kultivirte Menschheit anders als bisher. Zwar zeigen die früheren Durchsegler des Ozeans, die Spanier, Dampier, Roggeween, dieselbe Rohheit den Naturvölkern gegenüber wie alle ihre Zeitgenossen; allein im Ganzen ist man hier milder aufgetreten als sonst, wozu ausser dem kleineren Terrain wie der geringeren Zahl, in welcher die Europäer demgemäss auftreten, der Hauptgrund das Jahrhundert ist, in welchem man die meisten dieser Inseln entdeckte. War es doch die Zeit des Philanthropismus und glaubte man doch die erträumten Ideale von menschlicher Glückseligkeit, wie z.B. Rousseau sie in Europa entwarf, hier im Leben der Südseeinsulaner verwirklicht zu finden; ein Umstand, der für die Art, wie man den Polynesiern entgegentrat, von grosser Bedeutung war. Und noch, wichtiger war es, dass gleich nach der Entdeckung zu ihnen Missionäre der protestantischen Kirche, denen es nicht auf Ausbreitung des christlichen Namens und der äusseren Gebräuche, sondern da sie selbst im tiefsten Herzen wahre Christen waren, auf die Emporhebung und Förderung der Eingeborenen ankam. So steht der treffliche Wilson, der erste Missionär der Südsee (1795), an der Spitze einer Reihe von Ehrenmännern, die, wenn auch hin und wieder selbst nicht frei von menschlichen Schwächen, auf das Wohlgemeinteste für diese Völker sorgten.

Allein weder sie noch der fortgeschrittene Geist der Jahrhunderte konnten auch hier die bösen Wirkungen der Kultur und ihrer Träger abwehren. Eine Reihe einzelner Brutalitäten, deren Helden meist Schiffskapitäne und ihre Matrosen sind, kamen auch hier vor, welche allerdings bei der geringen Anzahl der Einwohner für die einzelnen Inseln gefährlich genug sein konnten und z.B. für Waihu verderblich gewesen sind (Mörenhout 2, 278-79, der Genaueres und die Quellen gibt).

Aber auf die Dauer gefährlich wurden die Europäer durch die Verbrecherkolonien, welche sie in der Südsee (Neuholland, Tasmanien und sonst) anlegten. Denn eine Menge der deportirten Verbrecher entwichen und indem sie sich auf verschiedenen Inseln des Ozeans umhertrieben oder auf einzelnen festsetzten, schleppten sie ausser Krankheiten eine Menge Laster ein oder reizten, was oft genug vorgekommen ist, die Eingeborenen zum Krieg gegen die ankommenden Weissen, der meist den Eingeborenen verderblich wurde; oder zum Widerstand gegen die Missionäre, der ihnen nach anderer Seite hin schadete.

Ausserdem wird die Südsee durchkreuzt von einer Menge von Walern, welche oft ziemlich lange Rast auf den einzelnen Inseln halten und deren Mannschaft sehr oft aus dem Abschaum aller Völker zusammenfliesst. Auch sie wirkten auf gleiche Weise ausserordentlich unheilvoll. Für Hawaii allein schlägt Virgin (1, 269) die Zahl derselben auf jährlich 15-20,000 an und er erwähnt auch, wie die Syphilis durch sie fortwährend neue Nahrung bekommt. Diesen Walern und ihrem entsittlichenden Einfluss schreibt auch Gulick die Abnahme der Bevölkerung von Kusaie, von der oben die Rede war, zu.

Ferner hat hier die Feindseligkeit, mit welcher die nicht geistlichen Europäer den Missionären, meist aus Gewinn- oder Genusssucht, entgegentraten (genauere Belege bei Meinicke b und Lutteroth) ganz besonders nachtheiligen Einfluss ausgeübt; und nicht minder der Streit, welchen die katholische Kirche in der Südsee mit den evangelischen Missionären anfing. Frankreich war es, welches als »Werkzeug der Propaganda« (Lutteroth 164) in diesem Theil der Welt auftrat und die Art und Weise, wie es das gethan hat, war keineswegs im Interesse der Polynesier. Erstaunt man schon über die Orgien, welche seine Vertreter verübten — so Dumont d'Urville auf Nukuhiva (4, 5, ff.), Laplace und die Mannschaft der Artemise auf Tahiti (Lutteroth 167), so erstaunt man noch mehr über die Unbefangenheit, mit welcher die französischen Schriftsteller über diese schmachvollen Vorgänge als etwas ganz Selbstverständliches reden. Will man die Eingeborenen dieser Inseln heben, so muss man ihr Selbstgefühl zu fördern suchen, man muss, indem man die Laster, die ihnen so viel geschadet haben, unterdrückt, auf ihre guten Seiten belebend und kräftigend einwirken: von allem aber hat die französische Okkupation der Insel Tahiti nur das Gegentheil bewirkt und wie man aus der brutalen Art schliessen kann, mit der sie verfuhr, auch gewollt. Wenigstens geht aus allem hervor, dass die Einwanderer die Eingeborenen hier nicht höher schätzten, als einst die Spanier oder Engländer die Amerikaner. In Neuseeland, wo die Engländer fest sich niedergelassen und denselben Raçenhochmuth gegen die Eingeborenen gezeigt haben, hat ausser diesem letzteren und anderem schon erwähnten namentlich der massenhafte Landverkauf schädlich gewirkt, auf welchen die Neuseeländer, ohne recht zu wissen, warum es sich handele, eingingen und wobei sie oft genug — so namentlich von der Neuseelandcompagnie — sich betrogen sahen. Sie geriethen durch den Mangel an Land in grosse Noth, durch den Betrug aber in grosse Wuth und die Kriege, welche noch bis vor kurzem geführt wurden, beruhen wesentlich auf diesen Gründen (Hochstetter 483-97). Durch alles dies, die Kriege nicht in letzter Reihe, ist natürlich das Emporkommen der Eingeborenen sehr gehindert.

In Melanesien haben namentlich die Sandelholzhändler, meist englische oder amerikanische Capitäne, der Bevölkerung geschadet, da sie, um zu ihrer Waare zu kommen, oft die gewaltsamsten und scheusslichsten Mittel anwenden. Sie schlagen das Sandelholz nieder, wo sie es finden: daher sie häufig in Streit mit den Eingeborenen gerathen. Und in einem solchen Kampfe auf Tanna kam es vor, dass, als die Eingeborenen in eine Höhle im Gebirge flohen, die nachfolgenden Matrosen vor derselben ein Feuer anzündeten und durch den Rauch alle in der Höhle befindlichen umbrachten! Auch rauben sie zu ihren Arbeiten Eingeborene der Inseln und schleppen sie mit sich fort, welche dann häufig dem Heimweh und der Ueberbürdung mit Arbeit erliegen (Turner 493 vergl. 464). Auf allen Inseln Melanesiens sind sie gleichmässig gefürchtet (Cheyne).

Meinicke (a 2, 217) hält die Neuholländer für einen der Kultur absolut unzugänglichen Menschenstamm. Andere Schriftsteller haben auch behauptet, ein friedliches

Auskommen mit ihnen sei ganz unmöglich. Allein die Engländer haben sich nie die Mühe gegeben, auch nur in ein erträgliches Verhältniss mit ihnen zu kommen: und dass dies sehr leicht gewesen wäre, beweisen zunächst einzelne Beispiele (Waitz 1 184 ff.), wie vor allen das Greys, der überall friedlich mit ihnen fertig geworden ist, dann aber geht es aus dem ganzen Betragen der Eingebornen hervor, die eher scheu als kriegerisch, im Anfang den Weissen freundlich entgegen kamen, ja sogar ihre Niederlassung im eignen Gebiet wünschten (Grey 2, 234-35). Auch Meinicke, der wahrlich nicht für die Neuholländer Partei nimmt, gibt das zu (a 2, 214). Ihre vielfach behauptete wilde Blutgier ist nichts als Fabel — wohl aus dem naheliegenden Grund erfunden, um nun gegen sie desto rücksichtsloser zu verfahren. Und das ist reichlich geschehen. Zunächst machte man ihr Land vornehmlich zum Deportationsort von Verbrechern; Neu-Süd-Wales war Verbrecherkolonie bis 1843: Westaustralien, das nach Grey's Zeugniss 2, 364 höher stand als der Osten des Continents, weil es keine Verbrecherkolonie war, ist es neuerdings geworden (Waitz 1, 185) und dass die Ureinwohner die höhere Kultur, welche durch diese Sträflinge und ihre Frevelthaten sich zunächst bei ihnen ankündigte, »strenge von sich abwiesen« (Meinicke 2, 217): sollte ihnen das nicht eher zum Lobe gereichen? Sodann hat die englische Krone die Rechte der Eingeborenen an ihr Land nie anerkannt; sie hat genommen was sie wollte, und als dann die Eingeborenen in Folge von Nahrungs-und Landmangel zu Bettlern und Räubern geworden waren, hat man hierin ein Zeichen ihrer Unverbesserlichkeit durch die Kultur gesehen und sie mit allen Mitteln verfolgt. Später freilich, und auch dies erst in Folge der schreiendsten Misshandlungen durch die Weissen, hat man sie unter die englischen Gesetze gestellt, allein diese wirken wenig zu ihren Gunsten (Grey 2, 368). Denn abgesehen davon, dass die Eingeborenen so gut wie gar nicht zeugnissfähig vor Gericht sind, so werden auch die Gesetze meist nur da angewandt, wo sie gegen dieselben, nicht wo sie zu ihren Gunsten sprechen; ihre Verbrechen an den Weissen werden gestraft, nicht aber umgekehrt die der Weissen an ihnen, und letztere Verbrechen sind viel zahlreicher. 1838 weigerten sich die Geschworenen eine Anzahl Weisser zu verurtheilen, welche 28 Eingeborene ganz ohne Grund abgeschlachtet hatten (Waitz 1, 184). Man schiesst (Breton 200) die Eingeborenen öfters zum Vergnügen nieder, da sie in den Augen der Kolonisten nicht höher stehen, wie etwa der Orang Utang. Ja man hat sie an verschiedenen Orten schaarenweise vergiftet (Eyre Journal of expedd. into Central-Austral. 1845 2, 176 Note: Waitz 186); nach Byrne (12 years wanderings in the british colonies 1848 1, 275, Waitz eb.) ist das an vielen Gegenden von Neu-Süd-Wales durch Arsenik geschehen und man hat sich laut und öffentlich dieser That gerühmt.

Natürlich ist für ihre Emporhebung so gut wie nichts geschehen; denn was wollen die edeln Bemühungen einzelner Männer, wie der Missionäre, sagen, wenn das ganze Volk der Kolonisten anders handelt? Grey (2, 364 ff.) stellt zusammen, worin man an ihnen gefehlt hat: man betrachtet sie als niedere Raçe und behandelt sie deshalb mit dem grössten Vorurtheil und der grössten Willkühr. Werden sie zur Arbeit gedungen, so zahlt man ihnen oft fast nichts, immer aber weit geringeren Lohn als den Europäern. Natürlich schweifen sie lieber bettelnd umher. Sie unter englischen Rechtsschutz zu stellen war wohlgemeint: allein man hätte die englischen Gesetze auch auf das Unrecht, was sie einander selbst thun, anwenden sollen, während jetzt (Grey gibt Beispiele aus Perth) die Europäer ruhig zusehen, wenn Eingeborene von Eingeborenen ermordet werden; man hat durch diese Art der Einführung des englischen Rechts nichts erreicht, als dass die älteren Eingeborenen die jüngeren durch grausame Behandlung von der Annahme neuer Sitten abschrecken (Grey 2, 376). Es ist nach alledem kein Wunder, wenn sie sich von der Kultur, die sie so namenlos elend gemacht hat und fortfährt, sie als wilde Thiere zu behandeln, streng abwenden, obwohl sie geschickt genug sind, sie unter sich aufzunehmen und sich höher zu entwickeln (Grey 2, 374). Grey selbst erzählt einen Fall (2, 369), dass ein europäisch unterrichteter Eingeborener, der manche Fähigkeiten sich erworben hatte, wieder zurückkehrte zu den uncivilisirten Seinen, in die wilden Wälder. Wollen wir ihn tadeln, dass er nicht lieber, wie es in Prutzs geistreichem-Lustspiel von ähnlichen Verhältnissen heisst,

Ein Lump auf Griechisch ist, als ein honetter
Tektosage?

Bei den Seinen hatte er Familie, Ehre, Vermögen; in der
Kolonie war er verachtet, ehrlos, arm. »Ich hätte ebenso
gehandelt«, sagt Grey.

Aus allem Angeführten geht hervor, dass es sehr unrecht
ist, wenn man aus der Feindseligkeit der Neuholländer
gegen die Kultur schliesst, sie seien überhaupt jeglicher
höheren Bildung unfähig. Nicht sie haben die Kultur, die
Kultur hat sie von sich gestossen.

Die Eingeborenen Tasmaniens, welche noch friedfertiger
waren als die Neuholländer, sind schon vernichtet. Auch
hier war eine Verbrecherkolonie und was für Früchte sie den
Eingeborenen trug, zeigt folgende Geschichte: ein Sträfling
überredete einen Eingeborenen, dem er eine geladene Flinte
gab, wenn er dieselbe in sein Ohr losdrücke, so würde er
eine sehr angenehme Empfindung haben. Er machte ihm,
was er zu thun habe, mit einer ungeladenen Flinte vor;
worauf natürlich der Eingeborene sich erschoss (Holman a
voyage round the world [1827-1832] 4, 403). Auch sonst
wurden sie, wie offiziell festgestellt ist, aufs schmählichste,
wie wilde Thiere behandelt. Gleich bei der ersten
Ansiedelung schoss ein Offizier zum Vergnügen mit
Kartätschen unter die friedlichen Eingeborenen (Bischof,
Sketch of the hist. of V. Diemensl. 204); andere Schandthaten
gleicher Art kamen häufig vor und erst seit 1810, sieben
Jahre nach der Kolonisation ward festgestellt, dass die
Ermordung eines Eingeborenen als Mord gelten und
bestraft werden sollte (Hobarttown Almanak for the year
1830, 201). So erhoben sich endlich (1826) die erbitterten
Eingeborenen zu einem Krieg auf Leben und Tod, in
welchem sie gefährlich genug wurden, schliesslich aber —

war doch auf das Einfangen eines Erwachsenen 5 Pfund, auf das eines Kindes 2 Pfund als Preis gesetzt (Van Diemensland Almanak for the year 1831 p. 161) — schliesslich unterlagen sie. Darwin, welcher auch der Meinung ist, dass ihre Vernichtung in dem »schändlichen Betragen« der Engländer ihren Grund hatte, vergleicht den Krieg gegen sie mit einer der grossen ostindischen Jagden (2, 226). Besiegt wurden sie nach Flinders Insel deportirt (Darwin a.a.O.); 1848 verpflanzte man sie nach Oyster Cove im Canal d'Entrecasteaux und jetzt werden sie wohl, vor dem Hauche einer solchen Kultur, ganz ausgestorben sein (Melville the present state of Australia 1851 370, Nixon 18). 1815 betrug ihre Zahl noch 5000, 1835 (nach dem Kriege) noch 111, 1847 waren noch 13 Männer, 22 Weiber und 10 Kinder übrig; 1854 waren, nachdem 29 gestorben und kein Kind weiter geboren war, noch 16 übrig (Petermann 1856, 441 nach dem Blaubuch). Nirgends fand Darwin die Vermehrung eines civilisirten über ein uncivilisirtes Volk auffallender wie hier: nirgends aber ist auch die Vernichtung der Eingeborenen roher und rücksichtsloser betrieben, als in Tasmanien (Bischof, Sketch of the hist. of V. Diemensland 1832, appendix); wobei wohl in Anschlag zu bringen ist, dass alle diese Scheusslichkeiten im 19. Jahrhundert ausgeübt sind.

§ 18. Geographische Vertheilung der einzelnen Gründe für das Aussterben der Naturvölker. Vergleichung dieser Gründe in Bezug auf ihr Gewicht.

Sorglosigkeit der Völker also gegen sich, in leiblicher und geistiger Beziehung: ihre Ausschweifungen, so wie der geringe Werth, welchen sie dem Menschenleben geben; Druck der einheimischen Fürsten; dann ihr leibliches und geistiges Verkommen durch die nothwendigen Einwirkungen einer übermächtigen und von ihnen nur theilweise angenommenen Kultur, so wie endlich die Mittel, welche die Kulturvölker theils aus Rohheit, theils mit der Absicht gegen sie anwandten, sie auszurotten: diese Gründe waren es, welche wir bisher als Schuld an ihrem Aussterben bezeichneten. Natürlich haben diese Gründe, wie wir schon sahen, nicht alle überall Geltung und es wird nöthig sein, dass wir sie, inwiefern sie bei den einzelnen Völkern wirksam waren, hier kurz zusammenstellen.

In Tasmanien ist die Bevölkerung lediglich in Folge des englischen Vernichtungskrieges gegen sie zu Grunde gegangen. Gleichfalls nur dem Einfluss der Europäer und zwar der Spanier erlegen sind die Bewohner der Marianen und der Antillen: allerdings haben hier die Seuchen, welche im Gefolge der Europäer ausbrachen, den Weissen die Blutarbeit wesentlich erleichtert: allerdings hat die tiefe Niedergeschlagenheit, welche sich der Eingeborenen bemächtigte, wesentlich diese Krankheiten und das Aussterben befördert. Aber beides, Krankheiten und Melancholie, waren erst durch das Auftreten der Europäer hervorgerufen; und gesetzt auch, die Seuchen hätten diese Völker ohne die Europäer überfallen, so würden sie dieselben wohl überwunden haben, wie ja auch die Bevölkerung Mexikos das schwarze Erbrechen, welches schon vor Ankunft der Spanier in verheerender Weise wüthete, siegreich ohne bleibenden Nachtheil überstanden hat.

Den Europäern allein ist ferner das Verderben der Mexikaner und Peruaner zuzuschreiben: nur dass sie am Anfang unterstützt wurden von verschiedenen eingeborenen Stämmen und Völkern, welche mit dem Hauptland in Feindschaft waren, bis auch diese nach und nach der europäischen Bedrückung erlagen.

Der schlimme Einfluss der Weissen und die Seuchen, welche sie brachten, war es denn auch vornehmlich, welcher die Neuholländer aufrieb, aber keineswegs dieser allein. Bei ihnen ist zweitens die schlechte Lebensweise, die dadurch veranlasste Unfruchtbarkeit der Weiber und Sterblichkeit der Kinder von sehr bedeutendem Einfluss, so wie drittens der Kindermord und viertens die mannigfachen Kriege und Feindseligkeiten der Stämme untereinander mit in Anschlag zu bringen sind. Die Ausschweifungen, die sich bei ihnen finden — den Trunk haben erst die Weissen gebracht — sind zu wenig verbreitet, als dass sie ins Gewicht fallen könnten.

Auch die roheren Völker Nord- und Südamerikas würden wir wohl noch in derselben Anzahl jetzt vorfinden, wie vor 300 Jahren, wenn der Einfluss der Europäer, der als Hauptgrund auch für ihr Aussterben anzusehen ist, nicht gewesen wäre. Neben der Wirkung der europäischen Waffen und Getränke waren von schlimmstem Einfluss die Seuchen, welche von den Weissen (wie wir sahen oft mit der schändlichsten Bosheit) eingeschleppt wurden, dann aber auch, ausser den direkten Vernichtungskriegen, das geistige und leibliche Verkommen der Eingeborenen in Folge der plötzlich eingeführten Kultur und vor allen die tiefe Niedergeschlagenheit, welche sich der Indianer, als sie ihre Ohnmacht sahen und sahen, wie sie rechtlos zertreten wurden, bemächtigte und die bei ihrer schon vorzugsweise melancholischen Natur doppelt gefährlich wirkte. Dazu kommen nun noch als gleichfalls sehr wichtige Faktoren zweitens die heftigen Kriege, die sie untereinander führten, drittens die in Folge der Lebensweise geringere Fruchtbarkeit der Weiber und viertens in Südamerika (in Nordamerika war beides zu wenig verbreitet) der Kindermord, die Ausschweifungen, namentlich der Trunk.

Und hier müssen wir auf jene schon oben (S. 11) erwähnte Beobachtung Tschudis zurückkommen, dass amerikanische Völker, nach einem sehr verheerenden Krieg, nach einer sehr schlimmen Epidemie sich nie wieder zu ihrer früheren Kraft erhöben, sondern höchstens in diesem reducirten Zustand ein elendes Leben weiter fristeten. Diese betrübende Erscheinung ist leider nur allzunatürlich. Denn wie ein menschlicher Organismus, der sich von einer furchtbaren Krankheit erholt, nur durch lange und sorgsame Pflege seine frühere Kraft wieder zu gewinnen im Stande ist: eben so ist es der Fall bei ganzen Völkern. Durch das von uns geschilderte mannigfache Elend aber, in welchem diese Stämme sich auch sonst noch befinden, werden alle ihre Kräfte schon auf die Erhaltung des Lebens, wie es nun einmal ist, absorbirt und es bleibt kein Ueberschuss übrig für Wiederherstellung des Verlorenen oder Verletzten. Auch wird durch solche furchtbare Schicksale die Lebenskraft selbst schwer verletzt, indem bei so massenhaftem Elend nothwendig lähmende Melancholie oder Apathie eintritt.

Die Fruchtbarkeit der Weiber, ja auch der Zeugungstrieb der Männer wird durch den steten Druck der Sorge und Noth, der fast noch schwerer auf der Seele ruht als auf dem Leib, wesentlich beeinträchtigt; und ein Schlag, den diese Völker, wenn sie sich in besserer, hoffnungsvollerer Lage befänden, mehr oder minder leicht überwinden würden, muss jetzt nothwendig höchst gefährlich, ja tödtlich auf sie wirken. Schaffte man das Elend, das leiblich und geistig auf ihnen lastet, weg — wozu indess ebenso viel Umsicht und Energie als Ausdauer und Zeit gehörte — so würden auch solche reducirten Völker sich heben und mit den Jahren, die man nicht allzu kärglich bemessen dürfte, das werden, woran die südamerikanischen Staaten denn doch keinen allzugrossen Ueberfluss haben: brauchbare und zuverlässige Bürger. Die Indianerstämme, welche man jetzt in den Wäldern verkommen lässt oder gar absichtlich mordet und ausrottet, sind ein Capital, was bei vernünftiger Behandlung für die Zukunft reichlich Zinsen tragen würde und was man jetzt muthwillig und absichtlich vergeudet.

Die Hottentotten sind gleichfalls hauptsächlich der feindseligen Ausrottung durch Holländer und Engländer erlegen: allein ihre Macht war, wie es scheint, schon durch frühere Kriege mit den umwohnenden Völkern gebrochen. Ihre elende Lebensart, Seuchen u.s.w. fördern ihr Aussterben mächtig.

Die Kamtschadalen und Aleuten sind den Vernichtungskriegen oder der muthwilligen Ausrottung durch die Russen, sowie den von ihnen eingeschleppten Seuchen erlegen: zweitens aber wirkten gleichfalls sehr die Ausschweifungen (in geschlechtlicher Hinsicht und durch den Trunk), denen sie ergeben waren. Sie waren durch dieselben entnervt und deshalb zum Widerstand nicht mehr stark genug.

Die Polynesier dagegen haben sich wesentlich selbst zu Grunde gerichtet, zunächst durch ihre unsinnigen geschlechtlichen Ausschweifungen (Tahiti, Hawaii); sodann durch den bei ihnen so furchtbar verbreiteten Kindermord, drittens durch die blutigen und verheerenden Kriege, die sie untereinander führten, viertens durch die sinnlose Bedrückung, welche die Herrschenden über die Beherrschten ausübten und endlich fünftens durch den geringen Werth, in welchem bei ihnen das Menschenleben stand. Sie waren schon im Aussterben begriffen, als die Kultur zu ihnen kam, und diese hat nur — einzelne Völker, wo ihre Träger grössere Schuld auf sich luden, abgerechnet — durch die physische und psychische Erregung, die sie bringen musste und wodurch ein sechster Grund für ihr Hinschwinden dazu kommt, das Uebel, welches diese Völker wie ein schleichendes Gift durchdrungen hatte, zum rascheren Ausbruch und schnelleren Verlauf gebracht.

Fragen wir nun, welche von allen diesen Ursachen war die verderblichste, so liegt gleich auf der Hand, dass dies das feindselige Auftreten der Weissen war, wie es ja auch bei fast allen Naturvölkern gleichmässig gewirkt hat und möchten wir die Angriffe auf das psychische Leben der Naturvölker fast für verderblicher halten, als das Losstürmen auf ihre physische Existenz. Letzteres hat akuter gewirkt und lässt sich mit der Verwundung eines Organismus vergleichen: jene brachten, wie eine totale Vergiftung, ein zwar langsameres, aber viel tieferes, schwerer zu heilendes und weit allgemeineres Unheil hervor. Aber auch die Europäer, trotz der Mittel, die sie anwandten, trotz der grossen Uebermacht ihrer Kultur, haben eine totale Ausrottung nur auf eng abgegrenzten Bezirken bewirkt, auf kleinen Inseln, auf Tasmanien, den Marianen, den Antillen: auf grösseren Gebieten reicht ihre Wirksamkeit nicht so weit, trotzdem sie hier noch manches andere unterstützt hat. Die leichte Empfänglichkeit der Naturvölker müssen wir, sowohl was Kraft der Wirkung, als auch was weite Ausdehnung derselben angeht, an zweiter Stelle erwähnen. Die

Krankheiten, welche scheinbar spontan bei der Berührung der Naturvölker und der Weissen entstanden, so wie die, welche von letzteren zu ersteren eingeschleppt wurden, haben im Durchschnitt gewiss ein Drittel, wenn nicht mehr, der Eingeborenen Amerikas, Afrikas und des stillen Ozeans dahingerafft.

Die dritte Stufe in dieser Reihenfolge der Verderblichkeit geben wir den Ausschweifungen. Allerdings haben sie minder allgemein geschadet als jenes Niedergeschmettert- oder Inficirtwerden von aussen her; aber für die menschliche Natur sind sie noch gefährlicher, weil sie die innersten Lebensnerven zerstören und wo sie wirksam sind, keine Rettung durch Flucht oder durch Besiegung des Feindes möglich ist. Wir sahen die Polynesier, ein so glänzend begabtes Volk, verkommen, trotzdem dass ihrer sich die Kultur im Wesentlichen freundlich angenommen hat: sie waren im Innersten angefressen durch die Ausschweifungen, denen sie sich hingegeben hatten und sie wären auch ohne Berührung mit den Weissen und nach und nach immer rascher durch ihre eigenen Laster zu Grunde gegangen. Die Betrachtung der Polynesier lehrt uns die Gefahr der Ausschweifungen für ganze Völker erst richtig ermessen.

Viertens muss der Kindermord genannt werden, welcher vor allen Dingen in Polynesien und in Südamerika heimisch war, so wie überhaupt der geringe Werth, welchen man dem Menschenleben beimisst. Dass aber letzteres allein ein Volk nicht wesentlich zurückbringt, beweist das Beispiel des Fidschiarchipels. Nirgends wird durch Menschenopfer, Krieg, Kannibalismus u. dergl. mehr Blut vergossen und Leben verschwendet als hier; und dennoch gehören diese Inseln zu den bevölkertsten der Südsee und ein Aussterben wird auf ihnen nicht bemerkt.

Die Kriege haben zwar mancherlei Schwankungen unter den Naturvölkern herbeigeführt, auch wohl einzelne Stämme ganz aufgerieben, aber doch nirgends so gewirkt, dass wir sie in erster Reihe aufzuführen hätten. Ebenso ist es mit der elenden Lebensweise der meisten dieser Völker, welche zwar ihr fröhliches und kräftiges Gedeihen hindern konnte, nirgends aber, so weit unser Material der Beobachtung reicht, eine völlige Vernichtung herbeigeführt haben. Bei alle den roheren Nationen fanden wir auch vor der Berührung mit den Europäern die Kopfzahl nie sehr hoch und hierfür war eben ihre wandernde und kärgliche Lebensart der Grund. Beides nun, das schlechte Leben und die verhältnissmässig geringe Volksmenge unterstützen jedes andere über ein Volk hereinbrechende Uebel immer in so fern, als sie das Volk um so rückhaltsloser und rascher unterliegen lassen. Und ähnlich ist es mit allen den übrigen von uns angeführten Gründen, die alle erst dann wirksam werden, wenn sie mit anderen verbunden auftreten.

Hierher gehören auch die unvermeidlichen Folgen der zu rasch herein brechenden und nur halb angenommenen Kultur, welche wir in so mancher Beziehung für die Naturvölker schädlich fanden. Allein wohl nimmermehr wären diesen Folgen, den Veränderungen im leiblichen und geistigen Leben, der gewaltigen geistigen Anstrengung, welche die Kultur verlangte, diese Völker erlegen, wenn nicht andere Ursachen hierfür wirksam waren, zu denen dann freilich sich auch jene Folgen der Kultur als wirksamer sekundärer Grund hinzugesellten. Hätte sich die Annäherung der Kultur, wenn auch rasch, aber friedlich vollzogen; hätte sie gesunde Völker getroffen, so würde bei diesen, ähnlich wie bei den alten Germanen, eine Zeit des Stillstandes eingetreten, dann aber ein neues kräftiges Leben erblüht sein. Wo die Verhältnisse nur annähernd normal waren, finden wir diesen Gang der Ereignisse, wie wir im

Folgenden näher betrachten werden.

Aus dem Vorstehenden folgt ein wichtiges Gesetz: nie ist es eine Ursache allein, welche ein Volk vernichtet, sondern stets mehrere zusammen, von denen allerdings eine im Vordergrund stehen kann. Auch die Ausrottung der Marianer, Tasmanier und der antillischen Bevölkerung bildet keine Ausnahme, da man hier die Begrenztheit des Terrains als zweiten Grund, in Tasmanien Charakter und Lebensart der Bewohner als dritten in Anschlag bringen muss. Wo nur eine der genannten Ursachen wirkt, oder auch mehrere der untergeordneten, da tritt, soweit jetzt menschliche Geschichte und Beobachtung reicht, kein Aussterben ein; so halten sich die Feuerländer trotz ihres elenden Lebens: so bestehen die Fidschis weiter trotz der auch zu ihnen mächtig eingedrungenen Kultur, trotz der massenhaften Menschentödtung; und so kann man dies weiter verfolgen. Diese Erscheinung ist anthropologisch bedeutsam, weil sie wie keine zweite die zähe Lebensfähigkeit der Menschheit und zugleich beweist, dass diese Lebenskraft in allen Zweigen des Menschengeschlechtes gleichmässig vertheilt ist, ja bei den Naturvölkern eher stärker, wie bei den kultivirten Nationen auftritt, welche letzteren, weil sie feiner organisirt sind als die unkultivirten Menschen, auch bei weitem weniger zu ertragen im Stande sind.

Denn wenn wir fragen: sind die angeführten Ursachen stark genug, um das Hinschwinden ganzer Völker zu veranlassen? so müssen wir antworten: sie sind es reichlich und im Uebermass, jede einzelne schon und nun gar mehrere vereint. Ist es nicht ein wahres Wunder, dass der Naturmensch in einem Lande wie Neuholland sich hielt, wo Europäer trotz aller Ausrüstungen meist so rettungslos verloren sind? Und noch dazu sich hielt in den ewigen Kriegen mit seines Gleichen, unter den ungünstigen Einflüssen der eigenen mangelhaften Kultur? oder der

Polynesier auf seinen kleinen oft so unfruchtbaren Inseln inmitten des ungeheuersten aller Ozeane, und auch er ewigem Krieg und Kindermord und den entnervendsten Ausschweifungen unterworfen? Nicht ein Wunder, dass nach den furchtbaren Vernichtungskriegen durch die Weissen nicht eines dieser Völker vollkommen vertilgt ist, ausser kleinen Stämmen? Gewiss, wenn wir dies alles überdenken, werden wir nicht von der Lebensunfähigkeit der Naturvölker, sondern vielmehr von ihrer ausserordentlichen Lebenskraft und Unverwüstlichkeit uns überzeugen müssen. Und so ist hier der Ort, auf die Frage zurückzukommen, zu welcher wir durch Waitz veranlasst waren: sind wir wirklich zu dem Geständniss genöthigt, dass uns das Aussterben der Naturvölker vollständig zu erklären noch nicht gelingt? Wir sind es nicht. Wenn man der Geschichte jedes einzelnen Volkes folgend fragt, wie kommt es, dass es dahin siecht und schwindet, wir werden immer vollkommen erschöpfend die Gründe erkennen, welche stets dem von uns zusammengestellten Kreis angehören werden. Diese erklären das Aussterben der Bevölkerung so vollständig, dass zu irgend welchem Räthselhaften nicht der mindeste Platz bleibt, sobald man nur die einzelnen Gründe in ihrer physischen und psychischen Wirksamkeit sich mit genügender Consequenz vor Augen führt.

Doch ist wohl zu beachten, dass auch die Unverwüstlichkeit dieser härteren Völker ihre Grenze hat. Wir sahen in Neuholland einen Menschenstamm, der von früher besserem Zustand herabgesunken scheint; dasselbe ist der Fall mit Mikronesien und dem eigentlichen Polynesien, sowie mit den Hottentotten. Am weitesten vorgeschritten war der Verfall bei den Polynesiern: daher sie denn bei verhältnissmässig leichtem Anstoss von aussen her rasch und viel unaufhaltsamer zusammenbrechen, als z.B. die

Melanesier oder Hottentotten und andere Völker. Dieser Verfall musste, wenn seine Ursachen, die Ausschweifungen, Kriege und Vergeudung der Menschenleben, wirksam blieb, immer rascher weiter gehen und so waren sie jedenfalls verloren — wenn sie nicht von aussen her gerettet wurden und das hat, so weit es noch möglich war, die Kultur im Grossen und Ganzen gethan. Und mögen wir auch noch so sehr beklagen, wie die Europäer sich den meisten Naturvölkern gegenüber benommen haben: das müssen wir anerkennen, dass alle diese unkultivirten Völker, wenn sie in ihrem Naturzustande noch Jahrhunderte weiterlebten, einem zwar sehr langsamen, aber sicheren Untergang, dessen Keime sie in sich selbst trugen, entgegengingen. Sie hatten sich keine Herrschaft über die sie umgebende Natur errungen: sie lebten ausschweifend, nur ihren Gelüsten hingegeben, unregelmässig, ohne Gedanken in die Zukunft, in gewaltigster Trägheit; Kriege, Rache u.s.w. waren bei ihnen feste Sitten; der Aberglaube, der so häufig Menschenopfer verlangte, beherrschte sie ganz; ihr psychisches Leben war wenig, die intellektuelle Thätigkeit nur nach praktischer Seite hin entwickelt. Diese Züge ihres Wesens mussten aber im Laufe der Jahrhunderte und Jahrtausende immer starrer und unüberwindlicher werden: und es ist keine Frage, dass sie ihnen einst, früher oder später, denn wer mag das Ende dieser Zeit bestimmen, erliegen mussten. Die Natur, in welcher sie lebten, bot kein erziehendes Moment von durchgreifender Macht; und hätte sie es durch irgend welche Veränderungen ihnen noch geboten, sie waren nicht mehr im Stande, es sich zu nutze zu machen, da sie durch und in Jahrtausende langer Gewöhnung erstarrt waren. Sollten diese Völker also gerettet werden, so war ein plötzlicher Anstoss, es war das Eingreifen der Kultur nothwendig; und obwohl dieselbe ihre Aufgabe so blutig gelöst hat; so ist diese Nothwendigkeit doch ein Gedanke, der über das viele Blut und Elend, das sie oder vielmehr ihre Träger schufen, einigermassen tröstet.

---

§ 19. Vergleichung der Natur- und Kulturvölker in Bezug auf ihre Lebenskraft.

Da sich nun aus allen diesen angeführten Gründen das Aussterben der Naturvölker vollkommen erklärt, ja da die Art ihrer Wirksamkeit uns erst recht die Lebenskraft des Menschengeschlechtes beweist: so fällt damit schon von selbst die Annahme, als ob die Naturvölker »von der Natur zum Untergange bestimmt« geringer organisirt seien als die Kulturvölker. Dies wird sich ganz klar und unwiderleglich zeigen, wenn wir die Wirksamkeit derselben Gründe auf die europäischen Nationen betrachten. Wir werden dort ganz genau denselben, ja einen noch weit schlimmeren Erfolg derselben sehen.

Alles, was Cäsar den Galliern zufügte, die Verwüstung des Landes, die grossen Verluste an Menschenleben, das Zertreten des Nationalgefühls, alles das ist doch wahrlich nicht zu vergleichen mit dem, was Mexiko z.B. oder die Nordamerikaner litten: und dennoch war durch Cäsar in nicht 10 Jahren das gallische Volk, das er freilich schon herabgesunken vorfand, so sehr gebrochen, dass es seine Selbständigkeit bis auf die Sprache verlor. Allerdings hatten die italischen Bürgerkriege Italien etwa 70 Jahre auf das grauenvollste verwüstet; aber nach ihnen finden wir auch das Land im Innersten gebrochen und die Macht des römischen Staates auf Heeren von Fremdlingen beruhend; erst massenhaft versetzt mit frischen germanischen Elementen und auch da erst nach langer Ruhe hebt sich die italische Bevölkerung, nun ein ganz neues Volk, wieder empor. Und doch waren auch seine Leiden viel geringer als die der Amerikaner. Und die Griechen! Warum haben sie aufgehört ein historisch bedeutendes Volk zu sein? weil sie entnervt waren von den scheusslichsten Ausschweifungen und ihre letzte Kraft zertreten wurde zuerst durch die Stürme der Völkerwanderung und dann durch das türkische Joch. Aber welche Höhe hatten die Griechen einst inne — und es ist nicht zu viel gesagt, wenn man jetzt die Durchschnittsbildung der Griechen gleichstellt mit der etwa der übriggebliebenen Mexikaner.

Der 30jährige Krieg, welcher doch im Anfang nur lokal und nie ohne Unterbrechungen wüthete und mit allen seinen Greueln und seiner Dauer durchaus nicht das, was die Naturvölker zu leiden hatten, erreicht, welche grenzenlose Verwüstung hat er in der Bevölkerung unseres Vaterlandes angerichtet! Ernstlich war durch ihn die deutsche Nation in ihrer Existenz gefährdet und es ist ja eine vielfach ausgesprochene Wahrheit, dass einmal unser Nationalcharakter durch diesen furchtbaren Krieg mannigfach verändert und herabgedrückt ist, andererseits wir noch bis auf den heutigen Tag mit der Heilung der Wunden, welche er unserem socialen und politischen Leben geschlagen hat, zu thun haben.

Sehen wir so an diesen wenigen historischen Beispielen dieselben Ursachen bei den kultivirten Nationen noch stärker wirken, als bei den Naturvölkern: so wird eine kurze psychologische Betrachtung uns dasselbe lehren. Obwohl wir eine Religion haben, welche den Gläubigen Trost gewährt auch im schlimmsten Unglück, obwohl wir durch die Kultur so manches Hülfsmittel auch für bedrängte Lagen haben: so wirken doch auf uns eine Menge Dinge, welche auf die Naturvölker noch gar keinen und eine Menge anderer, welche auf sie weit geringern Einfluss haben. Wir sind in unserm leiblichen Leben verzärtelt, an eine Menge

Bequemlichkeit gewöhnt, die wir nicht entbehren können; wir sind geistig viel empfindlicher und ein Niederwerfen dessen, was uns heilig ist, drückt uns mit zu Boden. Liebe zu den Verwandten, Scham, kurz eine ganze Reihe mächtiger geistiger Faktoren haben bei den Kulturvölkern eine solche Herrschaft übers Leben, dass, wenn sie ernstlich verletzt werden, das Leben mit bedroht ist, und man kann wohl sagen, je gebildeter ein Volk ist, um so rascher muss es in fortwährendem Unheil sich verzehren. Wenn wir z.B. nur bedenken, welche Wirkungen das Gefühl eines ohnmächtigen Ingrimms, das längere Zeit immer in uns erneut würde, auf uns haben müsste, wie jeder Einzelne an sich abnehmen kann, so werden wir einmal ermessen können, wie dasselbe Gefühl auf die Naturvölker eingewirkt haben muss, bei welchen es durch so furchtbare Misshandlungen fortwährend erneut wurde und es sehr begreiflich finden, wenn sie schon durch dieses allein zu Grunde gegangen wären; wir werden einsehen, was die gebildeten Mexikaner und Peruaner gelitten haben und warum gerade sie so rasch mit dem Sturze ihrer Bildung zu Grunde gingen; wir werden aber andererseits zugestehen müssen, dass wir unter ähnlichen Verhältnissen wohl viel weniger Widerstandskraft haben würden, als jene Völker, und gewiss jetzt erst recht aufhören von einer besonderen Lebensunfähigkeit der Naturvölker zu sprechen, da wir dem Unheil, welchem jene unterliegen, viel rascher unterliegen würden. Ja, wir würden nach Gründen suchen müssen, wie es kommt, dass jene Völker eine grössere Widerstandsfähigkeit haben wie wir; und finden dieselben in ihrer grösseren leiblichen Abhärtung, sowie in ihrer geringen geistigen Empfindlichkeit, welche immer mit geringer Geistesentwickelung Hand in Hand geht. — Wenn wir nun dennoch die Kulturvölker wohl ohnmächtig und geschichtlich unbedeutend werden, aber nicht eigentlich verschwinden sehen, so kommt dies daher, dass sie gerade in solchen Zeiten der Gefahr mit neuen Menschenschaaren durchsetzt werden. Die Verwüster Italiens, die Germanen, liessen sich massenhaft in den blühenden Fluren des besiegten Landes nieder; ebenso die Bulgaren in Griechenland u.s.w. Oder die schon bestehende Kultur bietet neue Hülfsmittel, wohin man auch das Einwandern zahlreicher Franzosen in unser Vaterland nach dem 30jährigen Krieg rechnen mag. Beispiele von Kulturvölkern, die völlig vernichtet sind, wie ihre Kultur, bietet die Geschichte von Kleinasien.

Es fällt von hier aus noch einmal ein Blick auf die Eintheilung, nach welcher Carus die Menschen betrachtet; man sieht auch hier, wie wenig stichhaltig sie ist, denn seine Tagmenschen haben keine grössere Widerstandsfähigkeit, als seine Nacht- oder Dämmerungsmenschen; und während er behauptet (17), dass die westlichen Dämmerungsvölker, die Amerikaner, »wirklich dem Untergange zugewendet« seien, so sehen wir die Tagvölker noch rascher ihrem Untergange zueilen, schon wenn sie durch weit mildere Schicksale heimgesucht werden. — Auch die Eintheilung der Menschheit in aktive und passive Völker, wie sie Klemm und Wuttke geben (Waitz 1, 344) hat ihr sehr Bedenkliches; sie ist falsch, wenn man in grösserer Aktivität zugleich nach jeder Richtung hin grössere Kraftentwickelung sieht, denn die »aktiven« Völker (die Kulturvölker) zerbrechen im Unglück viel leichter, als die zäheren und härteren Naturvölker; sie ist ferner falsch, wenn man sie als in der ursprünglichen Natur der Menschheit begründet, wenn man also Aktivität oder Passivität als verschiedenen Völkern angeboren ansieht: denn von Haus aus gleich organisirt hat sich die Menschheit durch verschiedene Naturumgebung, verschiedene Schicksale u.s.w. im Lauf der Jahrtausende so verschieden entwickelt, wie wir sie in geschichtlicher Zeit vorfinden.

§ 20. Aussterbende und ausdauernde Naturvölker.

Wenn die Annahme einer minderen Lebensfähigkeit ganzer Völker richtig wäre, so müsste doch bei allen diesen Völkern sich jenes Hinschwinden gleichmässig zeigen. Wie kommt es aber, dass eins ausstirbt und das andere dicht daneben nicht? ja, dass von ein und demselben Volke der eine Zweig abstirbt, der andere ungefährdet weiter lebt? Und auch das findet sich oft. Die Tonganer sterben nicht aus und sind Polynesier wie die Tahitier, Maoris oder Kanakas; die meisten mikronesischen Inseln (so namentlich der Gilbertarchipel) haben eine dichte Bevölkerung, die Kusaier sterben aus; und beide, Mikro- und Polynesier, sind nur ein Zweig des grossen malaiischen Stammes, bei welchem ein solches Hinschwinden, die kleine Insel Engano und einige elende in die Gebirge gedrängte Stämme ausgenommen, sonst doch nirgends bemerkt wird. Die Kamtschadalen sterben aus, die übrigen Nordasiaten, ihre nahen Verwandten, nicht. Doch vielleicht waren hier jene von uns besprochenen Gründe des Aussterbens nicht in Thätigkeit? Allein während die übrigen Melanesier an vielen Punkten sich vermindern, bleiben die Fidschis, trotz des europäischen Einflusses, trotz ihrer Kriege und Menschenopfer, kräftig und bei voller Zahl. Noch ärger fast als alle anderen Völker sind die Neger bedrückt von einheimischen und fremden Tyrannen; und während sie für einen der fruchtbarsten Stämme gelten, der gar nicht zu vermindern ist, sterben die Neuholländer, nach dem Kärtchen bei Carus Nachtmenschen wie sie, aus — welchem Fall freilich der ethnologische Unsinn, afrikanische und melanesische Neger zu einer Raçe zu vereinigen, der sich indess nicht bei Carus allein findet, die Beweiskraft nimmt. Aber die anderen Beispiele zeigen vollkommen schlagend, wie irrig die Ansicht ist, dass die hinschwindenden Völker in Folge der Inferiorität ihrer Raçe ausstürben; daher wir dabei nicht zu verweilen brauchen. Wenn unsere Ansicht aber stichhaltig ist, so muss sich nachweisen lassen, dass da, wo die Gründe, aus denen wir das Aussterben der Naturvölker erklären, nicht eintreten oder beseitigt werden, dass da die Völker gedeihen, sich weiter entwickeln oder sich wieder erholen, ja selbst die so gefährliche Kultur überwinden und sich zu ihr, wenn auch nur sehr allmählich, emporheben können. Und der Nachweis ist leicht.

In Afrika beweisen es die Hottentotten der herrnhutischen Kolonie Baavianskloof, welche Lichtenstein schildert. 1799 betrug die Zahl ihrer Lehrlinge (Licht. 1, 247) 100; das Dorf, worin sie wohnten, glich mit seinen 200 Häusern, seinen Gärten, seinen geraden Strassen ganz einem deutschen Dorfe; die Hottentotten waren tüchtig im Feld- und Hausbau und zu allem dem gebracht ganz ohne andere Strafe als Ausschliessung vom Gottesdienst (251). Die Taufe erhielt man freilich nur als höchste Belohnung für Thätigkeit, Rechtschaffenheit und Frömmigkeit und allerdings fand Lichtenstein noch keine Hottentotten unvermischten Blutes, sondern nur Mischlinge getauft; aber da sich die Herrnhuter bemühten, sie »erst zu Menschen und dann zu Christen« zu machen (eb. 253), so hob sich die Colonie immer mehr, so dass von der Zeit nach 1828 der Bericht lautet: »Die frei gewordenen Hottentotten fingen an mehr für die Zukunft zu sorgen, der Landbau wurde eifrig betrieben und durch künstliche Bewässerung verbessert, Mässigkeit und Sittlichkeit, die Zahl der regelmässigen Ehen, der Besuch und die Sorge der Eltern für die Erziehung der Kinder war im Steigen begriffen und es bedurfte dazu keiner Unterstützung von aussen« (Waitz 2, 337). Dies ist allerdings nur von einem kleinen Distrikt gesagt; aber wo hat man sich sonst auch mit demselben Verstand und derselben Ausdauer der Hottentotten so redlich angenommen? Wo man das thut, da gedeihen sie und werden brauchbare Menschen (vergl. W. 2, 341).

In Amerika haben die Cherokees, die Algonkins, die Irokesen und andere Völker deutlich genug bewiesen, dass auch die Indianer der Erhebung und Kultivirung fähig sind. Die Irokesen sind seit 1820 »bedeutend fortgeschritten im Ackerbau, Hausbau und den mechanischen Künsten überhaupt; sie besuchten die Kirche regelmässig, viele von ihnen waren im Lesen, Schreiben und Rechnen so weit gekommen, dass sie Schullehrer werden konnten, einige andere sogar respektable Geistliche« (Waitz 3, 291 mit d. Quellen). Sie hatten das Mohawk zur allgemeinen Verkehrssprache im Gebrauch und nach Schoolcrafts Bericht für 1845 war ihre Volkszahl im Wachsen (a.a.O.). Ebenso hatten die Ottawa, ein heidnischer Algonkinstamm, sowie die Sauk und noch mehr die Delaware grosse Fortschritte gemacht; sie leben ganz von dem Ackerbau, den sie sehr eifrig und tüchtig betreiben, sowie vom Handel mit den Produkten ihrer Felder (292-93): ihre Zahl ist im Wachsen (294).

Noch mehr war dies Alles der Fall bei den Cherokees, deren Volkszahl in den Jahren 1819 bis 1825 von 10,000 auf 13,500 nebst 200 Weissen und 1300 Negersklaven anwuchs. Schon vor 1820 waren sie sehr tüchtige Ackerbauer, welche im Laufe von 8 Jahren (M'Kennay bei Waitz 3, 294) die Wildniss in einen Garten umschufen. Schon um 1773 hatten sie 43 Städte und ihre Bildung war schon damals nicht unbedeutend (Bartram 353-60); seit 1796 waren Baumwollenmanufakturen bei ihnen errichtet, Luxusgegenstände traf man hin und wieder und Einzelne hatten ein nicht unbedeutendes Privatvermögen. Die Polygamie wurde abgeschafft; ihre Kinder zeigten sich »sehr lenksam, anhänglich und bildungsfähig« (Waitz 3, 295). 1820 führten sie geschriebene Gesetze und eine Repräsentativverfassung ein. Der oberste Häuptling, dem nebst einem hohen Rath die Exekutive zusteht, soll alle zwei Jahre das Land bereisen, um dessen Zustand kennen zu lernen. Die richterliche Gewalt wird vom obersten Gerichtshofe, dem wandernden Gericht und von Friedensrichtern ausgeübt. Geschworenengerichte und drei Instanzen sind eingeführt, die Richter nur durch den Willen beider Häuser absetzbar. Es herrscht allgemeine Religionsfreiheit, doch kann Niemand ein Amt bekleiden, der nicht an Gott und an Vergeltung in einem künftigen Leben glaubt« (Waitz 3, 295-96). Es wurde dann ein Alphabet von 85 Zeichen 1821 von einem Cherokee erfunden und bald war die Kunst des Lesens und Schreibens unter ihnen allgemein; seit 1828 erschien eine periodische Zeitschrift in ihrer Sprache. Auch diese aufblühende Kultur hat man nicht geschont; man hat auch die Cherokees, trotz ihres heftigen Widerstrebens, über den Missisippi vertrieben. Allein obwohl ihre Kultur dadurch im hohen Grade gefährdet wurde, so unterlag sie nicht; sie erhob sich bald wieder und seit 1841 allgemeiner wie früher (296). Ebenso verhält es sich mit den Choktaw, den Creek und einigen anderen Völkern, über die Waitz (296-99) ausführlichere Nachrichten gibt.

Ebenso in Südamerika: die Volkszahl der Abiponer nahm nach Dobrizhofer bedeutend zu, als das Verstossen der Weiber, der Kindermord und die Polygamie abgeschafft wurde (Waitz 1, 164); in Guatemala (nach einem Bericht von 1771) vermehrten sich die Eingeborenen trotz des schweren Drucks der Spanier so sehr, dass diese sie zu fürchten anfingen (eb. 163). In Mexiko bilden nach Humboldt die

Eingeborenen noch immer fast die Hälfte der Einwohner (b, 3, 9) and in dieser Zahl haben sich die Indianer überall erhalten, wo die Spanier organisirte Reiche vorfanden (eb. 3, 8); die einheimische Bevölkerung ist im Steigen (derselbe a 1, 83 und 107) und zwar in Folge eigenes Wohlstands, nicht fremden Zuwachses (eb. 105) und diese »für die Menschheit sehr tröstliche« Zunahme der indianischen Bevölkerung beweist Humboldt durch speciellere Angaben a, 5, 6; 4/7 der gesammten Volkszahl sind Indianer (Waitz 4, 195).

Auch in Polynesien finden wir sehr wichtige Erscheinungen der Art. Von Hawaii sagt Jarves 371-72: die Kultur zerstört im Anfang; nachher wirkt sie segensreich; so war auch auf den Sandwichinseln die Entvölkerung unter Tamehameha I. und Liholiho grösser als in späterer Zeit. »In dem Verhältniss, in welchem Christenthum und Civilisation wächst, vermindert sich die Sterblichkeit. Allerdings sind ihre Wirkungen jetzt noch zu neu, um ihre Endresultate vorherzusagen, aber man kann sicher hoffen, dass, wenn die bösen Einflüsse aufhören und anderen Platz machen, gute Ergebnisse folgen werden. Der Despotismus der Fürsten ist völlig abgeschafft und Gesetze wirken für das Anwachsen der Bevölkerung. Familien mit 3 Kindern sind von den Abgaben befreit; die, welche mehr haben, bekommen Land und andere Geschenke, um sie zu heben. Die Abgaben, obwohl immer noch hoch, sind gleich vertheilt und für das Volk erleichtert. Ein Nationalgeist ist erwacht, Schulen und Kirchen gegründet, regelmässige Handelsverbindungen und Gewerbe haben sich gebildet: kurz das gerade Gegentheil der moralischen Versunkenheit, in welcher noch vor Kurzem das Volk sich befand, fängt an sich zu entwickeln; medizinische Kenntnisse und ärztliche Hülfe verbreitet sich; Kleidung, Wohnung bessern sich allmählich. Freilich ist dies nur die Morgenröthe eines besseren Tages: aber schon zeigt sich deutlich genug, dass

Christenthum und Bildung durch die Einwirkung der amerikanischen Mission und die Intelligenz der Fremden diese segensreichen Folgen haben. Noch schlagender zeigt sich das daraus, dass Kinder und Erwachsene, welche die Schulen besuchen und unter der unmittelbaren Leitung der Missionäre stehen, sich einer ausgezeichneten Gesundheit erfreuen und rasche Fortschritte machen. Dasselbe gilt von den Eingeborenen, welche unter dem Einfluss europäischer Familien stehen.« Nach Virgin (1, 300) freilich scheint die Entwickelung nicht allzurasch weiter gegangen zu sein; doch auch er gibt an, dass vor 1820 die Abnahme der Bevölkerung stärker gewesen sei, als nachher, und dass die Missionen an verschiedenen Punkten die Abnahme ins Stocken gebracht haben durch möglichstes Hinwegräumen der bösen Ursachen, welche sie veranlassen. Auch Waitz 1, 177 erwähnt einige Inseln und Distrikte dieser Gruppe, wo die Bevölkerung nicht nur nicht abnimmt, sondern in nicht ganz unbedeutendem Anwachsen begriffen ist.

Ganz ebenso ist es in Tahiti. Auch hier hat die Volkszahl gleich nach dem ersten Zusammenstoss mit den Europäern sehr abgenommen, von 16,000 (Wilson) bis auf 8000 (Ellis) oder 9000 (Wilkes), denn Turnballs 5000 ist eine übertrieben niedrige Angabe. Nachher aber ist die Zahl gleich geblieben oder eher gewachsen; Virgin wenigstens gibt sie für 1852 auf 10,000 an (2, 41). Auf Raiatea dagegen nimmt die Bevölkerung stark zu (Waitz 2, 167 nach Journ. R. geogr. soc. III, 179). Auch Ellis (um 1830) sagt 1, 169, dass vor 1819 das Abnehmen der tahitischen Eingeborenen noch stark gewesen sei: 1819-20 seien Todesfälle und Geburten einander gleich gewesen und von da ab habe die Volkszahl stark zugenommen. Mag Ellis auch, der so eifrig für das Wohl der Insel thätig war, seine Hoffnungen auf jene Angabe vielleicht etwas mit haben einwirken lassen: bloss auf Uebertreibung beruht eine so sichere Behauptung eines so zuverlässigen Beobachters nicht. Allerdings klagt der französische Commandant der Insel, de la Roncière, in seinem Bericht vom Dezember 1866 (Globus 12, 60-61) über die Trägheit, Indolenz und Flatterhaftigkeit der Bewohner; allein wenn man die Vorgänge während und nach der französischen Okkupation der Insel und die ganze Haltung der Franzosen wenigstens in der ersten Zeit ihres Aufenthalts bedenkt, so ist es nur allzu begreiflich, dass die Entwickelung der Insel durch sie nicht eben gefördert ist. Doch sind wir, wenn man sich wirklich ernsthaft und ausdauernd der Eingeborenen annimmt, auch für sie zu guten Hoffnungen berechtigt.

Was wir von Neuseeland zu berichten haben (nach Hochstetter 482-497) ist noch merkwürdiger. Gegen den Einfluss der Fremden bildete sich eine Nationalpartei unter den Eingeborenen, welche, da sie Gott ebenso nah ständen als die Weissen, mit diesen gleiche soziale und politische Rechte verlangten. 1857 erwählten die Maoris, von diesen Gesichtspunkten ausgehend, einen König, den als Krieger und Redner berühmten Potatau, der sich den zweiten Friedenskönig nach Melchisedek nannte, sich thatkräftige Häuptlinge, so vor allen den Maori William Thompson aus dem Stamm der Ngatihua, als Minister auswählte, und seinen Herrschersitz zu Ngaruawahia, an der Hauptwasserstrasse ins Innere, an den Thoren von Aukland in vortrefflich ausgesuchter Lage nahm. Die Grundprinzipien des Königthums sollten Glaube, Liebe und Gesetzlichkeit sein. Man beschwerte sich bitter über die englische Regierung, welche sich gar nicht um die Maoris kümmere, die Häuptlinge nicht standesgemäß behandele, zwar Protokolle über ihr Aussterben führe, aber nichts dagegen thue; man habe die eingeführten Waaren mit ungerechten Abgaben gedrückt, indem z.B. wollene Decken nach dem Gewicht wie Seide und Spitzen versteuert würden; Munition und Waffen verkaufe man ihnen gar nicht, um so lieber aber Spirituosen. Und zu dem Allen benähmen sich die Europäer so hochmüthig und grob! Diese Nationalpartei, welche sehr beredte Agenten im Lande umherschickte, fand überall rasch Anhänger; auch die Weiber und Mädchen theilten ihre Gesinnungen. Freiwillige Abgaben für den König flössen regelmässig und reichlich und dieser schlichtete zu Ngaruawahia alle Streitigkeiten der Eingeborenen, trieb auch von den unter ihnen lebenden Europäern Abgaben ein und legte einen Zoll auf die an seiner Stadt vorbeipassirenden europäischen Schiffe; sein Einfluss war bald so gross, dass sich auch die Missionäre, wenn sie etwas gegen einen Maori vorzubringen hatten, an ihn wandten. Aehnliche Ziele hatte die Landligue, eine Vereinigung der Maorifürsten, um den Landverkauf zu verhüten, welchen die einheimische Regierung äusserst ungern sah. Es war klar, dass die Kolonialverwaltung durch diese selbständige Entwickelung, namentlich aber durch die Beschränkung der Landkäufe, welche, um gültig zu sein, erst die Bestätigung des Maorikönigs nach der Auffassung der Eingeborenen bedurften, in arge Verlegenheit kommen musste. Daher erkannte denn England diese Beschränkung des Landverkaufs durch die Maorigesetze nicht an und so musste es zum gewaltsamen Zusammenstoss kommen. Dies geschah unter Potatau II., dem Sohne Potataus I.; den 17. März 1860 begann der Krieg, in welchem die Maoris sich nicht nur ausserordentlich tapfer, sondern auch so umsichtig bewiesen, dass sie den Engländern empfindliche Niederlagen beibrachten. Der Nationalpartei schlossen sich jetzt alle Maoris, auch die früher lässigen, an; es ist besser, hiess es, fürs Vaterland zu sterben, als unterjocht von Fremden zu leben. Auch im englischen Parlament erhoben sich Stimmen für sie, so vor allen die Martins, des Bischofs von Aukland. William Thompson war alleiniger Anführer dieses Krieges und seiner Stelle sehr gewachsen; denn der

Kampf, der von den Maoris hauptsächlich als Guerillakrieg geführt wurde, konnte nur durch die englischen Kanonen und die englische Uebermacht (1861 hatten die Engländer 12,000 Mann zusammen) mehr und mehr zu Gunsten der Engländer gewendet werden. Indess kam es durch Einfluss der Missionäre und durch den an Brownes Stelle gesandten Lord Grey zur friedlichen Vermittlung. Wir sehen also auch hier Anfänge, bedeutend genug, um in kurzer Zeit die Gründe, auf welchen wir das Aussterben der neuseeländischen Eingeborenen beruhend fanden, zu beseitigen. Es ist sehr traurig, dass diese nationale Erhebung von englischer Seite gleich im Anfang geknickt oder wenigstens gehemmt ist: doch ist die Hoffnung nicht aufzugeben, dass sie abermals auch diesen Stoss überwinden wird. Die Hauptsache wird sein, dass sie selber Muth und Zuversicht gewinnen, dann werden sie die Kultur sich nicht bloss äusserlich und auf eine Weise, die ihnen nur schadet, aneignen, sondern sie werden sich, da sie stets sich sehr fähig gezeigt haben, an ihr emporheben und ein neues Leben zu führen im Stande sein. Zu dieser Hoffnung berechtigt auch die innige Religiosität, welche die meisten der neu und wahrhaft Bekehrten zeigen. Ob sie aber auch in diesem Falle später nicht einmal durch Vermischung mit den Weissen aufhören als Nationalität zu existiren? Ein solches Aufgehen würde indess nur erfreulich sein, denn es bewiese zugleich, dass auch die Engländer der Kolonie von ihrem starren Raçenhochmuth nachgelassen hätten.

In Tonga nun, wo von jeher die Sitten strenger waren und namentlich nie diese Lüderlichkeit herrschte, welche in Polynesien an anderen Punkten so gefährlich wirkte; wo man mit dem Menschenleben, wenigstens jetzt und schon seit längerer Zeit, nicht so verschwenderisch umging, ist ein Sinken der Volkszahl nicht eingetreten. Das Christenthum hat die Monogamie durchgesetzt und so ist denn trotz der vielen Kriege, welche die Einführung des Christenthums und die Befestigung der Königsherrschaft mit sich brachte, die Bevölkerung, die sich im Allgemeinen einer sehr guten Gesundheit erfreut, im Wachsen (Erskine 160-61).

Die Bevölkerung von Samoa schätzt Erskine (104) auf etwa 37,000 Seelen, doch glaubt er, dass sie abnehme (a.a.O. u. 60). Auch Turner erwähnt die grosse Sterblichkeit der Kinder daselbst, welche durch thörichte Behandlung derselben vor und bei der ersten Nahrung veranlasst wird. Seitdem aber jetzt die Missionäre günstig wirken, die Polygamie abgeschafft und ausschweifende Lebensweise durch strenge Ueberwachung sehr erschwert ist, nimmt die Bevölkerung wieder zu (Turner 176). Doch waren die Samoaner überhaupt weit weniger ausschweifend gewesen als die übrigen Polynesier und hatten den Werth des Menschenlebens höher geachtet. Also auch hier dieselbe Erscheinung: der erste Zusammenstoss mit den Weissen bringt durch Seuchen u. dergl. (doch fand Wilkes in Samoa keine Syphilis 2, 73, 126, 138) eine arge Erschütterung in der Wohlfahrt des Volkes, ein Zurückgehen der Kopfzahl hervor; allein sobald diese ersten Folgen überwunden sind, hebt sich die Ziffer wieder. Gerade die Samoaner sind besonders innige Christen (Turner 106-109, 166 ff.)

Zu den bestbevölkerten Gegenden Polynesiens gehören die kleinen Inseln nördlich und westlich von Samoa und Tonga, die Uniongruppe, Tikopia, Rotuma u.s.w., wo die Sitten unverderbt und die Bevölkerung in bester Wohlfahrt ist. Trotz des zahlreichen Kindermords auf Tikopia ist dort die Kinderzahl in einer Familie meist drei bis acht (Gaimard bei Dumont D'Urville b, 5, 309; vergl. ders. in Zoologie 23; u. 5, 306). Nur von dem gleichfalls hierher gehörigen Sikayana wird eine Abnahme der Eingeborenen berichtet, welche durch eine sehr heftige Blatternepidemie auf 171 Seelen zusammengeschmolzen sind (Nov. 2, 438-441).

Alle diese Beispiele beweisen schlagend, dass ein Hinschwinden dieser Völker aus mangelnder Lebenskraft, »weil sie von Natur dem Untergange bestimmt seien«, nicht stattfindet; wo es also eintritt, kann es nur durch die besprochenen Gründe veranlasst sein. Sobald die Kultur nicht feindselig, sondern friedfertig naht und diese Völker zu sich emporzieht, statt sie zu vernichten, so ist von den Naturvölkern keins, das nicht für sie gewonnen werden könnte, ja einzelne haben sich trotz der feindseligsten Haltung der Weissen dennoch zur Kultur, wenigstens zu guten Anfängen, emporgeschwungen: eine That, deren Grösse man aus dem Vorstehenden ermessen kann und die eine so ausserordentlich gute Begabung und sichere Kraft beweist, dass sie ebenso sehr unser Staunen als unsere Bewunderung erwecken muss. Allerdings wird aus einem neuholländischen Stamm nicht sofort ein europäisch civilisirter Staat, aber es ist handgreiflich verkehrt, zu behaupten, wie noch Meinicke thut, die Neuholländer seien überhaupt der Kultur unfähig. Denn wo sich wirklich die Kultur ihrer angenommen (es ist selten genug geschehen), da haben sie sich auch als friedfertige und bildsame Menschen gezeigt. Dass sie sich und so noch manche andere Naturvölker jetzt so viel als möglich von der Kultur zurückziehen, das ist nach dem, was ihnen von ihren Trägern zugefügt ist, nur allzubegreiflich. Halten doch manche Nordindianer auch das Christenthum nur für eine neue Art, sie zu betrügen (Waitz 3, 289) »und, sagten sie, was sollen wir Christen werden, da diese ärgere Lügner, Diebe und Trinker sind, als die Indianer« (eb. 287). »Die Christen wollen nicht arbeiten, sie sind Spieler, Bösewichter und Gotteslästerer,« sagte ein Indianer von Nikaragua; auf die Antwort, so handelten nur die schlechten, erwiderte er: »wo sind denn die guten? ich wenigstens kenne nur schlechte« (Waitz 4, 280-81). Ein zweiter Grund, weshalb viele Naturvölker so schwer die Kultur, auch wenn sie ihnen friedlich naht, annehmen, liegt in ihren Gewöhnungen. Es muss hier nochmals auf die Kraft der Vererbung erinnert werden. Durch Jahrtausende langes Leben an ein unstätes Umherschweifen u. dergl. gewöhnt, wird es ihnen sehr schwer, so plötzlich die althergebrachte, tief in ihr leibliches und geistiges Wesen eingewachsene Lebensart zu ändern.

§ 21. Die afrikanischen Neger.

Wir müssen, um einem möglichen Einwand zu begegnen, noch einmal auf einen Umstand zurückkommen, den wir schon vorhin wenigstens berührten. Wie ist es zu erklären, dass die Neger nicht aussterben? Sie sind doch geplagt, gedrückt, gemisshandelt wie kein zweites Volk, der Heimath entrissen, oft ganz zum Lastthier herabgewürdigt — und sie gedeihen doch. Der Hang der Neger zu Ausschweifungen ist bekannt; wie gefährlich ihre Kriege, die sie untereinander führen, für die Besiegten sind, wird nur zu deutlich durch die massenhaft fortgeschleppten Sklaven bewiesen: Menschenleben vergeuden auch sie ganz rücksichtslos, wofür schon der eine Name Dahomey als Beweis genügt. Und doch waren das dieselben Gründe, welche wir als das Aussterben der Naturvölker veranlassend annahmen. Wie kommt es, dass sie dort wirken und hier nicht? Muss man nicht doch also zu jenen Gründen noch einen hinzufügen und welcher könnte das sein, als mangelnde Lebenskraft oder sonst irgend etwas Geheimnissvolles? Aber trotzdem sind die Neger, nach einstimmigem Urtheil aller Forscher, die leiblich am wenigsten vollkommen organisirten Menschen, und es wäre doch seltsam, wenn höher stehende Völker mindere Lebenskraft hätten als sie.

Allein diese Annahme ist auch durchaus unnöthig. Die grössere Ausdauer des Negers beruht auf seinem anders gearteten Naturell, was wir zunächst nach der psychischen Seite hin verfolgen wollen. Vom Charakter des Negers ist jeder melancholische Zug ausgeschlossen. Jeder momentane Eindruck ist bei ihrer derb sinnlichen Natur so mächtig, dass der folgende den vorhergehenden sofort auslöscht, und so vergessen sie dadurch auch im tiefsten Elend ihre schlimme Lage rasch und gänzlich, wenn irgend eine plötzliche Anregung zur Lust über sie kommt. So zwingen sie die Sklavenhändler, um sie über ihr oft tödtliches Heimweh hinwegzubringen, bisweilen mit der Peitsche zum Tanz, der sie dann in seiner sie nun ganz beherrschenden Ausgelassenheit alles Unglück vergessen lässt (Waitz 2, 203). Diese rasch wechselnde Gemüthslage hilft ihnen über vieles Schwere hinweg und ist klar, wie sehr sie im Gegensatz steht ebenso zu dem zähen Festhalten eines Gedankens, wie wir es beim Amerikaner und Polynesier so vorherrschend finden, als zu der Melancholie dieser Völker. Auch die sinnlichen Genüsse wirken auf den Neger viel befriedigender, als auf die anderen Völker; seine grosse geschlechtliche Sinnlichkeit ist wiederum für die Fruchtbarkeit seiner Race von grosser Bedeutung und so massenhafte und übertriebene Ausschweifungen wie bei den Polynesiern finden sich bei ihnen nicht. Auch sein Hang zum Phantastischen muss erwähnt werden, denn auch er dient sehr dazu, ihm seine Lage oft in ganz anderem Lichte erscheinen zu lassen, als sie ist. Hiermit vereinigt sich eine gewisse Stumpfheit und Trägheit des geistigen Lebens sehr wohl, die vor Vielem und gerade dem Schmerzlichsten den Neger beschützt: er wird sich fast nie moralisch vernichtet und dadurch in seiner innersten Persönlichkeit verwundet fühlen. Auch ist seine grosse Gutmüthigkeit und seine innige Religiosität hierbei nicht ausser Acht zu lassen.

Zweitens aber scheint auch die physische Natur weit minder empfänglich und empfindlich zu sein, als die der meisten anderen Völker. Sei es, dass er durch allmähliche Gewöhnung, durch das Klima seines Landes oder durch ursprüngliche Anlage härter ist: er verträgt es, in ganz andere Himmelsstriche verpflanzt zu werden; er hält sogar die Luft der Malariagegenden und noch dazu bei täglicher oft sehr grosser Anstrengung ohne Schaden aus, welchem allen die meisten anderen Völker regelmässig erliegen. Er ist also schon durch seinen Körper gesicherter.

Drittens ist nicht zu übersehen, dass der Neger schon seit einer Reihe von Jahrtausenden, seit der ersten Entwickelung der Kulturvölker, mit diesen in Berührung und oft in sehr enger steht und gestanden hat: so ist er an die Einflüsse der Kultur ganz anders gewöhnt als Amerikaner und Ozeanier, als Hottentotten und Kamtschadalen, und hat daher ihre ungünstigen Folgen weit weniger zu fürchten.

Hiermit ist der Einwand, welchen man von den Negern aus erheben könnte, als beseitigt zu betrachten; wir müssen indess noch einen Blick auf das Aussterben der freigewordenen Neger in den vereinigten Staaten werfen, wie wir es im Ausland (1867, 1404) geschildert sehen nach Henry Lathams black and white. Nach ihm sind seit der Emancipation von 4,000,000 Negern 1,000,000 zu Grunde gegangen, durch Unwissenheit, Hülflosigkeit, Laster und Mangel. Unfruchtbarkeit trat ein, Kindermord nahm überhand, »die Sterblichkeit war so gross, dass es Leute gab, welche eine Lösung der schwierigen Negerfrage in dem Verschwinden der farbigen Race in den nächsten 50 Jahren voraussagten«. »In den Gebieten, wo sie während des Krieges in grösster Sicherheit lebten, wo man annehmen kann, dass sie massenhaft vorhanden sind, und wo die grössten Beiträge zusammengebracht wurden, um sie vor Hungersnoth zu schützen, sind sie in Abnahme begriffen. In dem kältern Klima der Nordstaaten starben die farbigen Familien nach einer oder zwei Generationen aus.« Die Schilderung ist, wie wir sie hier vor uns haben, entschieden parteiisch gefärbt. Wir betrachten daher nur die Thatsache, dass die emancipirten Neger moralisch und physisch sich verschlechtern, ja geradezu verkommen. Diese Erscheinung ist allemal da beobachtet, wo Neger emancipirt wurden, und sie machte auch der Republik Liberia anfangs viel zu schaffen; allein sie tritt bei jeder Sklavenemancipation naturgemäss jedesmal ein, mögen die Sklaven nun Neger oder nicht sein. Sie haben nicht gelernt, selbständig zu leben, für sich zu sorgen, für sich zu arbeiten; jede Arbeit ist ihnen, in Erinnerung an ihr früheres Loos, eine Last zugleich und eine Entwürdigung. Durch den langen Zustand der Unfreiheit haben sie die Fähigkeit, der Natur gegenüber sich zu behaupten, welche sie in ihrer Heimath besassen, verlernt; sie sind auch geistig herabgedrückt und dass sie lasterhaft werden, ist die Folge des Beispiels, was ihnen allzuoft ihre eigenen Herren gaben, sowie des Mangels an Selbstachtung, zu dem sie als Sklaven verurtheilt waren. In Nordamerika ist ihnen ferner jede Emancipation noch durch die entschiedene und rücksichtslose Feindseligkeit unendlich erschwert, mit der die »gute Gesellschaft«, die Weissen, sich vor jedem Farbigen strenge verschliesst, für den sie nichts als die bitterste Verachtung hat. Klimatisches mag sich gleichfalls geltend machen; jedenfalls ist hier nichts, was unserer Betrachtung irgend ein neues Moment zufügen oder eine nähere Erklärung noch erheischen könnte.

§ 22. Folgerungen aus der Art, wie die Naturvölker von den Kulturvölkern behandelt sind.

Ehe wir unsere Betrachtungen schliessen, ist es nöthig, auch einen Blick auf die Kulturvölker zu thun, welche mit den Naturvölkern in Berührung kamen; denn ein solcher wird ethnologisch nicht ohne Ausbeute sein. Zunächst ist zu constatiren, dass alle Kulturvölker sich ganz auf dieselbe Weise grausam, rücksichtslos und unmenschlich gegen die Naturvölker betragen haben, die mit ihnen in Berührung kamen: die Spanier, die Portugiesen, die Holländer, die Engländer und die Franzosen. Die Engländer und Holländer zeichnen sich durch unaussprechlichen Hochmuth und Hass gegen jede farbige Bevölkerung aus, durch welchen sie den Naturvölkern fast nicht mindern Schaden gethan haben, als durch offene Feindseligkeiten. Wir Deutsche haben Eroberungen nicht gemacht, aber trotzdem sind einzelne unserer Landsleute mit den Naturvölkern in Berührung gekommen. Diejenigen, welche zur Zeit der ersten Entdeckung Amerikas mit den Spaniern dorthin kamen — so die Abgesandten der Welser, welchen dort Länderstrecken von Karl V. verpfändet waren — wütheten nicht geringer als die Spanier selbst. Das westliche Venezuela wurde um 1527 von Georg v. Speier und Ambrosius Dalfinger verwüstet (Waitz 3, 398). Allein das sind vereinzelte Fälle; im Ganzen haben die Deutschen den Naturvölkern Segen gebracht, denn gerade die einflussreichsten Missionen sind zum Theil in ihren Händen gewesen, wobei vor allen Dingen an die Wirksamkeit der Herrnhuter in Afrika und Nordamerika (z.B. Heckewelder) erinnert werden muss. Auch unter den Jesuiten waren viele Deutsche, z. B. Dobrizhofer unter den Abiponen, Strohbach auf den Marianen. Die Missionsthätigkeit ist auch jetzt noch nicht vermindert und trägt ihre segensreichen Früchte für die Eingeborenen und für die Wissenschaft, denn eine Menge der bedeutendsten Missionsschriften sind, freilich meist in englischer Sprache, von Deutschen verfasst — Namen wie Kölle, Döhne, Teichelmann, Schürmann, Dieffenbach (freilich kein Missionär) u.a. sind bekannt genug.

Die fast immer ganz unmenschliche und mordgierige Art, mit welcher der Europäer die Naturvölker bekriegte und meist deren Rohheit bei weitem übertraf, zwingt uns zu einem anthropologischen Schluss von nicht geringer Bedeutung; denn wir sehen daraus klar, »dass die Kluft, die den civilisirten Menschen vom sogen. Wilden trennt, bei weitem nicht so gross ist, als man sich oft einbildet« (Waitz, 3, 259). Man hat ja gerade die wilde Blutgier der Naturvölker so wie ihr beharrliches Fernbleiben von aller Kultur so besonders hervorgehoben, ja mit darauf hin den Schluss gezogen, dass sie von geringerer Organisation und Befähigung, dass sie von Haus aus eine niedrigere Raçe wären (Carus 28, 22 ff.). Wie will man das aber aufrecht halten, wenn die civilisirten Völker von einer viel wilderen und grauenvolleren Blutgier besessen sind, die um so schrecklicher wird, als sie unvermittelt neben so hoch entwickelten intellektuellen Fähigkeiten steht? Wenn die grössten und bedeutendsten Männer dieser civilisirten Völker dieselbe Blutgier theilen, wie Columbus, welcher die auf Menschen dressirten Hunde einführte, der Königin Isabella rieth, die Kosten seiner Fahrten durch Menschenraub zu decken, Diebstähle mit grausamen Verstümmelungen strafte und Hinterlist und gemeinen Verrath gegen die Indianer für erlaubt hielt? (Waitz 4, 331).

Wenn die blutgierig-rohesten wohl noch wegen ihrer grauenvollen Bestialität als besonders hervorragend gepriesen werden, wie die »Pioniere des Westens«, die »Helden von Old-Kentucky« (Waitz 3, 260), die nebenbei auch der intellektuellen Vorzüge der Kultur sich begebend genau ebenso abergläubisch als die Indianer wurden, deren Lebensweise, Vergnügungen und Skalpirungen bald sich nur noch durch grössere Rohheit von den Indianern unterschied? Ja d'Ewes (China, Australia and the Pacif. Islands in 1855-56. London 1857, p. 150) erzählt, dass einzelne Weisse auf den Fidschi-und Tonga-Inseln, neben den grässlichsten Verbrechen aller Art, sogar den Kannibalismus der Eingeborenen mitgemacht haben! Beispiele von Spaniern und Portugiesen, welche unter die Bildungsstufe der Eingeborenen Südamerikas herabgesunken sind, findet man reichlich bei Waitz 1, 370 und bei v. Tschudi an verschiedenen Stellen. Ehrlichkeit, Treue, Vertrauen, Anstand, Gastfreundschaft, Menschlichkeit, reine Religiosität, die besseren moralischen Eigenschaften findet man meist nicht auf Seiten der Europäer, sondern der so tief verachteten Naturvölker, und Seume's

»Wir Wilden sind doch bessre Menschen«

hat seinen tiefen Grund. Man sage nicht, dass die von den Europäern verübten Schlechtigkeiten nur von einzelnen ausgegangen und also auch nur den einzelnen Individuen zur Last zu legen seien; sie sind so ziemlich gleichmässig von der gesammten Kolonistenbevölkerung ausgeführt und jedenfalls von ihr höchlich gebilligt worden; ja es fehlt noch viel, dass sie auch jetzt überall getadelt würden.

Es zeigt sich aus diesen Betrachtungen ferner, wie ungeheuer langsam die Menschheit moralisch fortschreitet und wie wenig durch intellektuelle Entwickelung ein Fortschritt nach jener Seite bedingt wird. Das eben von Columbus Erwähnte mag als Beleg dienen, er, der geistig so hoch über seiner Zeit stand, hatte sittlich ganz dieselbe Stufe inne. Seine ganze Zeit aber stand trotz des Christenthums, trotz der äusseren Kultur noch auf einem Standpunkt der geistigen Rohheit, die sich noch kaum von dem Wesen des Naturmenschen unterscheidet, ja durch reicher entwickelte und ganz zügellose Leidenschaften noch tiefer als jenes erscheint. Wie gewaltig nun die Entwickelung der Intelligenz in den letzten drei Jahrhunderten zugenommen hat, weiss Jeder; blickt man aber auf die Kulturvölker des 19. Jahrhunderts — man denke an die Engländer in Tasmanien, Neuholland, Nordamerika, die Portugiesen und Spanier in Südamerika — so wird man von einem moralischen Fortschritt noch gar wenig bemerken, denn sie benehmen sich, allerdings nicht mehr in solcher Allgemeinheit, gerade ebenso brutal und unmenschlich, als die Spanier im 16. Jahrhundert.

Auch kann man nicht behaupten, dass die heutige Propaganda und ihr Verfahren in der Südsee sich sehr zu ihrem Vortheil von den Missionären des 16. und 17.

Jahrhunderts unterschied; was sie etwa an Gewaltthätigkeit verloren hat, das hat sie an Unwahrheit gewonnen. Und wenn man im 19. Jahrhundert mit demselben Leichtsinn wie im 16. nur um zu taufen, tauft: so ist das in unseren Zeiten bei weitem schlimmer, als in jenen früheren. Bis jetzt also hat die Höhe der intellektuellen Entwickelung noch keineswegs durchgreifend und in dem Maasse, als man denken sollte, auf die moralische Seite des menschlichen Charakters gewirkt — aus Gründen, deren tiefere psychologische Motivirung hier uns zu weit führen würde.

Und doch lässt es sich nicht läugnen, dass alles wirkliche Fortschreiten der gesammten Menschheit, wodurch sie immer reiner und wirklich menschlicher sich entwickelt, nicht sowohl auf intellektuellen als auf moralischen Geistesthaten beruht. Die europäische Gesellschaft ist zu ihrer heutigen Höhestufe emporgehoben erstens durch die Gleichstellung der Frauen bei den Germanen, zweitens die rein moralische Macht des Christenthums, drittens die Reinigung des Christenthums und die Anerkennung der individuellen Geistesfreiheit durch die Reformation und die Reinigung der sozialen Verhältnisse durch die Revolution des vorigen Jahrhunderts. Letztere trug auch gleich den Naturvölkern die besten Früchte: denn dass Polynesien wesentlich anders behandelt ist, als Amerika, dazu trugen nicht wenig bei die Lehren von Männern wie Rousseau, der Gedanke, dass alle Menschen, mochten sie nun durch Stände oder Hautfarbe und Sprache verschieden scheinen, in ihrem Wesen gleiche Menschen seien; ja die Ansicht, welche man von diesen Völkern lange Zeit in Europa hegte, beruhte gleichfalls auf diesen Gedanken, da sie hauptsächlich durch die Werke der Forster hervorgerufen wurden, diese aber eifrige Anhänger Rousseau's waren. — Neben jenen Hauptförderungen der Menschheit darf man einige andere zwar nicht in erster Linie anführen, aber auch ebensowenig ganz übersehen, und dahin gehört die Erweckung des reinen Schönheitssinnes, der wahren Kunst durch die Griechen. Während nun im Leben der Völker und der Einzelnen es sich nur allzuhäufig zeigt, dass die grösste Ausbildung der Intelligenz auf die sittliche Vollendung eines Menschen gar keinen Einfluss hat, so fördert umgekehrt jeder sittliche Fortschritt der menschlichen Gesellschaft ihre intellektuellen Leistungen und ist ohne eine solche Förderung gar nicht zu denken, da ja jeder wirklich bedeutende sittliche Fortschritt die Menschheit in ihrem ganzen Wesen hebt und weiter entwickelt, und nur wo dieser Doppelfortschritt geschieht, kann von einem wirklichen Höhersteigen die Rede sein. Man hebt nie ein Volk nur durch Industrie und Lehranstalten, wenn man es dadurch auch reich und wohl unterrichtet machen kann; man hebt es nur, wenn man seine idealen Anschauungen läutert und fördert. Dass aber eine Förderung nicht etwa dadurch eintritt, dass man der Gegenwart das Ideal vergangener Jahrhunderte als das einzig heilvolle aufzwingen will, das liegt auf der Hand.

§ 23. Zukunft der Naturvölker. Mittel, sie zu heben.

Was wird nun die Zukunft der Naturvölker sein? Geradezu vernichtet sind nur wenige bis jetzt und noch können wir, und da wir Unfähigkeit zur Entwickelung, leibliche oder geistige, nirgends bei ihnen finden, noch müssen wir hoffen. Freilich ist viel verdorben; und die Leichtigkeit der Annäherung, das Vertrauen, mit dem sie der Kultur entgegenkamen, ist bei den meisten unwiederbringlich verloren.

Wie bisher die Missionäre die grössten Verdienste um diese Völker haben, so fallen auch, wenn wir nach der Zukunft fragen, unsere Augen zunächst auf die Missionäre. Wenn wir bedenken, dass die Polynesier man kann wohl sagen ihre Rettung bisher ihnen verdanken, dass, die Hottentotten und so mancher amerikanische Stamm nur und allein durch sie Gelegenheit hatten, auch die guten Seiten der Kultur an sich zu erfahren; so können wir nicht dringend genug wünschen, dass ihr Werk sich segensreich immer weiter ausbreiten möge. Dazu gehört zunächst Unterstützung durch die weltlichen Mächte, freilich anders als sie von Frankreich den katholischen Missionären zu Theil wurde: denn die Staaten müssten, im Interesse der jedesmaligen Eingeborenen, jede segensreiche Wirksamkeit gleichviel von welcher Confession gleichmässig schützen. Und so hat sich, um gar nicht vom Christenthum zu reden, auch vom anthropologischen Standpunkt aus die katholische Kirche und Frankreich in ihrem Dienst in der Südsee schwer vergangen. Die Mächte, welche unter den Naturvölkern

Kolonien haben, England besonders, haben den grössten Vortheil von einer tüchtigen Wirksamkeit der Missionäre; denn einmal werden durch sie unnütze Kriege, die doch auch den Weissen oft schädlich genug sind, vermieden, und ferner die Eingeborenen selbst der Kolonie gewonnen. Man sollte also von Staatswegen die Missionen mit allen Mitteln stützen (nicht gewaltsam einführen, nur stützen), aber auch zugleich ein wachsames Auge auf sie haben und sie nöthigen Falles zur Rechenschaft ziehen. Denn Menschlichkeiten können vorkommen und sind auch unter den protestantischen Missionären der Südsee vorgekommen, welche z.B. in Neuseeland durch ihre Landankäufe und Spekulationen sich und ihrer Sache und den Eingeborenen gleichviel geschadet haben. Aber auch die Missionäre müssen auf sich selbst das strengste Augenmerk haben. Sie müssen immer mehr und mehr zu der richtigen und wichtigen Einsicht gelangen, dass es nichts hilft, Völker zu taufen oder sie auf abstrakte und für jene Menschen ebenso unverständliche wie unbrauchbare Lehrbegriffe hinzuweisen, wenn man nicht alle ihre Geisteskräfte weckt, die Wahrheiten dieser Lehre sich anzueignen. Nach dieser Seite — wer wollte es läugnen? übersteigt es doch auch hier ganz fehlerlos zu handeln bei weitem menschliche Kraft — nach dieser Seite haben beide Kirchen viel verfehlt; die katholische durch oft ganz beispiellos leichtsinniges Taufen, wobei sie das Heidenthum ruhig bestehen liess (Beispiele für diese harte Behauptung liefern die Annales de la propagation de la foi, Michelis und Lutteroth genug; wir führen einzelnes der Kürze halber nicht an), die protestantische durch allzustrengen Ernst und eigensinniges Steifen auf die abstrakten Lehrsätze. Doch wird jeder Unbefangene die bei weitem bessere Wirksamkeit auf protestantischer Seite sehen müssen, wenn wir auch fern sind, zu verkennen, was die katholische Kirche grosses geleistet hat. Männer wie Las Casas und so viele seiner

Glaubensgenossen, welche fast der einzige Schutz der unterdrückten Amerikaner waren, so viele Jesuiten, die mit dem grössten Glaubenseifer sich jeglicher Gefahr für das Christenthum unterzogen, wie z.B. der gewaltige San Vitores auf den blutgetränkten Marianen: alle diese Männer müssen in erster Reihe genannt werden, wenn es sich um Darstellung der Verdienste der Mission handelt.

Man mache die Naturvölker erst zu Menschen, dann zu Christen; man bilde sie langsam zu der und durch die Kultur vor, deren höchste Blüthe das Christenthum ja eben sein will. Nicht Wissen und Erkennen, und wäre es der höchsten Weisheit, Thätigkeit vielmehr und selbständiges Bauen des eigenen Lebens gibt dem Menschen erst sittlichen Halt und sittliche Kraft: diese wecke, gestalte, befördere man und man wird das Christenthum fördern. Ist es doch wahr, dass jene Verbrecher, welche aus den Deportationsorten entsprangen und sich an verschiedenen Stellen Ozeaniens niederliessen, durch die Bruchstücke von Kultur, welche sie den Eingeborenen mittheilten, dem Christenthum und den Missionären den Weg gebahnt und sehr erleichtert haben, ohne dass sie es selbst wollten und obwohl sie oft mit der Kultur zugleich manches Verbrechen lehrten. Will man aber ohne genügende Vorbereitung rasch Erfolge sehen, so wird man nichts wirken; die Missionsberichte (beider Confessionen) beweisen zur Genüge, wie thöricht ein solches Streben ist und wie es oft zu den allergröbsten Selbsttäuschungen führt. Nur die liebevollste Arbeit und aufopferndste Hingebung vieler Generationen kann hier wirklichen und bleibenden Erfolg erringen. Man muthe doch nicht den Naturvölkern zu, die Höhe der Bildung im Fluge zu ersteigen, welche die begabtesten Kulturvölker im Laufe von Jahrtausenden und mit so häufigem Rückfall, so heissem Kampfe, so stetiger Arbeit sich errungen haben.

Aber auch die weltliche Macht muss Hülfe bringen;

zunächst negativ, indem sie nicht duldet, dass andere, was die Missionäre bauen, untergraben und einreissen; und ferner positiv, indem sie das von jenen begonnene weiterführt. Sie muss die Eingeborenen in ihren natürlichen Rechten schützen, das Eigenthumsrecht an den von ihnen bewohnten Boden anerkennen und aufs Strengste darauf halten, dass ihnen von Seiten der Kolonisten kein Unrecht geschieht. Freilich werden solche Männer wie Lord Grey, die mit der grössten Umsicht und Energie die reinste Menschenliebe besitzen, nicht häufig gefunden werden; aber man kann auch in der Wahl einer obersten Kolonialverwaltung nicht zu viel thun. Specielle Vorschläge haben Grey für Australien, Dieffenbach für Neuseeland, Andere für andere Völker gemacht; und es liesse sich, bei allen Schwierigkeiten, wenn die Mächte, welche Kolonien besitzen, also vor allen Dingen England ernsthaft wollten, gewiss viel Elend verhüten, viel Gutes stiften und viel Verdorbenes herstellen. Bis jetzt freilich haben die englischen und überhaupt die europäischen Matrosen meist nur das eine Recht der Gewalt; die Frevel, die sie an jenen Völkern begehen, bleiben ungestraft, während es mit den ärgsten Strafen heimgesucht wird, wenn die Eingeborenen irgend an Weissen freveln. Zum Theil ist diese Ungerechtigkeit nöthig, um die fernen Weissen zu schützen; theils aber liegt sie auch in der selbst noch sehr mangelhaften moralischen Entwickelung der Weissen, welche an solchen Gewalttaten im grossen Ganzen kaum einen Frevel. sehen. Was soll man dazu sagen, wenn Schandgeschichten wie die folgende unter Englands offiziellem Schutz geschehen und in den Zeitungen, auch in deutschen, fast als Scherz erzählt werden? Nach der Ermordung eines Kaufmanns[O] erschien das englische Kriegsschiff Perseus, Capitän Stevens, 1867 im Frühjahr vor der Palaus (Pelewsinseln, westliches Mikronesien), um Genugthuung zu fordern: es zeigte sich, das der Kaufmann auf Befehl des Königs, auf dessen Insel

Koror er lebte und Grundeigentum besass, ermordet sei, weil er an die Feinde desselben Feuerwaffen verkauft hatte. »Obwohl nun Stevens einsah, heisst es, dass jener besser gethan hätte, keine Mordwaffen zu verkaufen«, so glaubte er doch streng verfahren zu müssen und verlangte Hinrichtung des Königs. Die Insulaner, von dem Kriegsschiff bedrängt, beschlossen, sich nicht zu widersetzen — aber sie baten, dass die Hinrichtung von Matrosen des Schiffes ausgeführt würde, was Stevens nicht zuliess. »Insulaner sollten das Werk thun«. So geschah es denn. Und es geschah noch mehr. Die so behandelten Insulaner riefen den Schiffscapitän zu ihrem König aus. »Er nahm auch sofort die Krone an und bewies, dass er die königliche Prärogative in erspriesslicher Weise zu nützen verstehe. Er befahl seinen Unterthanen, Hühner, Eier, Früchte und sonst noch mancherlei an Bord des Dampfers zu bringen und diesem Befehl wurde willig Folge gegeben. Eine Vergütung für die gelieferten Sachen blieb ausser Frage, doch war seine improvisirte Majestät so gütig, einige Geschenke, als da sind: Messer, Scheeren u. dergl. verabfolgen zu lassen. Als dies geschehen war, dankte er ab und überliess den Paleuinsulanern, sich nun einen anderen König nach ihrem Geschmack zu suchen« (Globus 12, 59, nach der Overland China Mail v. 30. Mai 1867 und der »Presse« zu Manila). Heisst das nicht, jede Selbstachtung eines Volkes mit Füssen treten? nicht, der Gerechtigkeit und Menschlichkeit ins Gesicht schlagen? Und das that ein Vertreter des englischen Staates im Namen der Gerechtigkeit! Und eine solche Geschichte erheitert als Anekdote ein europäisches Publikum! Die Insulaner mussten, trotz ihrer Bitten, ihren eigenen König erschiessen, weil er sich eines gegen ihn entschieden feindlich handelnden Engländers, allerdings auf frevelhaftem Wege, entledigt hatte! So lange solche Geschichten noch möglich sind, so lange ist allerdings für die Naturvölker noch nicht allzuviel zu hoffen. Und sie werden, wir befürchten es, noch lange möglich sein; so lange wenigstens sicher als die Kulturvölker sich von ganz anderem Stoff dünken, als jene »Wilden«, denen man wohl die Gestalt, aber keineswegs die Rechte eines Menschen zugesteht.

Gegen diese gänzliche Ausschliessung von allem europäischen Leben, wie es die Eingeborenen in den Kolonialländern fast immer zu dulden haben, müsste der Staat, was in seinen Kräften steht, thun, wenn er jene wirklich heben wollte: denn das ist es, was sie jetzt am meisten von der Kultur ab und im Elend zurückhält. Aber das wird schwer, wo nicht unmöglich sein; und die Menschheit, so scheint es, wird erst noch manchen Schritt vorwärts thun müssen, ehe diese Gleichstellung (wenn sie dann noch möglich ist) auch nur annähernd sich verwirklichen lassen wird; so dass man in diesem Sinne wohl sagen kann, alles, was in Europa zur Hebung der weissen Bevölkerung und ihres sittlichen Lebens geschieht, das kommt auch mittelbar den Naturvölkern zu gut.

⊢══════════════════════════════⊣

§ 24. Werth der Naturvölker für die Menschheit und ihre Entwickelung. Schluss.

Aber, so müssen wir noch fragen, kann man überhaupt einem Staat, den civilisirten Völkern zumuthen, so viel Müh und Arbeit an die Naturvölker zu verwenden, die sie doch anderen Zwecken und vielleicht besseren oder doch nützlicheren entziehen müssen? Kann man nicht mit Fug und Recht von dem werthlosen Leben dieser rohen Nationen Talleyrands berüchtigtes je n'en vois pas la nécessité sagen? Wie man vom Standpunkte des Christenthums hierauf antworten muss, welches lehrt, dass alle Menschen Brüder und vor Gott gleich sind, liegt auf der Hand: und wo wird denn ein strenges Christenthum mehr zur Schau getragen, als im öffentlichen Leben Englands und Amerikas? Aber auch vom Standpunkt der Philosophie aus wird man die Erhaltung der minder entwickelten Völker für eine wesentliche Aufgabe der Kultur ansehen müssen. Der empirische Forscher wird nach genauer historischer und naturwissenschaftlicher Betrachtung der Welt sehen, dass die Gesammtheit der Natur als solche dem Entwickelungsgesetze folgt, wie die einzelnen grossen Abtheilungen der Natur, wie die Gattungen, Arten und Individuen. Das Gesetz dieser Entwickelung besteht aber darin, dass Alles, Gesammtheit und Einzelwesen, eine grössere Vollkommenheit, Festigkeit und Sicherheit der Existenz anstreben. In diesem Entwickelungsgange hat die Natur selbst die Werthbestimmungen gesetzt, dass sie das Individuum der Art, die Art der Gattung, die Gattung der Familie, kurz das Beschränktere dem Grösseren unterordnet, ja wenn es im Interesse des Grösseren noth thut, aufopfert. Es würde spiritualistische Verkennung unseres Standpunktes sein, welchen wir in der Stufenfolge des Ganzen einnehmen, wenn wir Menschen für uns andere Gesetze beanspruchen wollten, als sie für die gesammte Natur gelten; zeigt doch auch alle historische Entwickelung, dass wir unter ganz denselben stehen, wie die übrigen Organismen alle, nur dass unsere Stellung verschieden ist. Wie nun also der Natur Erhaltung und Förderung des Ganzen Hauptzweck ist, so muss er es auch uns Menschen sein, und zwar zunächst Erhaltung und Förderung der menschlichen Gesellschaft, da unsere Thätigkeit zunächst unserer eigenen Gattung naturmässig gehört. Das aber heisst schlecht dem Ganzen dienen, wenn man lebensfähige Keime desselben, bloss weil sie nicht im gleichen Lenz und nach gleicher Art mit uns sich entwickelt haben, zertreten wollte. Wer weiss, zu welchem Endzweck auch sie der Natur dienen können! Und Niemand wird doch behaupten wollen, dass sie zu zertreten den Völkern von höherer Kultur Nutzen brächte. Wenn wir von diesem philosophischen Standpunkt aus nach dem Zweck menschlicher Entwickelung forschen, so werden wir die Civilisation als solchen bestimmen müssen (Waitz 1, 478 f.). Denn einmal sichert sie erst durch engen Zusammenschluss der Individuen, welche sich im Naturzustande selbstsüchtig, also feindlich gegenüber stehen, die menschliche Gesellschaft dauernd und fest, andererseits bringt sie erst, indem sie auf diese Weise eine Menge überschüssiger Kraft frei macht, die Menschheit zu höherer Entwickelung. Sie allein ist es, welche die wichtigste Seite des menschlichen Lebens, die Thätigkeit des Geistes überhaupt erst ermöglicht. Zu diesem Endzweck menschlicher Entwickelung ist aber jedes Volk berufen und die einzige Aufgabe schon civilisirter Nationen uncivilisirten gegenüber kann nur die sein, die Civilisation auch zu jenen hinzutragen, nicht aber durch die reichlicheren und wirksameren Mittel derselben jene zu vertilgen. Auch darf hierbei nicht übersehen werden, wie nichts der Civilisation selbst gefährlicher ist, als Zurücksinken in Rohheit, weil ein solches mit stets zunehmender Geschwindigkeit, gleichsam nach den Fallgesetzen vor sich geht. Das wüste Verfahren gegen die Naturvölker ist aber ein solches Zurücksinken in Rohheit und wie beim längeren Vernichtungskampf gegen sie jene Rohheit schrecklich wächst, das haben wir schon gesehen. Ganze Stämme civilisirter Nationen sind durch sie, zu der sich dann noch Faulheit und Genusssucht gesellten, in die äusserste Barbarei zurückgesunken oder doch wenigstens merklich in ihrer Entwickelung aufgehalten: so die Holländer am Cap, die Spanier und Portugiesen und zum Theil die Engländer in Amerika. Das ewige Blutvergiessen und Morden musste sie immer gleichgültiger, immer roher machen und dadurch schwanden selbstverständlich gar manche andere Interessen; Faulheit und so manches andere, obwohl gar manche Kolonisten auch davon einen reichlichen Vorrath mitbrachten, war die natürliche Folge der fortgesetzten Grausamkeit. Führt uns dieser letztere Punkt schon aus dem theoretischen und moralischen mehr ins praktische Gebiet, so gibt es auch noch andere praktische Gründe, welche für Schonung und Hebung der Naturvölker, keinen aber, der dagegen spricht. Waitz (1, 484) setzt auseinander, dass bei den grossen Unterschieden in der Naturumgebung der Menschen, bei den mannigfaltigen Fähigkeiten und Eigenschaften, welche die verschiedenen Völker im und durch den Lauf der Zeiten entwickeln, die Civilisation der gesammten Menschheit auch in höchster Vollendung keine ganz gleiche zu sein braucht, ja auch nur sein kann. »Ohne dass ein Volk dem anderen die materielle oder die geistige Arbeit ganz abnehmen könnte, würde sich doch das Verhältniss so gestalten, dass bei einigen die eine, bei anderen die andere Art der Arbeit in ein entschiedenes

Uebergewicht träte, dass einige in der einen, andere in der anderen Richtung sich produktiver zeigten und dem entsprechend auf die übrigen wirkten und ihnen mittheilten. Den Tropenländern würde alsdann mehr oder weniger allgemein die überwiegende Produktion der materiellen, den gemäßigten Klimaten die der geistigen Güter zufallen. Eine hohe Stufe intellektueller Bildung, tiefes Denken und eine durchgebildete, auf feiner und vielseitiger Ueberlegung ruhende Sittlichkeit, scheint bei der geistigen Erschlaffung kaum erreichbar zu sein, welche das Leben in der heissen Zone für den Europäer wie für den Eingeborenen mit sich bringt« (1, 185). Gerade weil aber das Leben unter den Tropen erschlaffend wirkt und auf den weissen Einwanderer noch mehr als auf den Eingeborenen, so ist es für ersteren der grösste Vortheil, wenn ihm Unterstützung von letzteren zu Theil würde. Von wie grossem Segen wäre es für alle Kolonien, statt wie jetzt in oft so blutiger Feindschaft mit den Eingeborenen zu leben, in ihnen Helfer und freundliche und intelligente Arbeiter zu finden und so empfiehlt sich schon von rein praktischer Seite für den Europäer die Schonung und Hebung der Naturvölker durchaus.

Auch haben diese letzteren manches und wenn es bloss die Kenntniss der sie umgebenden Natur wäre, was sie als nützliche Dankesgabe für eine ihnen gewidmete treue Sorgfalt geben könnten. Hatten doch einige von ihnen reiche und originelle Kulturen entwickelt, deren Zerstörung ein unersetzlicher Verlust für die Menschheit ist. Zunächst ist es die Höhe und Reinheit der mexikanischen Moral, wovon Waitz (4, 125 ff.) Proben gibt und die auch hinter den Lehren des Christenthums keineswegs weit zurückbleiben, was jene Behauptung rechtfertigt. Zugleich aber war in Mexiko wie in Peru auch die intellektuelle Fähigkeit hoch entwickelt, und was sie in industrieller

Beziehung leisteten (Bauwerke, Goldarbeiten u.s.w.) ist bekannt genug. Sicher ist uns vieles von dem, was sie leisteten, durch die Art der Eroberung verloren; und was eine solche Kultur geleistet haben würde, wenn sie durch freundliches und allmähliches Bekanntwerden mit der europäischen erhöht worden wäre, darüber haben wir kein Urtheil. Jedenfalls sind verschiedene Brennpunkte der Kultur für die Menschheit nur ein Vortheil und zwar ein ganz unschätzbarer, wenn man bedenkt wie langsam im allgemeinen die Entwickelung der Völker ist. Auch ist kein geringer Werth auf die originale Verschiedenheit solcher selbständiger Kulturen zu legen; durch ihr Zusammentreffen, Wetteifern, selbständiges Schaffen wird mehr und allseitiges ins Leben gerufen und der menschliche Geist mehr und allseitiger entwickelt, als durch eine einzige in sich wesentlich gleiche Kultur.

Möge denn von diesen Völkern wenigstens gerettet werden, was noch zu retten möglich ist. Bis jetzt steht die Entwickelung der Menschheit auch nach dieser Seite hin ganz unter naturalistischem Gesetz. Der »Kampf ums Dasein«, in welchem es der Stärkere ist, welcher siegt, zeigt sich im vollsten Maasse; die erstarkten Raçen breiten sich aus, gewaltsam und zum Unterschied von der unvernünftigen Natur mit Lust und ohne Bedürfniss zerstörend, und ihnen erliegen die schwächeren. Allein der Mensch ist der Vernunft und der Liebe fähig und gerade darin sollte der stärkere des vernunftbegabten Geschlechtes seine Kraft zeigen, dass er schwächeres liebend zu sich emporhebt, statt es zu vernichten; dann würde der Geist, die sittliche Wahl des Menschen herrschen und die Gesamtheit hätte einen grossen Schritt weiter gethan auf der Bahn, die sie gehen muss, in der Befreiung des Geistes von den rohen Fesseln der äusseren Natur.

Fußnoten:

[A]

Hale sagt ausdrücklich, dass sie ihm nicht zu hoch schiene; er hatte die Angabe von Punchard, einem Engländer, der mehrere Jahre auf der Insel gelebt hatte.

[B]

Auch die Beispiele, welche Darwin a.a.O. zur Erhärtung seiner Hypothese von dem schädlichen Effluvium lang eingeschlossener Menschen mittheilt, lassen sich aus Obigem, wie es scheint, erklären, ebenso das Erkranken der Shropshirer Schafe. Jenes Effluvium ist weiter nichts, als eben solche unbewusst mitgeschleppten Miasmen, an welche der, welcher sie mitbringt, seine Natur nach und nach accommodirt hat.

[C]

Diese Frühreife der Weiber ist wohl nicht, wie Humboldt b 2, 190 will, Raçencharakter. Einmal widerspricht dieser Behauptung, dass sich mancherlei Beispiele von später Entwicklung auch unter den Amerikanerinnen findet; und sodann, dass fast bei allen Naturvölkern die Mannbarkeit so früh eintritt. Wenn nun auch das Klima mannigfachen Einfluss hierauf hat (Waitz 1, 45), so doch keineswegs einen überall gleich bleibenden und sicher nachzuweisenden. Denn bei den Eskimos, bei den Kamtschadalen und anderen Völkern in so hohen Breitengraden finden wir dieselbe Erscheinung und die Fidschis z.B. in der heissen Zone zeigen sie nicht. Waitz 1, 125 führt die animalische Nahrung und die hohe Temperatur in den Hütten vieler dieser Völker als Grund an. Allein auch dies trifft nicht bei allen zu. Sollte nicht der Grund der frühen Mannbarkeit der sein, dass einmal bei der gänzlichen Schrankenlosigkeit der Naturvölker die Wünsche früher erregt und ferner die Mädchen zu frühe begehrt werden? Das konnte und musste im Laufe der Generationen seine Wirkung zeigen. Die Gewöhnung vererbte sich immer mehr, setzte sich durch Vererbung immer fester, und so entwickeln sich die Geschlechtsfunktionen wirklich früher, als es der menschlichen Natur eigentlich normal ist. So würde sich diese Erscheinung bei allen Naturvölkern gleich gut erklären: und man lernt täglich Gewöhnung und Vererbung mehr in ihrer Bedeutung für die Geschichte der Menschheit schätzen. Dass Klima und sonstige Lebensweise mit gewirkt haben, soll damit nicht abgeläugnet werden; nur sind sie bei den Naturvölkern von untergeordnetem Einfluss, und die Einwirkung von Gewöhnung und Vererbung ist gewiss die Hauptsache. Nirgends ist der Einfluss des Willens, der Wünsche und Gedanken so gross, als gerade im geschlechtlichen Verhältniss.

[D]

Spuren von ihr finden sich auch in Südamerika, so bei Azara 248, der von den Mbayas erzählt, dass ihre Weiber nie Fleisch von Kühen und Affen essen; doch, da ihre Mädchen überhaupt kein Fleisch, nicht einmal grosse Fische und zur Zeit der Periode nur Gemüse und Obst geniessen, so könnte man diese Enthaltsamkeit auch einfacher erklären. Dagegen ist es gewiss eine dem nordamerikanischen Totem ursprünglich verwandte jetzt nicht mehr verstandene Sitte, wenn die Cariben z.B. nie Affen essen, dagegen die Ameisenbären als Delikatesse aufsuchen, welche wiederum die Makusis nur nothgedrungen essen würden (Schomburgk 2, 434). Thiere gelten auch in Südamerika als die Stammväter und Schutzgeister mancher Völker. Und nicht anders ist es in Afrika bei den Betschuanen, deren einzelne Stämme unveränderliche, ihre Abstammung von gewissen Thieren bezeichnende Namen besitzen. »Diese Thiere werden von den Völkern, die sich nach ihnen nennen, heilig gehalten, weder gejagt noch gegessen und man pflegt durch die Frage »was tanzt ihr« nach dem Namen desselben sich zu erkundigen.« So gibts Männer des Löwen, Krokodils, Stachelschweins, Fischs, Affen, doch auch des Eisens, Waitz 1, 352. 413. Die Frage »was tanzt ihr«? ist merkwürdig. Sie erinnert an manchen Thiere darstellenden Tanz amerikanischer und australischer Völker, und es liegt nahe anzunehmen, dass die heiligen Tänze zuerst das Leben der Schutzgeister versinnbildlichten, wie die Griechen die Geschichte ihrer Götter tanzten. Später erblasste die Bedeutung solcher Tänze vielfach.

[E]

Aehnliches findet sich auch bei indogermanischen Völkern. Heilige Thiere als Wappen und in Eigennamen waren sehr gebräuchlich, vergl. Grimm D.M. 633. Tödtete man sie auf der Jagd, oder beschnitt man einen heiligen Baum, so waren auch dabei bestimmte versöhnende und abbittende Gebetsformeln üblich, eb. 618.

[F]

Wenn hier Kadu nicht irrthümlich einen rohen melanesischen Stamm meint; oder, um etwas recht Entsetzliches zu erzählen, absichtlich oder selbst getäuscht aufbindet. Denn wahrscheinlich ist die Angabe für die Palaus nicht.

[G]

Zwillinge werden fast von allen Naturvölkern getödtet: auch von den Negern (Waitz 2, 124).

[H]

Obwohl auch Jarves 83 manche der Zahlen anzuzweifeln scheint.

[I]

Dass übrigens auch bei Indogermanen und Semiten die Kinder vielfach getödtet sind, ist ja bekannt genug. In Griechenland wurden die Kinder umgebracht, welche der Vater, wenn sie die Hebamme ihm vor die Füsse legte, nicht aufhob; eine Sitte, die bei Plautus und Terenz, d.h. also der späteren attischen Komödie so vielfach erwähnt wird. Namentlich Töchter wurden umgebracht. Diese Tödtung geschah durch Aussetzung zumeist (Schömann griech. Alterthümer 1, 562). Bei den alten Deutschen herrschte durchaus derselbe Gebrauch. Aus semitischem Gebiet sei zunächst an Abrahams Opferung Isaaks erinnert, sodann an den Molochdienst der Phönicier, der so vielfach von den Juden nachgeahmt wurde (Winer, bibl.

Realwörterbuch unter Moloch) so wie an die der Astarte geschlachteten Kinder (Movers Phön. 2, 2, 69). Allerdings ist der semitische Gebrauch ein religiöser, also zum Kinderopfern gehörig. Doch liesse sich auch für blosses Aussetzen der Kinder manches Semitische beibringen.

[]

Auch was Humboldt b5, 110-111 von den »Mysterien des Botuto«, einer Trompete von Thon mit mehreren kugelartigen Anschwellungen, die zu allen feierlichen Ceremonien gebraucht wird, erzählt, gehört hierher: »um in die Mysterien des Botuto eingeweiht zu werden, muss man rein von Sitten und unbeweibt sein. Die Eingeweihten unterziehen sich der Geiselung, dem Fasten und anderen angreifenden Andachtsübungen.« Durch die Trompete theilt der grosse Geist den Eingeweihten seinen Willen mit; sie stehen also mit den Göttern in näherem Verkehr als andere Menschen und das war auch der Grundgedanke der Areois. Ganz ähnlich wird von Haiti berichtet. »Die Caziken nämlich standen«, erzählt Waitz 4, 329 nach Herrera, Torquemada und Petr. Martyr, »ohne selbst Priester zu sein, doch an der Spitze des Cultus: die Tempel und Opferplätze, wo die Gottesverehrung stattfand, waren entweder ihre Häuser selbst oder Hütten, die als ihnen gehörig betrachtet wurden; dort waren die Bilder der Ahnen aufgestellt, die von Holz, inwendig hohl und mit einem Rohre versehen nur von ihnen um Orakel befragt werden konnten und nur aussprachen was sie ihnen eingaben. Sie berauschten sich zu diesem Zwecke mit einer Art von Schnupftabak und führten die heilige

Handlung allein aus, von der natürlich das Volk ausgeschlossen blieb.« Auch Tänze gehörten zu diesen religiösen Mysterien, die sie allein kannten, auch dies wieder wie bei den Areois.

[K]

Jak. Grimm, Gesch. d. d. Sprache 1. Aufl. (1848) S. 143 ff. stellt eine Menge Völker zusammen, bei welchen derselbe Gebrauch vorkam: Scythen (Issedonen, nach Mela 3. Auflage 1868), Kelten (3. Auflage), Germanen verschiedener Stämme (Deutsche, Schweden) Romanen und Slaven. Merkwürdig ist, dass auch bei Heiligen-Schädeln der Gebrauch vorkommt, so zu Trier, zu Neuss, und nach Aventin (Ausg. v. 1566 fol. 33, a) zu Ebersberg und Regensburg. Der Gebrauch ist also derselbe; man sieht, es war wohl zunächst eine Art von Kannibalismus, dann aber auch ein Zeichen der Freundschaft, der Liebe, dankbarer Erinnerung. Zu beachten ist noch, dass Aventin sagt, Niemand hätte aus einem solchen Schädel trinken dürfen, wer nicht einen Feind erschlagen hätte, da auch dieser Zug an manches Aehnliche unter den Naturvölkern erinnert. Doch können wir diese höchst merkwürdigen Uebereinstimmungen hier nicht weiter verfolgen.

[L]

Herod. 4, 26 (nach Grimm a.a.O.) sagt von den Issedonen ἐπεὰαν ἀνδρὶ ἀποθάνῃ πατὴρ, οἱ προσήχοντες πάντες προσάγουσι πρόβαταχαὶ ἔπειτεν ταῦτα θύσαντες χαὶ χαταταμόντες τὰ χρέα χατταάμνουσι χαὶ τὸν τοῦ δεχομένου τεθνεῶτα γονέα, ἀναμίξαντες δὲ πάντα τὰ χρέα δαῖτα προτιθέαται. Auch die Wilzen und Skythen assen ihre verstorbenen Eltern. Die Wenden tödteten noch im 16. Jahrhundert ihre arbeitsuntüchtigen Väter unter besonderen Ceremonien (Kühn, märkische Sagen und Mährchen 335). Auch hier stehen wir vor einer uralten und weit verbreiteten Sitte, die wir hier ebenfalls nur berühren, nicht abhandeln können. Vgl. was etwas weiter unten über Mare und Neuguinea gesagt wird. Ueber dieselbe Sitte bei Römern, Griechen, Phöniziern (Sardinien), spanischen, deutschen u.a. Völkern siehe Merklin in den Memoires de l'academie de Petersbourg 1852 S. 119 und Osenbrüggen in der Vorrede zu Cicero pro S. Roscio p. 51 ff. Auch das litauische Sprichwort (Schleicher lit. Mährchen 179) »wie das Söhnchen heranwächst, hat es auch den Vater erwürgt«, könnte auf eine ähnliche, jetzt längst abgekommene Sitte hinweisen.

[M]

Bei Bechst. bekommen Knaben nach Genuss einer Zauberspeise die Fähigkeit zu fliegen. In einem sehr ähnlichen indischen Mährchen bei Somadeva (Brockhaus 104) ist diese Speise Menschenfleisch. Ein Zusammenhang beider Erzählungen wäre nicht undenkbar.

[N]

Die Menschenschädel, welche am Eingange des Palastes, an den Stadtthoren und allen wichtigen Plätzen Dahomeys angebracht sind (Waitz 2, 130), kann man gewiss nicht anders deuten. Auch unter den Semiten war der Gebrauch verbreitet: die phönicischen Städte wurden dadurch fest gemacht, dass man an ihren Thoren und sonst Menschen eingrub (Movers Phönizien 2, 46). Bei den Indogermanen kommt er vielfach vor; er war bei den Germanen sehr verbreitet, wie Ueberreste dieser Sitte noch heute beweisen; so wird z.B. am Südharz das kleinste Kind des Hauses barfuss in den frischen Estrich hineingestellt, damit er halte u.s.w. Bei den Slaven kommt er vor, wie sich in vielen ihrer Mährchen und Sagen zeigt (z.B. Talvj Volkslieder d. Serben 1, 117, die Erbauung Skodras); von den Kelten wird er gleichfalls erwähnt und Hahn albanesische Studien 1, 160 erzählt dasselbe von Albanien. Die Thiere, die man jetzt dort schlachtet und ganz oder theilweise einmauert (wie auch in Deutschland viel geschah), vertreten nur die früheren geopferten Menschen. In Albanien herrscht auch, um das zu § 4 nachzutragen, ein ganz ähnliches Heilverfahren, wie bei Hottentotten, Amerikanern und Australiern. Jedes Uebel, das auch hier nur auf Bezauberung beruht, wird in Gestalt von etwas Festem aus dem Körper entfernt und dieses letztere dann eingewickelt fortgeworfen. Wer auf das Eingewickelte tritt, auf den geht die Krankheit über (ebend, 159).

[O]

Der getödtete Engländer hiess Cheyne und ist derselbe, welcher das auch von uns vielfach benutzte Buch a description of islands in the Western Pacific Ocean, north and south of the Equator geschrieben hat (Petermann, Mittheil. 1868, 28). Obwohl nun dies und seine anderen Schriften sehr werthvoll sind zur Kenntniss des sonst noch so wenig gekannten westlichen Theiles des stillen Ozeans; so hat man doch bei der Benutzung Vorsicht anzuwenden, da Cheyne, selbst Sandelholzhändler (und Trepangfischer) sich bei der moralischen Beurtheilung der geschilderten Völker sehr häufig von seinen Handelsinteressen beeinflussen lässt. So schildert er die Melanesier ohne Ausnahme (Fichteninsel, Lifu, Mare, Uea, Tanna, Erromango u.s.w.) als wild und »höchst verrätherisch« und war selbst häufig mit ihnen im Streit. Ebenso erzählt er von *allen* Karoliniern, dass man ihnen nicht trauen dürfe. Er steht also selbst auf dem Standpunkt der Sandelholzhändler und beachtet nicht, was die Eingeborenen von diesen an Ungerechtigkeit, Raub und roher Gewalt zu leiden hatten. Nach der Lektüre seines Buches wundert man sich nicht, dass er ein solches Ende genommen hat; das ganz einseitige Betonen seiner Handelsinteressen liess vielmehr nichts anderes erwarten. Es fällt daher von hier aus erst das wahre Licht auf die Vorgänge in Koror, sowohl auf sein Auftreten als auf den Racheakt des englischen Kriegsschiffes.

www.ingramcontent.com/pod-product-compliance
Lightning Source LLC
Chambersburg PA
CBHW020855270326
41928CB00006B/722